普通高等教育物联网工程专业系列教材

物联网控制基础

王志良　刘　欣　刘　磊　解　仑　编著

西安电子科技大学出版社

内 容 简 介

　　本书讨论了物联网系统控制与网络控制的基本理论、技术及其应用等若干方面的内容，主要包括物联网的体系结构、建模探究、现场总线技术、控制理论与方法、PID 控制的实现技术、网络控制技术等。本书取材新颖，内容丰富，理论与实际联系紧密，具有较好的创新性和学术参考价值。

　　本书可作为高等院校物联网工程及其相关专业高年级本科生或研究生的教材及参考用书，也可供物联网工程、计算机、自动化、电子信息、模式识别、智能科学等领域的教师和科研工作者参考。

图书在版编目(CIP)数据

物联网控制基础/王志良等编著.
－西安：西安电子科技大学出版社，2014.3(2024.4 重印)
ISBN 978 - 7 - 5606 - 3296 - 4

Ⅰ. ① 物…　　Ⅱ. ① 王…　　Ⅲ. ① 互联网络－应用－高等学校－教材
② 智能技术－应用－高等学校－教材　　Ⅳ. ① TP393.4　　② TP18

中国版本图书馆 CIP 数据核字(2014)第 018764 号

策　　划　毛红兵
责任编辑　阎　彬
出版发行　西安电子科技大学出版社(西安市太白南路 2 号)
电　　话　(029)88202421　88201467　　邮　　编　710071
网　　址　www. xduph. com　　　　电子邮箱　xdupfxb001@163.com
经　　销　新华书店
印刷单位　陕西天意印务有限责任公司
版　　次　2014 年 3 月第 1 版　2024 年 4 月第 5 次印刷
开　　本　787 毫米×1092 毫米　1/16　印　张　14.5
字　　数　339 千字
定　　价　40.00 元
ISBN 978 - 7 - 5606 - 3296 - 4/TP

XDUP 3588001 - 5

＊＊＊如有印装问题可调换＊＊＊

普通高等教育物联网工程专业系列教材
编审专家委员会名单

总顾问：姚建铨　天津大学、中国科学院院士　教授

顾　问：王新霞　中国电子学会物联网专家委员会秘书长

主　任：王志良　北京科技大学信息工程学院首席教授

副主任：孙小菡　东南大学电子科学与工程学院　教授

　　　　曾宪武　青岛科技大学信息科学技术学院物联网系主任　教授

委　员：（成员按姓氏笔画排列）

　　　　王洪君　山东大学信息科学与工程学院副院长　教授

　　　　王春枝　湖北工业大学计算机学院院长　教授

　　　　王宜怀　苏州大学计算机科学与技术学院　教授

　　　　白秋果　东北大学秦皇岛分校计算机与通信工程学院院长　教授

　　　　孙知信　南京邮电大学物联网学院副院长　教授

　　　　朱昌平　河海大学计算机与信息学院副院长　教授

　　　　邢建平　山东大学电工电子中心副主任　教授

　　　　刘国柱　青岛科技大学信息科学技术副院长　教授

　　　　张小平　陕西物联网实验研究中心主任　教授

　　　　张　申　中国矿业大学物联网中心副主任　教授

　　　　李仁发　湖南大学教务处处长　教授

　　　　李朱峰　北京师范大学物联网与嵌入式系统研究中心主任　教授

　　　　李克清　常熟理工学院计算机科学与工程学院副院长　教授

　　　　林水生　电子科技大学通信与信息工程学院物联网工程系主任　教授

　　　　赵付青　兰州理工大学计算机与通信学院副院长　教授

　　　　武奇生　长安大学电子与控制工程学院交通信息与控制系主任　教授

　　　　房　胜　山东科技大学信息科学与工程学院物联网专业系主任　教授

　　　　赵庶旭　兰州交通大学电信工程学院计算机科学与技术系副主任　教授

施云波　哈尔滨理工大学测控技术与通信学院传感网技术系主任　教授
桂小林　西安交通大学网络与可信计算技术研究中心主任　教授
秦成德　西安邮电大学教学督导　教授
黄传河　武汉大学计算机学院副院长　教授
黄　炜　电子科技大学通信与信息工程学院　教授
黄贤英　重庆理工大学计算机科学与技术系主任　教授
彭　力　江南大学物联网系副主任　教授
谢红薇　太原理工大学计算机科学与技术学院系主任　教授
薛建彬　兰州理工大学计算机与通信学院系主任　副教授

项目策划：毛红兵
策　　划：张　媛　邵汉平　刘玉芳　王　飞

前　　言

　　物联网(Internet Of Things)自诞生以来便引起了人们巨大的关注,被认为是继计算机、互联网、移动通信网之后的又一次信息产业浪潮。物联网将人类生存的物理世界网络化、信息化,将分离的物理世界和信息空间有效地互联,代表了未来网络的发展趋势与方向,是现代信息技术发展到一定阶段后出现的一种聚合性应用与技术的融合。

　　针对物联网系统对控制理论的要求,本书介绍了物联网的基本概念、主要内容和应用领域,并对其理论基础研究和相关计算进行了讨论;以物联网所涉及的控制理论为基础,重点探讨了物联网的体系结构及其自动控制、网络控制基础,并详细阐述了智能家居的具体应用实例。全书共分6章。第1章介绍了物联网的基础知识、基础理论、科学问题以及物联网的建模思路,同时对物联网的应用领域及其相关控制理论进行了概要阐述;第2章介绍了现场总线的相关概念以及控制器局域网总线的性能特点、技术规范及其接口设计;第3、4章详细讲述了物联网控制中的相关控制理论与方法,并重点介绍了PID控制的实现技术;第5章探讨了物联网中网络控制系统的基本知识及TureTime、NS2两种典型的网络系统控制仿真软件;第6章从概念、发展、功能与体系结构等入手,应用前五章中的基础知识,分析了智能家居环境中物联网的应用实例。

　　本书的写作依据学术思想先进、内容新颖的原则,力求做到理论与实际应用紧密联系,结构基本合理,使读者既可以从中把握本领域的前沿研究进展,又可以选择需要的研究方向进行深入的学习。

　　在此,感谢北京科技大学提供的科研和工作条件,使我们能够顺利地完成其中的科研工作。我们尤其要感谢鲁亿方、王先梅老师与王鲁、霍磊、李云龙、胡余、陈立、姜典等研究生,他们参与了本书的编写并为本书贡献了他们的研究成果。

　　感谢国家重点研发计划重点专项课题(课题编号:2016YFB1001404)、国家自然科学基金重点项目(课题编号:61432004)国家自然科学基金面上项目(课题编号:61672093)、北京市自然科学基金青年基金项目(课题编号:4164091)、中国博士后科学基金(课题编号:2015M580048)、中央高校基本科研业务费专项资金资助项目(课题编号:FRF-TP-15-034A1)等的支持和资助。同时,更要感谢西安电子科技大学出版社的编辑老师们为本书的出版所付出的辛勤工作,没有他们耐心细致的工作,本书不可能如此顺利的出版。

　　本书内容涉及多个学科前沿,知识面较为广泛,由于作者的认识领悟能力有限,书中有些观点和见解难免有不妥之处,敬请各位专家及广大读者批评指正。

作　者
于北京科技大学
2013 年 10 月

教 学 建 议

本书可以作为物联网工程专业高年级本科教材使用，也可供计算机科学与技术、电子科学与技术、控制工程、通信工程、信息安全、智能科学与技术等相关专业本科生及研究生学习。授课教师可以根据本校的教学计划，灵活地调整授课学时。为方便教学，本书提供全部课件。

建议授课学时安排如下：

（1）本书用于物联网工程及其相关专业本科教学时，要求学生掌握本书所讲内容，使其能够掌握物联网中的控制知识、相关技术和应用方法。本书安排 32 学时（其中 26 个讲授学时和 6 个实验学时），授课学时建议分配如下：

第 1 章为 2 个学时（讲授 2 个学时）；

第 2 章为 4 个学时（讲授 4 个学时）；

第 3 章为 10 个学时（讲授 8 个学时，实验 2 个学时）；

第 4 章为 6 个学时（讲授 4 个学时，实验 2 个学时）；

第 5 章为 6 个学时（讲授 4 个学时，实验 2 个学时）；

第 6 章为 4 个学时（讲授 4 个学时）。

（2）本书用于研究生教学时，要求学生掌握物联网的基本分析理论，启发学生对物联网相关理论基础及模型算法的研究。建议授课 18 个学时（其中 14 个讲授学时和 4 个实验学时），重点讲解基本控制理论与方法、PID 的控制方法及其实现技术、物联网中的智能控制方法、网络控制及其应用以及智能家居控制系统。授课学时建议分配如下：

第 1~2 章为 4 个学时（讲授 4 个学时）；

第 3 章为 4 个学时（讲授 4 个学时）；

第 4 章为 4 个学时（讲授 2 个学时，实验 2 个学时）；

第 5 章为 4 个学时（讲授 2 个学时，实验 2 个学时）；

第 6 章为 2 个学时（讲授 2 个学时）。

目　　录

第 1 章 绪 论

1.1 物联网的基础知识

物联网(Internet of Things，IOT)产业的兴起是信息领域的又一次重大发展与变革，在未来 5～15 年内物联网将被广泛应用于诸多核心领域，从而为解决现代社会问题做出极大的贡献。自 2009 年以来，美国、欧盟、日本等纷纷出台了物联网发展计划，并对相关技术和产业进行具有前瞻性的布局，与此同时我国"十二五"规划中也将物联网作为战略性新兴产业予以重点关注和推进。但就整体而言，无论国内还是国外，物联网的研究与发展都还处于起步阶段，需要进一步加以完善。

1.1.1 物联网的定义

国内外普遍认为物联网的概念最早由麻省理工学院的 Ashton 教授于 1999 年提出，其整体结构的定义如图 1-1 所示。该定义的理念是基于射频识别(RFID)、电子代码(EPC)等技术，以互联网为平台，构造一个可以实现全球物品信息实时共享的实物网络，即物联网。此设想包含以下两层含义：第一，物联网的核心和基础是互联网，物联网是在互联网基础上延伸和扩展的网络；第二，在物联网中，用户端可以延伸和扩展到任何物体，并可以在物体间进行信息交换，实现实时通信的功能。

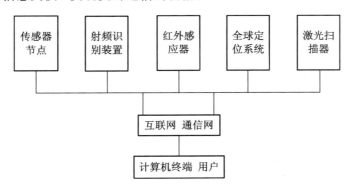

图 1-1 麻省理工学院的 Ashton 教授给出的物联网定义

2010 年在十一届全国人大三次会议上，温总理所作出的政府工作报告中对物联网有如下定义：物联网是指通过信息传感设备，按照约定的协议，把任何物品与互联网连接起来，进行信息交换和通信，以实现智能化识别、定位、跟踪、监控和管理的一种网络，它是在互联网基础上延伸和扩展的网络。

除了上面的定义之外，还有一些在具体环境下为物联网做出的定义。

欧盟的定义：将现有的互联的计算机网络扩展到互联的物品网络，便形成了物联网。

国际电信联盟(ITU)的定义：物联网主要解决物品到物品(Thing to Thing，T2T)、人到物品(Human to Thing，H2T)、人到人(Human to Human，H2H)之间的互联。这里与传统互联网不同的是，H2T 是指人利用通用装置与物品进行的互联，H2H 是指人与人之间不依赖于个人电脑所建立的互联。物联网解决的是传统意义上的互联网没有考虑的、对于任何物品连接的问题。因此，我们可以认为物联网是连接物品的网络，有些学者在讨论物联网时，常常提到 M2M 的概念，我们可以将其解释为人到人(Man to Man)、人到机器(Man to Machine)、机器到机器(Machine to Machine)。从本质上讲，在人与机器、机器与机器的交互中，其主要目的是为了实现人与人之间的信息交互。

ITU 物联网研究组认为：物联网的核心技术是普适网络、下一代网络和普适计算。这三项核心技术的简单定义如下：普适网络，即无处不在的、普遍存在的网络；下一代网络，指可以在任何时间、任何地点，互联任何物品，提供多种形式信息访问和信息管理的网络；普适计算，指无处不在的、普遍存在的计算。其中，下一代网络中所提到的"互联任何物品"便是 ITU 物联网研究组对下一代网络定义的扩展，是对下一代网络发展趋势的高度概括。已经成为现实的多种装置的互联网络，例如手机互联、移动装置互联、汽车互联、传感器互联等，都揭示了下一代网络在"互联任何物品"方面的发展趋势。

目前国内外对物联网还没有一个统一公认的标准定义，但从物联网的本质分析，物联网是现代信息技术发展到一定阶段后才出现的一种聚合性应用与技术提升，它将各种感知技术、现代网络技术和人工智能与自动化技术聚合，形成一种大型集成化的应用，使人与物智慧对话，以此来创造一个智慧的世界。正因如此，物联网技术的发展几乎涉及信息技术的方方面面，作为一种聚合性、系统性的创新应用与发展，它被誉为信息产业的第三次革命性创新，其本质主要体现在三个方面：一是网络互联特征，即对需要联网的"物"一定要能够实现互联、互通；二是识别与通信特征，即纳入物联网的"物"一定要具备自动识别、物物通信的功能；三是智能化特征，即网络系统应具有自动化、自我反馈与智能控制的特点。

总体上物联网可以概括为：通过传感器、射频识别(RFID)、全球定位、激光扫描等技术，实时地采集任何需要监控、连接、互动的物体或过程的声、光、热、电、力学、化学、生物、位置等各种信息，通过各种可能的网络接入，实现物与物、物与人的泛在连接，从而实现对物品和过程的智能化感知、识别与管理。特别要注意的是，物联网中的"物"，不是普通意义的万事万物，这里的"物"要满足以下条件：

(1) 要有相应信息的接收器；

(2) 要有数据传输通路；

(3) 要有一定的存储功能；

(4) 要有处理运算单元(CPU)；

(5) 要有操作系统；

(6) 要有专门的应用程序；

(7) 要有数据发送器；

(8) 要遵循物联网的通信协议；

(9) 要在世界网络中有可被识别的唯一编号。

通过以上分析可知，物联网的核心是物与物以及人与物之间的信息交互，其基本特征可简要地概括为全面感知、可靠传送和智能处理，如表 1-1 所示。

表 1-1 物联网的三个特征

全面感知	利用射频识别、二维码、传感器等感知、捕获、测量技术随时随地对物体进行信息采集和获取
可靠传送	将物体接入信息网络，并依托各种通信网络，随时随地进行可靠的信息交互和共享
智能处理	利用各种智能计算技术，对海量的感知数据进行分析和处理，实现智能化的决策和控制

1.1.2 物联网的体系框架

在物联网蓬勃发展的同时，相关统一协议的制定正在迅速推进，无论是美国、欧盟、日本、中国等物联网积极推进国，还是国际电信联盟等国际组织都提出了自己的协议方案，并力求使其上升为国际标准，但是到目前为止还没有世界公认的物联网通用规范协议。从整体上看，物联网体系可以分为软件和硬件两大部分。软件部分即为物联网的应用服务层，包括应用、支撑两个子部分；硬件部分分为网络传输层和感知控制层，分别对应传输和感知两个子部分。软件部分大都基于互联网的 TCP/IP 通信协议，而硬件部分则有 GPRS、传感器等通信协议。在日后的学习中，我们需要通过物联网的主要技术，分析其知识点、知识单元、知识体系，从而掌握实用的软件、硬件技术和平台，理解物联网的学科基础，进而真正地领悟物联网的本质。物联网的体系框架见表 1-2。

表 1-2 物联网的体系框架

	感知控制层	网络传输层	应用服务层
主要技术	EPC 编码和 RFID 射频识别技术	无线传感器网络、PLC、蓝牙、WiFi、现场总线	云计算技术、数据融合与智能技术、中间件技术
知识点	EPC 编码的标准和 RFID 的工作原理	数据传输方式、算法、原理	云连接、云安全、云存储、知识表达与获取、智能 Agent
知识单元	产品编码标准、RFID 标签、阅读器、天线、中间件	组网技术、定位技术、时间同步技术、路由协议、MAC 协议、数据融合	数据库技术、智能技术、信息安全技术
知识体系	通过对产品按照合适的标准来进行编码，实现对产品的辨别；通过射频识别技术，完成对产品的信息读取、处理和管理	技术框架、通信协议、技术标准	云计算系统、人工智能系统、分布智能系统
软件(平台)	RFID 中间件(产品信息转换软件、数据库等)	NS2、IAR、KEIL、Wave	数据库系统、中间件平台、云计算平台
硬件(平台)	RFID 应答器、阅读器、天线组成的 RFID 系统	CC2430、EM250、JENN-IC LTD、FREESCALE BEE	PC 和各种嵌入式终端
相关课程	编码理论、通信原理、数据库、电子电路	无线传感器网络简明教程、电力线通信技术、蓝牙技术基础、现场总线技术	微机原理与操作系统、计算机网络、数据库技术、信息安全

物联网作为一种形式多样的聚合性复杂系统，涉及信息技术自上而下的每个层面，其

体系结构可分为感知控制层、网络传输层、应用服务层,如图1-2所示。互联网的公共技术包括标识解析、安全技术、服务质量(QoS)管理和网络管理,这些技术虽然不属于物联网技术的某个特定层面,却与物联网技术架构的每个层面都有紧密的联系。

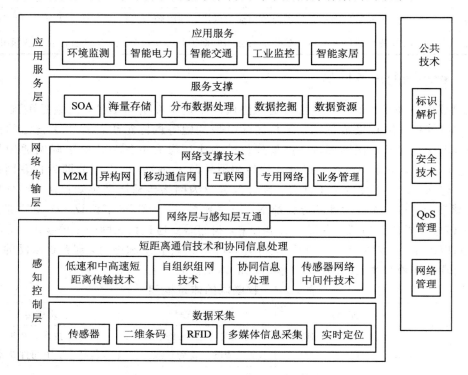

图1-2 物联网的体系框架

感知控制层由数据采集子层、短距离通信技术和协同信息处理子层组成。数据采集子层通过各种类型的传感器获取物理世界中发生的物理事件和数据信息,例如各种物理量、标识、音频和视频多媒体数据等。物联网的数据采集涉及传感器、RFID、多媒体信息采集、二维条码和实时定位等技术。短距离通信技术和协同信息处理子层将采集到的数据在局部范围内进行协同处理,以提高信息的精度,降低信息的冗余度,并通过自组织组网技术将短距离传感网接入广域承载网络中。传感器网络的中间件技术旨在解决感知控制层的数据与多种应用平台间的兼容性问题,包括代码管理、服务管理、状态管理、设备管理、时间同步、定位等,在有些应用中还需要通过执行器或其他智能终端对感知结果作出反应,实现智能控制。

网络传输层将来自感知控制层的各类信息通过基础承载网络传输到应用服务层,包括移动通信网、互联网、卫星网、广电网、行业专网及形成的融合网络等。根据应用需求,网络传输层可作为透明传送的网络层,并具备升级能力以满足未来不同内容传输的要求。经过十余年的快速发展,移动通信、互联网等相关网络技术已比较成熟,在早期阶段基本能够满足物联网的数据传输需要。

应用服务层主要将物联网技术与行业专业系统相结合,实现广泛的物物互联的应用解决方案,主要包括业务中间件和行业应用领域。其中,物联网服务支撑子层用于支撑跨行业、跨应用、跨系统之间的信息协同、共享、互通;物联网应用服务子层包括环境监测、智能电力、智能交通、工业监控、智能家居等多种行业应用。

从物联网工程教学、学习的角度分析，物联网技术的高度集成性需要学习者的基础知识积累较多，表1-3详细地说明了物联网工程学习所需要的知识准备和积累，按照物联网的三层结构规划，给出了学生应达到的培养目标。

表 1-3 物联网的学习要求

软件	应用服务层	掌握应用系统设计技术，可以进行物联网应用软件的开发；可以应用数据结构，设计数据流；能够独立设计不同需要的物联网应用系统
硬件	网络传输层	能够设计多种网络网关，设计 HF、UHF-RFID 读卡器；掌握主流无线网络标准、主要路由算法；并可进行网络监视和数据库设计
	感知控制层	掌握无线节点硬件和核心协议栈软件设计方法、RFID 无源和有源标签设计技术、低功耗无线设计方法、基础无线网络技术，了解安全与加密原理并可以进行应用设计

1.1.3 物联网的关键技术和难点

从物联网的发展历程和定义可以发现，物联网所具有的显著特点是技术高度集成、学科复杂交叉、综合应用广泛。物联网的涵盖范围广阔，涉及学科领域众多，运用到的原理技术复杂，至今还未能达成世界公认的统一技术标准，但通过分析其技术基础，以及展望未来的应用需求，发现了如表1-4所示的物联网关键支撑技术，这些技术构成了目前物联网研究的重要平台，并为后续发展打下了坚实的基础。

表 1-4 物联网的关键技术

技术名称	具 体 内 容
RFID 和 EPC 技术	在物联网中，通过 EPC 编码并在 RFID 标签上存储规范，使物品具有互用性的信息，然后通过无线数据通信网络把它们自动采集到中央信息系统，实现物品（商品）的识别功能。RFID 和 EPC 技术是物联网中让物品"开口说话"的关键技术
传感控制技术	传感控制技术是关于从自然信源获取信息，并对其进行处理、变换和识别的一门多学科交叉的现代科学与工程技术，它涉及传感器、信息处理和识别的规划设计、开发、制造、测试、应用及评价改进等活动。在物联网中，传感控制技术主要负责接收物品"说话"的内容
无线网络技术	无线网络既包括允许用户建立远距离无线连接的全球语音和数据网络，也包括可实现近距离数据传输的蓝牙技术和红外技术。在物联网中，物品与人的无障碍交流必然离不开高速、可进行大批量数据传输的无线网络
组网技术	组网技术也称网络组建技术，分为以太网组网技术和 ATM 局域网组网技术，也可分为有线、无线组网。在物联网中，组网技术起到"桥梁"的作用，其中应用最多的是无线自组网技术，它能将分散的节点在一定范围内自动组成一个网络，来增加各采集节点获取信息的渠道。通过组网，各节点除了可以获取自身采集到的信息，还能获取一定范围内的其他节点采集到的信息，因此在该范围内节点采集到的信息可以统一处理、统一传送，也可经过节点之间的相互"联系"后，协商传送各自的部分信息
人工智能技术	人工智能是研究如何使计算机可以模拟人的某些思维过程和智能行为（如学习、推理、思考、规划等）的技术。在物联网中，人工智能技术主要负责将物品"说话"的内容进行分析，从而实现计算机自主处理的能力

简要地概括，物联网可以被看做传感网、互联网以及智能服务的综合体，其中智能服务将成为未来发展与应用的核心，更直接地说，物联网就是把世界上所有的物体连接起来形成的网络。目前物联网的发展正处于将理想转化为现实的阶段，在这样一个实际发展的过程中，物联网将不可避免地遇到很多技术以及产业问题。表1-5为目前物联网发展中亟待解决的问题。

表 1-5　物联网发展及其应用的难点

技术难点	具体描述
技术标准问题	世界各国存在不同的标准。中国信息技术标准化技术委员会于2006年成立了无线传感器网络标准项目组。2009年9月，该项目组正式成立了PG1（国际标准化）、PG2（标准体系与系统架构）、PG3（通信与信息交互）、PG4（协同信息处理）、PG5（标识）、PG6（安全）、PG7（接口）和PG8（电力行业应用调研）等8个专项组，来开展具体的国家标准制定工作
数据安全问题	数据的安全问题几乎涉及物联网体系的每一个层面，无线安全、网络安全、中间件安全、应用安全均与应用息息相关。因此，如何在每个环节严防死守，保障整个体系的数据安全成为了物联网正常运行的基础
IP地址问题	每个物品都需要在物联网中被寻址，因此，它们均需要唯一的物理地址，从而在物联网中需要更多的IP地址，IPv4资源即将耗尽，那就需要IPv6来支撑。目前，IPv6协议已经从实验室走向了应用阶段
物联网终端问题	物联网终端除具有自身独立的功能外，还需要具备传感器和网络接入的能力。而行业的需求千差万别，如何满足终端产品的多样化需求，对运营商来说也是一大挑战

1.1.4　物联网的应用领域

国际电信联盟在2005年的一份报告中曾描绘了"物联网"时代的图景，其中包含了诸如当司机出现操作失误时汽车会自动报警、公文包会提醒主人忘带了什么东西、衣服会"告诉"洗衣机对颜色和水温的要求等智能化构想，这些理想化的服务为物联网的发展指明了方向。目前在中国，物联网的应用已经逐步展开，并且已在诸多领域投入使用，如2010年上海世博会期间，为确保世博园区的食品安全，相关监管部门启动了"世博食品安全实时监控综合平台"，食品或原材料进入园区之前，均需配戴电子标签（RFID），这样工作人员只要用读卡器读取电子标签，便可以知道食品或原材料的基本信息，甚至连一个番茄、一根豆芽都能追根溯源。

在日常生活中，物联网更多地被解读为一个商业术语，而不是严格意义上的科学概念，无论是对商业服务者，还是对科学研究者来说，物联网都可以称得上是科技以人为本与服务引领生活的完美融合体。各个行业的小规模具体应用逐渐构建成如今高度集成、兼容并包的物联网系统，总的来说，物联网的应用架构由三个干流组成，如图1-3所示。

2010中国国际物联网博览会上发布的《2009

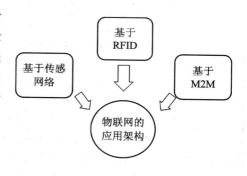

图 1-3　物联网的应用架构

—2010 中国物联网年度发展报告》称，2009 年中国物联网产业市场规模已达到 1716 亿元，预计 2010 年将超过 2000 亿元，至 2015 年，中国物联网整体市场规模将达到 7500 亿元，年复合增长率超过 30%，市场前景将远远超过计算机、互联网、移动通信等领域。与此同时，工业和信息化部已将物联网规划纳入到"十二五"的专题规划中，将其列为国家重点发展的五大战略性新兴产业之一，并明确地提出要大力发展宽带融合的下一代国家基础设施，推进物联网的产业应用。物联网"十二五"规划已经锁定十大应用领域，下面简要地介绍各个领域的应用概况。

1. 智能电网

智能电网建立在集成的、高速双向通信网络的基础上，通过先进的传感和测量技术、先进的设备技术、先进的控制方法以及先进的决策支持系统技术的应用，实现电网的可靠、安全、经济、高效、环境友好和使用安全的目标，其主要特征包括可自愈性、较强的抵御攻击的能力、可提供满足 21 世纪用户需求的电能质量、容许各种不同发电形式的接入、可启动电力市场以及资产的优化高效运行。物联网技术可以应用于整个电力系统，从电厂、大坝、变电站、高压输电线路直至用户终端，全面打造智能化电力运行平台，其中包括对电力系统运行状态进行实时监控和自动故障处理，监测电网的整体健康水平，触发可能导致电网故障的预警机制并判断是否需要即刻检查或采取相应的措施，分析电网的系统故障以及电压降低、电能质量差、过载等不良系统状态并生成自适应的控制方案等。目前，智能电网的主要应用有智能变电站、智能配电网、智能电能表、智能交互终端、智能调度、智能家电、智能用电楼宇、智能城市用电网、智能发电系统和新型储能系统等。

2. 智能交通

"车—路"信息系统一直是智能交通发展的重点方向，继互联网、物联网之后，"车联网"已成为未来智能城市的新标志。车联网是指在车辆上装载电子标签，并通过无线射频等识别技术实现在信息网络平台上对所有车辆的属性信息和静、动态信息进行实时提取和有效利用，根据不同的功能需求对所有车辆的运行状态进行有效地监管并提供智能化的综合服务。将物联网应用于交通领域，司机便可以通过车载信息智能终端享受集实时定位、动态导航、车辆保障、安全驾驶、休闲娱乐、资讯播报为一体的全方位综合服务。此外，交通信息采集、车辆环境监控、汽车驾驶导航、不停车收费等智能交通服务，也无疑可以有效地提高道路利用率、改善不良驾驶习惯、减少车辆拥堵、实现节能减排，同时这种智能化的交通服务方式也有利于提高出行效率，促进和谐交通的发展。

3. 智能物流

智能物流是指在物联网广泛应用的基础上，利用先进的信息采集、信息处理、信息流通和信息管理技术，在需要寄递的信件和包裹上嵌入电子标签、条形码等能够存储物品信息的标识，通过无线网络的方式将相关信息及时地发送到后台信息处理系统中，各子信息系统可互联形成一个庞大的网络，从而达到对物品快速收寄、分发、运输、投递以及实施跟踪、监控等智能化管理的目的，并最终依照承诺时限递送到收件人或指定地点获得签收的新型寄递服务。物联网的应用极大地促进了物流业的智能化进程，通过物联网的技术手段将物流智能化已成为物流领域的全新发展方向。国家近期出台的《十大振兴产业规划细则》中明确将物流快递业作为未来重点发展的行业之一。客观来说，物流业也以其规模快速增长、基础设施急需完善等显著行业特征被视为最适宜同物联网结合的产业之一，并且国外的许多物流企业正在逐步开始尝试智能化物流模式，已取得一定的成绩。

4. 智能家居

智能家居利用先进的计算机、嵌入式系统和网络通信，将家庭中的各种设备（如照明、环境控制、安防系统、网络家电等）通过家庭网络连接到一起。智能家居在让用户方便地管理家庭设备的同时，实现了家居环境内的设备互联、互通，在无需人为操作的情况下，自组织地为用户服务。智能家居以住宅为平台，利用综合布线技术、网络通信技术、智能系统设计方案、安全防范技术、自动控制技术、音频和视频技术构建出高效的住宅设施与家庭日程事务综合管理系统，提升了家居的安全性、便利性、舒适性、艺术性，并实现了环保节能的生态理念。智能家居作为一个新生产业，目前处于导入期与成长期的临界点，市场消费观念还未形成，但随着智能家居市场推广、普及的进一步落实，可以培育起消费者的使用习惯，智能家居市场的消费潜力必然是巨大的，产业前景一片光明。

5. 金融与服务业

物联网的诞生将商务延伸到所有物品上，真正地实现了突破空间和时间束缚的金融构想，使商务活动的参与主体可以在任何时间、任何地点实时地获取和采集商业信息，摆脱了单一的设备和网络环境束缚，使得"移动支付"、"移动购物"、"手机钱包"、"手机银行"、"电子机票"等方便快捷的应用形式层出不穷。此外，将国家、省、市、县、乡镇的金融机构联网，建立各金融部门信息共享的平台，可以有效地遏制传统金融市场因缺乏有效监管而带来的风险蔓延，对维护个人及国家经济安全和社会金融稳定具有重要意义。

6. 智能农业

智能农业是指在相对可控的环境条件下，采用工业化生产模式，实现集约高效可持续发展的现代农业生产方式。它集科研、生产、加工、销售于一体，实现周年性、全天候、反季节的企业化规模生产；集成现代生物技术、农业工程、农用新材料等学科，以现代化农业设施为依托，科技含量高，产品附加值高，土地产出率高，劳动生产率高。把物联网应用到农业生产中，可根据用户的需求，实时监控环境温度、湿度信号以及光照、土壤温度、二氧化碳浓度、叶面湿度、露点温度、虫害情况等环境参数，在牲畜体内植入传感芯片跟踪放牧情况，并采用无线信号收发模块传输数据，开关或调节指定设备，降低人力成本，量化农副业产品生长环境，打造食品溯源体系，实现农产品生长环境的可持续发展，为实施农牧业综合生态信息自动监测以及农牧业智能化管理提供科学依据。

7. 智能医疗

智能医疗通过打造健康档案区域医疗信息平台，利用最先进的物联网技术实现患者与医务人员、医疗机构、医疗设备之间的互动，逐步达到信息化。将物联网技术应用于医疗健康领域，可以解决医疗资源紧张、医疗费用昂贵、老龄化压力增大等各种社会问题。借助实用的医疗传感设备，可以实时感知、处理和分析重大的医疗事件，从而快速、有效地做出响应；乡村卫生所、乡镇医院和社区医院也可以无缝地连接到中心医院，从而实时地进行远程医务人员培训、获取专家建议、安排转诊调度方案；还可以通过联网整合并共享各医疗机构的医疗信息记录，构建一个综合的专业医疗网络。在中国新医改的大背景下，智能医疗正在走进寻常百姓的生活，在不久的将来医疗行业将融入更多的人工智能、传感技术等高科技，使医疗服务走向真正意义的智能化，推动医疗事业的繁荣发展。

8．工业与自动化控制

以感知和智能为代表的新兴技术使得未来信息产业的发展由以人类信息为主导的互联网，向以物与物互联信息为主导的物联网转型。面向工业与自动化领域的物联网技术是以泛在网络为基础、以泛在感知为核心、以泛在服务为目的、以泛在智能拓展和提升为目标的综合性一体化信息处理技术，它是物联网的关键组成部分。物联网大大地加快了工业化进程，显著地提高了人类的物质生活水平，并且在推进我国工业和制造业的产业结构调整、促进工业企业节能降耗、提高产品品质、提高企业经济效益等方面发挥了巨大的推动作用。因此，物联网在工业领域具有广阔的应用前景。近期，冶金工业、石化工业和汽车工业等均成为物联网技术应用的热点领域。总之，基于物联网的工业自动化是人机和谐、智能制造系统发展的崭新历史阶段，一方面，物联网将改变工业的生产和管理模式，提高生产和管理效率，增强我国工业的可持续发展能力和国际竞争力；另一方面，工业是我国的"耗能污染大户"，工业用能占全国能源消费总量的 70％以上，化学需氧量以及二氧化硫排放量分别占到全国总排放量的 38％和 86％，物联网技术的研究与推广将是使我国工业实现节能降耗总目标的重要机遇。

9．环境与安全监测

安全问题是人们越来越关注的问题之一，因此，我们可以利用物联网开发出高度智能化的安防产品与安防系统，进行智能分析、判断及监控，最大限度地降低因传感器问题及外部干扰造成的误报，实现高度智能化的人机对话、由面到点的实时安防及精确治理等功能，弥补传统安防系统的缺陷，确保人们的生命和财产安全。此外，物联网还可以用于烟花爆竹销售点的监测、危险品运输车辆的监管、火灾事故的监控、气候灾害的预警、智能城管、平安城市建设等领域；同时还可以用于对残障人员、弱势群体（老人、儿童等）、宠物进行跟踪定位，防止走失等；还可以用于井盖、变压器等公共财产的实时监控和跟踪定位，保障人们生活环境的安全，防止公共财产的损失。

10．国防军事

物联网被许多军事专家誉为"一个未探明储量的金矿"，它为正在孕育的军事变革提供了新的契机。物联网概念的问世，对现有军事系统的格局产生了巨大的冲击，可能会使军队建设和作战方式发生新的重大变化。可以设想，在国防科研、军工企业及武器平台等各个环节中设置标签读取装置，并通过无线和有线网络将其联接起来，那么每个国防要素及作战单元甚至整个国家军事力量都将处于全信息和全数字化状态。大到卫星、导弹、飞机、舰船、坦克、火炮等军事装备，小到单兵作战器械，从通信技侦系统到后勤保障系统，从军事科学试验到军事装备工程，其应用遍及战争准备、战争实施的每一个环节。可以说，物联网扩大了未来作战的时域、空域，对国防建设的各个领域产生了深远的影响，将引发一场划时代意义的军事技术革命和作战方式的变革。

以上对物联网技术的主要应用领域进行了介绍，但物联网的应用绝不局限于此，用一句形象的话来说，就是"物联无所不达，应用无所不能"。现在物联网的发展已取得一定成就，在未来的发展过程中可能还会遇到严峻的挑战，但可以肯定的是，物联网的出现和推广必将极大地改变我们的生活，物联网时代的到来已是大势所趋，未来将出现越来越多的物联网产品及相应的服务模式。

1.2 物联网的建模探究

1.2.1 物联网的基本原理

物联网是在能量的支持下实现物质与信息联合运动的物质形态，是研究信息流、物质流和能量流彼此作用、相互转换的方法与技术。这里我们首先需要了解一下物质不灭定律的基本含义。物质不灭定律（又称物质守恒定律）是指：在任何与周围隔绝的物质系统中，即在孤立系统中，不论发生何种变化和过程，物质的总质量保持不变。信息作为物质及其属性的集合，是物质有效的描述载体。在 2004 年 7 月 21 日举行的"第 17 届国际广义相对论和万有引力大会"上，英国传奇科学家斯蒂芬·霍金教授宣布了信息不灭的理论，即系统中存储信息的增加等于进入系统的信息减去离开系统的信息。生态系统中各种环境的信息、物的信息、人的信息经感知关联后形成网络，信息在各产业系统中传递、流通，被读取和识别后形成反馈，推动产业系统的有效运行，通过物联网对信息全面连接，使物与物之间形成正向的信息联动。能量作为物质与信息联合运动的支持者，既不会凭空产生，也不会凭空消失，它只能从一种形式转化为另一种形式，或者从一个物体转移到另一个物体，在转化或转移的过程中，能量的总和保持不变。

物联网在建立物物联系网络的过程中消耗能量，感知物流与信息流的同时也将感知能量流，如图 1-4 所示，可以认为物联网空间沟通了物质空间、信息空间和能量空间，并在这三个空间中相互转化。物联网在现实物联的过程中以低消耗的能量来取代生产中较高的能量散失部分，从而实现产业能源消耗的趋零化。物联网在一定意义上讲就是让没有生命的物所蕴含的信息流动起来，为生命与生机永恒地在这个星球上流动提供了一种手段。

图 1-4 物联网空间

1.2.2 物联网应用的科学问题

我国物联网在交通、电力、医疗等领域已经有了较为成功的应用，但依然面临着可信技术缺乏的"硬"问题，需要解决这些问题，仅仅了解物联网的理论实质是远远不够的，需要在洞察物联网本质的同时，将其提升到科学问题范畴。本小节针对物联网存在的大规模异质网元的高效互联、不确定感知信息的有效利用、动态化系统环境的服务提供等挑战，凝练出物联网应用技术研究的三个关键科学问题。

1. 大规模异质网元的数据交换问题

大规模异质网元的接入和海量数据的交换是物联网广泛应用所需要的新的技术突破：一方面，物联网借助互联网、通信网等主流平台实现子网连接和网络融合，进而提供信息共享和协同服务；另一方面，在局部紧耦合区域内，物联网表现出很强的动态自治需求，局部区域的各种网元为了执行特定的网络任务，动态地自我组织，实现互联、互通、互操作，综合利用局部自治域内的信息来提高网络服务的效率。因此，物联网发展面临的首要难题是：如何解决物联网大规模性、多元异构性、系统动态性与高效数据交换之间的矛盾。为此，将物联网要解决的大规模异质网元高效互联凝练为第一个关键科学问题，其主要研究的是局部动态自治和高效网络融合中面临的大规模异质网元的数据交换问题。

2. 不确定信息的有效整合与交互适配问题

物联网通过各种智能化设备对物理世界进行全面的感知，所感知的信息具有显著的不确定性，这种不确定性需要确定的表达方式，并且信息需要通过重组、清洗、融合等网内处理后才能整合为可用的信息服务。其中，网元之间的信息融合需要根据网络任务的需求，随时随地地进行网元间的信息交互，实现信息的高效共享。因此，物联网面临的又一难题是：如何对感知信息进行标识、整合与利用，解决网元在信息交互过程中存在的信息表达、效能平衡和权限保护等适配问题，从而为应用服务提供有效的支持。因此，将解决不确定感知信息的有效利用问题凝练为第二个关键科学问题，即不确定信息的有效整合与交互适配问题。

3. 动态系统环境中服务自适应问题

在动态的物联网系统环境中，需要有针对性地处理交互对象实体的不确定性、与环境交互的随机性，以及满足变化的运行平台约束等问题，并研究新型的软件开发理论体系和支撑技术，使物联网软件系统具有更强的情境感知能力和动态调配能力，以此提升物联网服务的环境适配性；同时还需要建立能够提供灵活时变服务的物联网软件结构，使物联网软件具备自主性和演化性，实现用户需求域、信息空间域和物理空间域三者的协同，灵活地适应不断变化的环境，从而提供智慧的服务。因此，需要进一步研究适应物联网环境特征的新的软件建模理论、服务机理和方法，并将解决物联网系统的自适应性挑战凝练为第三个关键科学问题，即面向动态系统环境的服务适应问题。

1.2.3 物联网的建模

在客观世界的各个领域，特别是生命、社会、思维领域，普遍存在着这样一类现象：诸多部分一旦按照某种方式形成系统，就会产生出系统整体具有而部分或部分总和不具有的属性、特征、行为、功能等，一旦把整体还原为互不相干的各部分，这些属性、特征、行为、功能就不复存在。系统科学把这种整体具有而部分不具有的东西，称为涌现性（Emergent Property）。物联网作为一个复杂系统显然也具有涌现性，从层次结构的角度看，涌现性是指那些高层次具有而还原到低层次就不复存在的属性、特征和行为功能。当然新质的涌现不一定都伴随着层次的提升，同一层次上一种新结构取代原结构的演化也会伴随着不同质的整体涌现性的形成，单层次的提升必定伴随着原层次所没有的新质的涌现。

物联网是一个混杂的复杂非线性多变量系统，既包含虚拟的网络，也包含真实的物理世界；既有连续变量，也有离散变量；既有非线性问题，也有线性问题；既蕴含对称性，也蕴含非对称性。其两者既对立又统一，彼此互相关联、相互转化，可见对立统一是物联网建模的基本原则。这样，我们就可以采用已经存在的复杂系统之数学方法与统计方法对物联网进行描述和分析。

物联网空间中存在信息流、物质流和能量流三种流体，它们彼此间可以相互转化、相互制约。如何表述它们三者的关系从而实现物联网的控制功能就集中体现为对物体的四个确定原则,即定性、定质、定位、定量。对"四定"进行描述和分析需要建立一个统一的纯数学特征空间,并在此空间中对信息流、物质流和能量流三种流体进行统一的分析和优化。在任何数学分析体系中,基本尺度都是必不可少的,物联网的基本尺度需要考虑信息流的尺度、物质流的尺度以及能量流的尺度。由此,我们将物联网的建模问题简化为如何统一这三种尺度的问题。

物联网作为复杂大系统的一个分支,我们可以通过理论分析的方法对其逐步进行深入的研究。首先,可以将物联网的非线性特征线性化,再利用牛顿数学方法进行分析,比如,把虚拟网络空间看做是虚部,把实际物理空间看做是实部,利用复变函数对物联网进行描述解析。以上一系列建模的最终目标是为了实现物联网的以下控制目标:一是 M2M、P2P环境下的控制问题,这里双滑模控制模型可能是一种有效的控制方法;二是对物联网大网络进行管理、控制和优化的问题;三是提升物联网控制安全性的问题。如何围绕物联网安全进行数理方法研究,是需要深入探索的问题。

1.3　物联网的控制理论基础

RFID、ZigBee、WiFi 等技术已经在物联网环境中得到越来越广泛的应用,然而,作为物联网研究的另一重要方面——物联网的理论与相关方法,也不容忽视。物联网的理论研究以网络理论、控制理论、信息论等为基础,需要打破学科壁垒,融合多学科知识,建立起新的物联网理论与模型。发展物联网理论的目的是使人—机—环境可以和谐地运行,实现绿色节能,提高生产效率,建立以人为中心的服务体系。物联网将虚拟网络空间和实际物理世界相结合,研究信息流、物质流、能量流的彼此作用及相互转换过程。

控制论学科起源于 20 世纪 40 年代,它的诞生以美国数学家诺伯特·维纳(Norbert Wiener, 1894—1964)1948 年出版的《控制论》一书作为标志。该著作表明要发展一门通用的控制科学,就必须从统一的观点来考察各种系统的控制和通信问题。书中这种"统一"的新颖思想吸引了各领域的众多学者,并被引入到诸多科学领域。控制论为现代科学的研究提供了新的思想和观点,促进了当代哲学观点的变革,也因此被认为是 20 世纪上半叶科学理论的伟业之一。构成控制论的基本概念和若干科学趋势在很多年以前就已经逐步发展起来,其中控制论在工程系统中显得尤为重要,要了解物联网中的控制理论就要从控制和自动化的发展开始。

1.3.1　控制理论的基本思想

控制理论(Control Theory)产生于控制论诞生之前,它是研究如何对工程对象或系统施加控制信号使其达到预期目标的一门技术学科。所谓控制(Control),是指为了改善系统的性能或达到某个特定的目的,对系统输出信号进行采集和加工,并将由此产生的控制信号施加到系统中的过程。在通常情况下,系统可以分为不可控系统和可控系统两大类,前者是指无法进行人工控制、干预的系统,后者是指可以进行人工控制、干预的系统。人们讨论的控制系统一般是指可控系统,它由控制部分和被控对象组成。控制部分一般由传感器(Sensor)、控制器(Controller)和执行器(Actuator)组成。传感器用来采集信息,并将其转换成适当的形式传送给控制器。作为控制系统的核心，控制器用来加工信息、产生控制信号。执行器则将控制器产生的控制信号进行放大和变换，最终施加到被控对象上产生控制作用。控制器将测量信息（系统输出信号）加工成控制信号的方法称为控制算法（Algorithm），设计和实现控制算法是控制理论中最重要的研究课题。我们可以将以上概念直观地串联起来构成简单的控制系统，如图 1-5 所示。

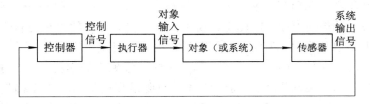

图 1-5　控制系统的简单结构图

控制系统的输出也称为系统响应，如果控制的目的是使得系统响应跟随某个设定的输入信号变化，则称其为伺服控制；如果要求系统输出信号保持在某个设定的固定值附近，则称其为调节控制，简称为调节（Regulation）。在工业控制系统中，诸如温度、速度、压力、液压等参量的控制问题，大都属于参量保持恒定或在给定范围之内的调节问题，因而早年的经典控制理论也称为自动调节原理。

20 世纪 60 年代，第二代控制理论——现代控制理论问世，其中包括以状态为基础的状态空间法、贝尔曼的动态规划法、庞特里亚金的极小值原理以及卡尔曼滤波器。与经典控制理论不同，现代控制理论主要研究具有高性能、高精度和多回路耦合的多变量系统的分析和设计问题。表 1-6 将经典控制理论和现代控制理论进行对比分析。

表 1-6　经典控制理论和现代控制理论比较

分类	经典控制理论	现代控制理论
理论基础	依万斯的根轨迹和奈奎斯特的稳定判据	李雅普诺夫的稳定性理论、贝尔曼的动态规划法、庞特里亚金的极小值原理以及卡尔曼滤波器
研究对象	线性定常单输入单输出系统	多输入多输出系统、多变量时变非线性复杂系统
采用方法	以频率域中传递函数为基础的外部描述方法	以时域中（状态变量）描述系统内部特征的状态空间方法为基础的内部描述方法
数学描述	高阶微分方程、传递函数、频率特性；方块图、信号流图、频率特性曲线	状态方程和输出方程、传递函数阵、频率特性；状态图、信号流图、频率特性曲线
研究方法	时域法、根轨迹法、频率法	状态空间法（时域法）、频率法。多采用计算机软、硬件教学辅助设计，如 MATLAB 等

随着计算机技术的不断发展，可编程控制器和工业机器人等以计算机控制为代表的新的自动化技术逐步出现，由此自动化技术发生了根本性的变化，其相应的自动控制科学研究也出现了许多分支，如自适应控制、混杂控制、模糊控制以及神经网络控制等。此外，控制的概念、原理和方法还被用于社会、经济、人口和环境等复杂系统的分析与管理，形成

了经济控制论和人口控制论等科学分支。目前，控制理论还在继续发展，并朝着以控制论、信息论和仿生学为基础的智能控制理论方向不断地深入。

1.3.2 "三论"与物联网

20世纪40年代末，随着科技的进步，各个科学研究领域的分支日益细化，与此同时各学科之间相互渗透的现象越来越明显。为适应这一发展趋势，信息论、系统论、控制论这三门边缘学科几乎同时产生，因此将其简称为"三论"，它们的出现对科学技术和思维的发展起到了巨大的推动作用，为现代多门新学科的出现奠定了坚实的基础。

信息论是一门研究信息传输和信息处理系统中一般规律的学科。香农（C. E. Shannon）在《通信的数学理论》中明确提出："通信的基本问题是在通信的一端精确地或近似地复现另一端所挑选的消息"。此书主要讨论如何解决通信过程中的技术问题，在此基础上威沃尔（W. Weaver）展开了进一步的研究，将通信扩展为技术问题、语义问题和效用问题三个层次，扩大了其使用范围。这样，信息论的基本思想撇开了物质与能量的具体运动形态，系统有目的的运动被抽象为信息变换过程，系统的控制过程通过信息的传递来完成。

系统论是研究系统结构和功能（包括演化、协同和控制）的一般规律的学科，其研究对象为各类系统。人们可以根据组成系统的元素和元素种类的多少来预估系统的复杂程度，从而将其分为简单系统与巨系统两大类。简单系统是指系统的元素比较少且元素间的关系比较单纯，如某些非生命系统或工程系统；巨系统（Giant System）是指组成系统的元素数目比较庞大的系统。如果组成系统的元素非常多，但元素种类比较少且它们之间的关系比较简单，则可称为简单巨系统，如激光系统；如果组成系统的元素不仅数量大而且种类也多，它们之间的关系又很复杂并有多种层次结构，则可称为复杂巨系统，如人体系统、生态系统、社会系统等。在人体系统和生态系统中，元素之间的关系虽然复杂，但还是有确定规律的，因此其复杂程度并不是很高。社会系统的组成元素是人，由于人的意识作用造成系统元素之间的关系不仅复杂而且带有很大的不确定性，因此可以说这是迄今为止最复杂的系统。系统论的任务从根本上说有两个方面：一是对系统规律的认识，二是在认识规律的基础上研究如何控制系统。后者将控制论的思想引入到系统中，因此巨系统成为控制论最为重要的研究对象。

控制论是一门综合性、边缘性、基础性的学科。这里必须说明，控制论不等于控制理论或自动控制原理。控制论是研究动物、机械、自然和社会等系统中控制、反馈和通信之共同规律的学科，而控制理论是在控制论出现之前将控制、反馈和通信应用到工程和物理系统中，形成的一整套对于自动控制系统分析与设计的数学理论和方法，一般认为工程控制论就是控制理论。尽管一般系统具有质量、能量和信息三个要素，但控制论只着眼于信息方面，着重研究系统的行为方式，控制论与控制科学和工程学科密切相关，并是其理论核心，控制论与其他学科的关系如图1-6所示。

以"三论"为代表的新兴学科及其孕育的科学方法论是20世纪以来最伟大的科学研究理论成果之一，它们的崛起为人类认识世界、改造世界提供了新动力。物联网在此推动下应运而生，它需要结合信息论、系统论、控制论于一体，将其作为核心的方法论构建上层模型，在网络环境中应用各种具体信息技术去实现物物相联，从整体上提升物联网系统的理论及应用能力。

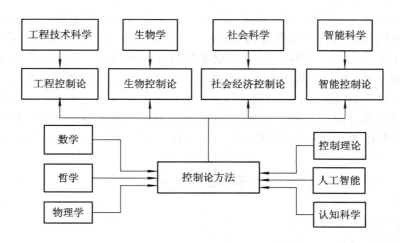

图 1-6 控制论与其他相关科学的关系

1.3.3 物联网与自动控制

自动化作为一种行为和状态,它是通过自动控制系统得以实现的。从物联网本质(信息、能量与物质)的角度出发,自动化技术的作用是以信息为媒介促进能量与物质(如能源、材料和环境资源、人力资源等)的有效利用,从而为现代社会发展提供物质的保证,因此,自动化技术是信息与能量、物质之间的桥梁。图 1-7 形象地描述了物联网与自动控制技术体系的关系。

图 1-7 物联网与自动控制的关系

所谓系统(System),是指由相互关联、相互制约、相互影响的一系列部件组成的具体有某种功能的有机整体。系统由两个以上的要素(组成部分)组成,单个要素不能构成系统;各要素之间不是孤立的,而是具有某种联系并存在一定相互作用的,即各要素之间存在物质、能量、信息的交换;此外,还要具备完成特定功能的能力。对于一个具体的系统而言，系统以外的部分统称为环境，系统与其环境的边界称为系统边界，环境对系统的作用称为输入，系统对环境的作用称为输出。自动控制系统是指能够实现"自动化"任务的设备，是工程技术领域的人造系统。自动控制系统通常由控制部分和控制对象组成。随着科学技术的不断发展，出现了越来越多的大型复杂人造系统，物联网系统便是其中之一，它包含了自然界的生态系统、生物系统，乃至社会经济系统等。因此，若想实现对物联网系统的控制就必须从自动控制系统着手，逐步扩大系统要素的数量、分析要素间的关联控制关系、完善控制技术，从而实现物联网的无限互联、无限控制、无限服务理念。

本 章 习 题

1-1　简述物联网的定义。

1-2　简述物联网应具备的三个特征。

1-3　简述物联网的体系框架。

1-4　物联网包括哪些关键技术？

1-5　物联网的理论基础是什么？

1-6　从理论基础、研究对象、分析问题方式、数学描述、研究方法等方面比较经典控制理论和现代控制理论。

1-7　论述三论、自动控制技术与物联网间的关系。

参 考 文 献

[1]　万百五，韩崇昭，蔡远利．控制论：概念、方法与应用[M]．北京：清华大学出版社，2009．

[2]　戴先中，赵光宇．自动化学科概论[M]．北京：高等教育出版社，2006．

[3]　胡寿松．自动控制原理[M]．5 版．北京：科学出版社，2007．

[4]　李人厚．智能控制理论和方法[M]．西安：西安电子科技大学出版社，1999．

[5]　何大韧，刘宗华，汪秉宏．复杂系统与复杂网络[M]．北京：高等教育出版社，2009．

[6]　王安麟．复杂系统的分析与建模[M]．上海：上海交通大学出版社，2004．

[7]　张文波，吴晶．感知生态：物联网推动零产业[R]．物联网蓝皮书：中国物联网发展报告，2011．

第 2 章　现场总线技术

物联网是由三层结构构成的多层网络，包括互联网、局域网以及设备级的感知控制网络。互联网与局域网的相关内容主要在计算机网络课程中进行讲授，因此，这里主要考虑设备与控制网络，也就是现场总线技术。

2.1　现场总线基本概述

2.1.1　现场总线的产生

3C(Computer，Communication，Control)技术的发展、微机化仪器仪表的成熟和广泛应用，彻底动摇了自 20 世纪 60 年代以来占据过程控制领域的 4～20 毫安信号标准的地位，并由此产生了采用现场网络数字通信技术把各种各样的微机化设备集成到一起的现场总线概念。20 世纪 80 年代初期国外机构就已提出现场总线的概念，但研究工作进展缓慢，对其产业化应用也未形成大的影响且没有制定出相关的体系化标准。现场总线的国际标准从 1984 年开始就着手制定，经过各方的共同努力和协商妥协，包含八种现场总线协议的 IEC61158 国际标准终于在 1999 年底正式通过。2003 年，由 IEC/5C6SC/MT9 小组负责修订的现场总线标准第 3 版(IEC61158 ED.3)正式成为国际标准，在新版本标准中规定了十种类型的现场总线。随着相关标准的不断完善，现场总线技术越来越广泛的应用于过程自动化、制造自动化、楼宇自动化等领域的现场智能设备互联通信网络。作为工厂数字通信网络的基础，现场总线沟通了生产过程现场及控制设备之间及其与更高控制管理层之间的联系。它不仅是一个基层网络，而且还是一种开放式、新型全分布控制系统。这项以控制、计算机、数字通信等技术为主要内容的综合技术，已经引起了世界广泛的关注，成为物联网发展的热点，开拓了物联网系统结构与设备体系构建的新思路。

纵观控制系统的发展历史，我们不难发现每一代新控制系统的推出都是针对老一代控制系统存在的缺陷而给出的解决方案，最终在用户需求和市场竞争两大外因的推动下占领市场的主导地位。现场总线和现场总线控制系统的产生也不例外，它们将在物联网这个前沿的感知控制系统网络中渐渐崭露头角。

2.1.2　现场总线及其控制系统

下面我们分别从现场总线的定义及其在控制系统中的发展两个方面对现场总线技术展开叙述。

1. 现场总线的定义

根据国际电工委员会 IEC61158 标准的定义，现场总线(Fieldbus)是指安装在制造或过程区域的现场装置与控制室内的自动控制装置之间的数字式、双向传输、串行、多点的通信网络。在该定义中，首先说出了现场总线的主要使用场合，即制造业自动化、批量流程控制、过程控制领域，当然楼宇自动化、智能交通、智能物流等物联网领域也是它得心应手的应用场合；其次说出了现场点线系统中的主要角色，即现场的自动装置和控制室内的自动控制装置，这里的现场设备或装置肯定是智能化的，否则无法完成如此复杂的通信和控制任务，而控制室中的自动控制装置，更要完成对所有分散站点的管理和控制任务；最后说现场总线是一种通信网络，有通信就必须有协议，从这个意义上讲，现场总线实质上是一个定义了硬件接口和通信协议的标准，而且该通信是数字式的、双向传输的、串行的（可以进行千米级长距离的通信，以适应工业现场的实际需求）、多点的（可分散布控）。以上三点共同勾勒出了现场总线的实质。

局域网与现场总线的组网形式比较相似，因此我们需要重点区分现场总线与局域网的概念。局域网（Local Area Network，LAN）是在一个局部的地理范围内（如学校、工厂和机关内），一般是方圆几千米以内，将各种计算机、外部设备和数据库等互相联接起来组成的计算机通信网。它可以通过数据通信网或专用数据电路，与远方的局域网、数据库或处理中心相连接，构成一个较大范围的信息处理系统。局域网可以实现文件管理、应用软件共享、打印机共享、扫描仪共享、工作组内的日程安排、电子邮件和传真通信服务等功能。局域网在严格意义上是封闭型的，它可以由办公室内几台甚至上千上万台计算机组成。决定局域网的主要技术要素为：网络拓扑、传输介质与介质访问控制方法。表2-1将现场总线与局域网进行比较。从功能上看，现场总线连接自动化最底层的现场控制器和现场智能仪表设备，网络上传输小批量的数据信息，如检测信息、状态信息、控制信息等，传输速率低，对实时性要求高；局域网用于连接局部区域的各台计算机，网络上传输如文本、声音、图像等大批量的数字信息，传输速率高，但实时性要求低。从实现方式上看，现场总线可采用各种通信介质，如双绞线、电力线、光纤、无线射频、远红外等，实现成本低；局域网需要专用电缆，如同轴电缆、光纤等，实现成本高。

表 2 - 1　现场总线与局域网的比较

名称	现场总线	局域网
传输数据量	小批量	大批量
传输速率	低	高
实时性	强	弱
通信介质	非专用传输介质	专用电缆
成本	低	高

2. 现场总线控制系统

现场总线不单单是一种通信技术，也不仅仅是用数字仪表代替模拟仪表，关键意义是用新一代的现场总线控制系统（Fieldbus Control System，FCS）逐步代替传统的集散控制系统（Distributed Control System，DCS）。

集散控制系统的核心思想是集中管理、分散控制，即管理与控制相分离，上位机用于集中监视管理，若干台下位机分散到现场实现分布式控制，各上、下位机之间用控制网络互联以实现相互之间的信息传递。因此，这种分布式的控制系统体系结构有力地克服了集中式数字控制系统中对控制器处理能力和可靠性要求较高的缺陷。遗憾的是，不同的 DCS 厂家为了达到垄断经营的目的而对其控制通信网络采用各自专用的封闭形式，不同厂家的 DCS 系统之间以及 DCS 与上层 Intranet、Internet 信息网之间难以实现网络互联和信息共享，因此，从这个角度而言集散控制系统实质上是一种封闭专用的、不具有可互操作性的分布式控制系统，且 DCS 造价昂贵。在这种情况下，用户对网络控制系统提出了开放性和降低成本的迫切要求。

现场总线控制系统正是顺应以上潮流而诞生的。FCS 是工业自动控制中的一种计算机局域网络，它以高度智能化的智能仪表和设备为基础，在现场实现彻底的分散，并以这些现场分散的测量点、控制设备作为网络节点，将这些网络节点以总线的形式连接起来，形成一个现场总线网络。FCS 的实质是一个开放的、具有可互操作性的全分布式控制系统。一般来说，FCS 由控制部分（主站）、测量部分（从站）、软件（组态、管理等）以及网络的连接及集成设备组成。FCS 一方面突破了 DCS 系统采用专用通信网络的局限，采用了基于公开化、标准化的解决方案，克服了封闭系统所造成的缺陷；另一方面把 DCS 的集中与分散相结合的集散系统结构变成了新型的全分布式结构。与传统的控制系统相比，它具有体系结构开放、系统集成灵活方便、硬件智能化、传输数字化、控制计算高品质化的特点。可以说，开放性、分散性与数字通信是现场总线系统最显著的特征。

现场总线控制系统的体系结构如图 2-1 所示。现场总线控制系统的最底层是 Infranet 控制网（即 FCS），各控制器节点下放分散到现场，构成一种彻底的分布式控制体系结构，其网络拓扑结构可任意选择，可为总线型、星型、环型等；通信介质不受限制，可用双绞线、电力线、光纤、无线、红外线等多种形式。因此，由 FCS 形成的 Infranet 控制网很容易与 Intranet 企业内部局域网和 Internet 全球信息网互联，构成一个完整的企业网络三级体系结构，为用户提供一个经济、可靠、灵活的网络平台。

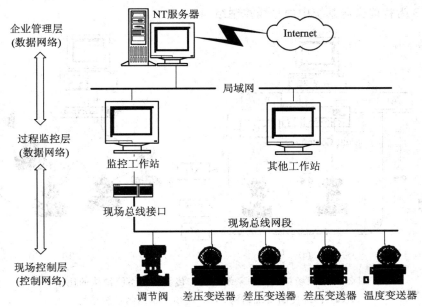

图 2-1　现场总线控制系统的体系结构

2.1.3 现场总线的特点

现场总线的特点主要表现在两个方面：一是在体系结构上成功地实现了串行连接，克服了并行连接中存在的诸多问题；二是在技术上成功地解决了开放竞争和设备兼容两大难题，实现了现场设备的高度智能化、互换性和控制系统的分散化。

1. 现场总线的结构特点

1）基础性

作为工业通信网络中最底层的现场总线是一种能在现场环境下运行的可靠的、廉价的和灵活的通信系统，它向下可以到达现场仪器仪表所处的设备、装备，向上可以有效地集成到 Internet 或 Ethernet 中，构成了工业、企业网络中的最基础的控制和通信环节。正是由于现场总线的出现和应用，才使得工业、企业的信息管理、资源管理以及综合自动化真正达到了设备级，也正因如此才有可能真正使全方位的物联网系统得以实现。

2）灵活性

现场总线控制系统结构与传统控制系统结构的比较如图 2-2 所示。传统的过程自动控制采用一对一的设备连接，位于现场的测量变送器与位于控制室的控制器之间和控制器与位于现场的执行器、开关、电动机之间均为一对一的物理连接，系统的各输出控制回路也分别连接。这样，一个控制系统的布线可能就有几十、上百甚至上千条。这一方面增加了大量的系统硬件成本，同时也大大地增加了之后的施工、维护费用和难度。另一方面，由于现场布线的复杂性，也使整个系统丧失了其可改变性。在现场总线控制系统中，由于使用了高度智能化的现场设备和通信技术，在一条电缆上就能实现所有网络中信号的传递，系统设计完成、施工完成后，去掉或添加现场设备也轻而易举。所以现场总线控制系统结构的彻底改变使得整个系统具有了高度的灵活性，更方便于应用在物联网的系统环境中，图 2-3 为智能家居系统中的总线控制结构。

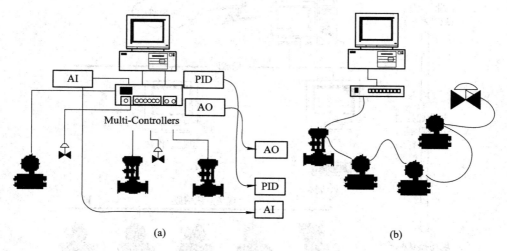

图 2-2 现场总线控制系统结构与传统控制系统结构的比较

（a）传统控制系统结构；（b）现场总线控制系统结构

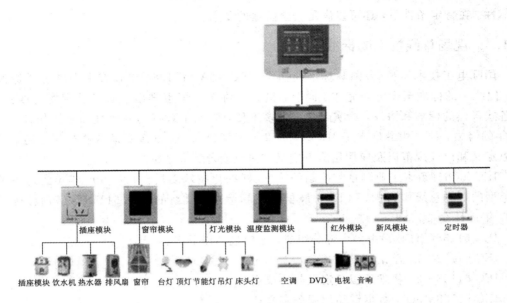

图 2-3　智能家居系统中的总线控制结构

3) 分散性

由于在现场总线控制系统中采用了智能化的现场设备，原先传统控制中的某些控制、信号处理等功能都下放到了现场的仪器仪表中，再加上这些设备的网络通信功能，所以在多数情况下，控制系统的功能不依赖于控制室的计算机而直接在现场完成，这样就实现了彻底的分散控制。

2. 现场总线技术的特点

1) 开放性

开放性包括几个方面：一是系统通信协议和标准的一致性和公开性，这样可以保证不同厂家的设备之间的互联和替换，现场总线技术的开发者所做的第一件事就是致力于建立一个系统的工厂底层的开放系统；二是系统集成的透明性和开放性，用户可自主地进行系统设计、集成和重构；三是产品竞争的公开性和公正性，用户可以按照自己的需要，选择不同厂家的任何符合系统要求的设备来组成自己的控制系统。

2) 交互性

交互性指互操作性(Interoperability)和互换性(Interexchangability)，这里也包含以下三层意思：一是指上层网络与现场设备之间具有相互沟通的能力；二是指设备之间具有相互沟通的能力，即具有互操作性；三是指不同厂家的同类产品可以相互替换，即具有互换性。

3) 自治性

由于将传感测量、信号变换、补偿计算、工程量处理和部分控制功能下放到了现场设备中，因此现场设备具备了高度的智能化。除实现上述基本功能外，现场设备还能随时诊断自身的运行状态，预测潜在的故障，实现高度的自治。

4) 适应性

工业现场总线是专为在工业现场使用而设计的，所以具有较强的抗干扰能力和极高的可靠性。在特定条件下，还可以满足安全防爆的要求。

2.1.4 现场总线技术的标准化

国际电工技术委员会/国际标准化协会(IEC/ISA)于1984年起着手现场总线标准工作，但统一的标准至今仍未完成。同时，世界上许多公司也推出了自己的现场总线技术。但各式各样的标准和协议，给实践带来很多不便，影响了系统的开放性和互操作性。经过10年的努力，IEC相继推出了IEC61158.2—IEC61158.6，即现场总线物理层规范、链路服务定义和协议规范以及应用层服务定义和协议规范等五个标准。

IEC TC65(负责工业测量和控制的第65标准化技术委员会)以1999年年底通过的八种类型的现场总线作为IEC 61158最早的国际标准。最新的IEC 61158(第四版)标准于2007年7月发布。

IEC 61158(第四版)由多个部分组成，主要包括以下内容：

IEC 61158 - 1，总论与导则；

IEC 61158 - 2，物理层服务定义与协议规范；

IEC 61158 - 300，数据链路层服务定义；

IEC 61158 - 400，数据链路层协议规范；

IEC 61158 - 500，应用层服务定义；

IEC 61158 - 600，应用层协议规范。

IEC 61158(第四版)标准包括的现场总线类型有：IEC 61158(FF 的 H1)现场总线、CIP 现场总线、PROFIBUS 现场总线、P - Net 现场总线、FF HSE 现场总线、SwiftNet 现场总线、WorldFIP 现场总线、INTERBUS 现场总线、FF H1 以太网、PROFINET 实时以太网、TCnet 实时以太网、EtherCAT 实时以太网、Ethernet Powerlink 实时以太网、EPA 实时以太网、Modbus - RTPS 实时以太网、SERCOS I、II 现场总线、VNET/IP 实时以太网、CC-Link 现场总线、SERCOS III 现场总线和 HART 现场总线。

用于工业测量与控制系统的 EPA(Ethernet for Plant Automation)，其系统结构与通信规范是由浙江大学中控技术有限公司、中科院沈阳自动化所、重庆邮电学院、清华大学、大连理工大学等单位联合制定的用于工厂自动化的实时以太网通信标准。EPA 标准在2005 年 2 月经国际电工委员会 IEC/TC65/SC65C 投票通过，已作为公共可用规范(Public Available Specification，PAS)IEC/PAS 62409 标准化文件正式发布，并作为公共行规(Common Profile Family 14，CPF14)列入正在制定的实时以太网应用行规国家标准 IEC61748 - 2，2005 年 12 月正式进入 IEC 61158 第四版标准，成为 IEC61158 - 314/414/514/614 规范。

EPA 实时以太网标准定义了基于 ISO/IEC8802.3、RFC791、RFC768 和 RFC793 等协议的 EPA 系统结构、数据链路层协议、应用层服务定义与协议规范以及基于 XML 的设备描述规范。该规范面向控制工程的应用实际，在关键技术攻关的基础上，结合工程应用实践，形成了微网段化系统结构、确定性通信调度、总线供电、分级网络安全控制策略、冗余管理、三级式链路访问关系、基于 XML 的设备描述等方面的特色，并拥有完全的自主知识产权。目前，基于 EPA 研制成功了二十多种常用仪表和两种控制系统，包括压力变送器、温度变送器、流量变送器、物位变送器、电动执行机构、气动执行机构、气体分析仪以及数据采集器等。EPA 技术及其产品陆续在三十多个生产装置上得到了成功的应用。

2.2　几种典型的现场总线

目前，国际上影响较大的现场总线有 40 多种，比较流行的主要有 RS422、RS485、CAN、Ethernet/IP、ControlNet、Lon Works 等。通过表 2－2 部分现场总线的比较可以看出各总线均有其自身的特点，因此，需要根据具体的应用场合进行选择。接下来我们将对各种总线进行深入的讲解。

表 2－2　部分现场总线的比较

现场总线	最大速率	最大距离	100 米速率	发布时间	总线数	节点数	电气特性
RS422	10 Mb/s	1200 m(100 kb/s)	1 Mb/s		4	10	−6 V～+6 V
RS485	10 Mb/s	1200 m(100 kb/s)	1 Mb/s	1983 年	2/4	32	−6 V～+6 V
CAN	1 Mb/s(40 m)	10 000 m(5 kb/s)		1986 年	2	110	0～+5 V
Ethernet/IP	100 Mb/s	100 m					
ControlNet	5 Mb/s	6000 m		1997 年		99	
LonWorks	1.25 Mb/s	2700 m(78 kb/s)				127	
EIB	9.6 kb/s	1000 m		1990 年		64	
InterBus	500 kb/s	1200 m	500 kb/s	1984 年			
PROFIBUS	12 Mb/s(100 m)	1200 m(9.6 kb/s)	12 Mb/s	1991 年		32	0～+24 V
FF	2.5 Mb/s	1900 m(31.25 kb/s)					
PROFINET	100 Mb/s	100 m					
P-NET	76.8 kb/s	1200 m	76.8 kb/s	1983 年		125	
CC-Link	10 Mb/s	1200 m	10 Mb/s	1996 年			
DeviceNet	500 kb/s(100 m)	500 m(125 kb/s)	500 kb/s				

2.2.1　RS422

RS422 由 RS232 发展而来，克服了 RS232 通信距离短、速度低的缺点，采用差动方式传输。差动的工作方式是同速率条件下传输距离较远的根本原因，这正是 RS422 与 RS232 的根本区别。

RS422 四线接口由于采用单独的发送和接收通道，因此不必控制数据方向。RS422 的最大传输距离为 4000 英尺(约 1219 米)，最大传输速率为 10 Mb/s，其平衡双绞线的长度与传输速率成反比，在 100 Kb/s 速率以下，才可能达到最大传输距离；只有在很短的距离下才能获得最高速率传输。一般 100 米长的双绞线上所能获得的最大传输速率仅为 1 Mb/s。RS422 需要终接电阻，要求其阻值约等于传输电缆的特性阻抗，接在传输电缆的最远端。在短距离传输时可不需终接电阻，即一般在 300 米以下不需终接电阻。

2.2.2　RS485

RS485 有两线制和四线制两种接线方式，四线制接线方式只能实现点对点的通信方式，很少采用，现在多采用的是两线制接线方式，这种接线方式采用总线式拓扑结构，在同一总线上最多可以挂接 32 个节点。表 2-3 是 RS232、RS422 和 RS485 的参数比较。

表 2-3　RS232、RS422 和 RS485 的参数比较

规定	RS232	RS422	R485
工作方式	单端	差分	差分
节点数	1 发 1 收	1 发 10 收	1 发 32 收
最大传输电缆长度(m)	15	1200	1200
最大传输速率(b/s)	20 k	10 M	10 M
最大驱动输出电压(V)	±25	−0.25～+6	−7～+12
接收器输入电压范围(V)	±15	−10～+10	−7～+12
接收器输入门限	±3 V	±200 mV	±200 mV

在要求通信距离为几十米到上千米时，通信协议广泛采用 RS-485 串行总线标准。RS-485 采用平衡发送和差分接收，因此具有抑制共模干扰的能力，加上总线收发器具有很高的灵敏度，能检测低至 200 mV 的电压，故传输信号能在千米以外得到恢复。市场上一般的 RS-485 采用半双工工作方式，任何时候只能有一点处于发送状态，因此，发送电路须由使能信号加以控制。RS485 用于多点互连时非常方便，可以省掉许多信号线。应用 RS-485 可以联网构成分布式系统，其允许最多并联 32 台驱动器和 32 台接收器。

PC 与智能设备通信多借助 RS232、RS485、以太网等方式，主要取决于设备的接口规范。但 RS232、RS485 只能代表通信的物理介质层和链路层，如果要实现数据的双向访问，就必须自己编写通信应用程序，但这种程序多数都不能符合 ISO/OSI 的规范，只能实现较单一的功能，适用于单一设备类型，不具备通用性。在 RS232 或 RS485 设备联成的设备网中，如果设备数量超过两台，就必须使用 RS485 做通信介质，设备间要想互通信息只有通过"主(Master)"设备中转才能实现，这个主设备通常是 PC，而这种设备网中只允许存在一个主设备，其余全部是"从(Slave)"设备。现场总线技术是以 ISO/OSI 模型为基础的，具有完整的软件支持系统，能够解决总线控制、冲突检测、链路维护等问题。

2.2.3　CAN

控制器局域网(Controller Area Network，CAN)最初由德国 BOSCH 公司于 1983 年为汽车应用而开发，是一种能有效支持分布式控制和实时控制的串行通信网络，属于现场总线(Field Bus)的范畴。1993 年 11 月，ISO 正式颁布了控制器局域网 CAN 国际标准(ISO11898)，为控制器局域网标准化、规范化的推广铺平了道路。目前，控制器局域网已经成为国际上应用最广泛的开放式现场总线之一。

CAN 的信号传输介质为双绞线，传输速率最高可达 10 Mb/s/40 m，直接传输距离最远可达 10 km/5 Kb/s，挂接设备最多可达 110 个。CAN 的信号传输采用短帧结构，每一帧的有效字节数为 8，因而传输时间段受干扰的概率低。当节点发生严重错误时，其具有的自动关闭功能可以自动切断该节点与总线的联系，使总线上的通信不受影响，因此具有较强的抗干扰能力。

CAN 支持多种方式工作，网络上任何节点均可在任意时刻主动向其他节点发送信息，支持点对点、一点对多点和全局广播方式发送/接收数据。它采用总线仲裁技术，当出现几个节点同时在网络上传输信息时，优先级高的节点可继续传输数据，而优先级低的节点则主动停止发送，从而避免冲突。

总的来说，CAN 总线具有实时性强、传输距离较远、抗电磁干扰能力强、成本低等优点；采用双线串行通信方式，检错能力强，可在高噪声干扰环境中工作；具有优先权和仲裁功能，多个控制模块通过 CAN 控制器挂到 CAN-BUS 上，形成多主机局部网络；可根据报文的 ID 决定接收或屏蔽该报文；可靠的错误处理和检错机制；发送的信息遭到破坏后可自动重发；节点在错误严重的情况下可自动退出总线；报文不包含源地址或目标地址，仅用标志符来指示功能信息、优先级信息。

目前，已有多家公司开发生产了符合 CAN 协议的通信芯片，如 Intel 公司的 82527、Motorola 公司的 MC68HC908AZ60Z、Philips 公司的 SJA1000 等。还有插在 PC 上的 CAN 总线适配器，其具有接口简单、编程方便、开发系统价格低廉等优点。

2.2.4 Ethernet/IP

Ethernet/IP 是一个面向工业自动化应用的工业应用层协议，它建立在标准 UDP/IP 与 TCP/IP 协议之上，利用固定的以太网硬件和软件，为配置、访问和控制工业自动化设备定义了一个应用层协议。Ethernet/IP 由 ODVA（Open DeviceNet Vendor Association，开放设备网络供货商协会）开发，并得到了罗克韦尔自动化（Rockwell Automation）公司的大力支持。Ethernet/IP 以特殊的方式将以太网节点分成预定义的设备类型，每种设备有其特别的行为。此外，Ethernet/IP 设备可以用用户数据报协议（UDP）的隐式报文传送基本 I/O 资料；用传输控制协议（TCP）的显式报文上传或下载参数、设定值、程式或配方；用主站轮询、从站周期性更新或是状态改变（COS）时更新的方式，方便主站监控从站的状态，信息会用 UDP 的报文送出；用一对一、一对多或是广播的方式，透过用 TCP 的报文送出资料。

Ethernet/IP 应用层协议是基于控制和信息协议（CIP）层的，提供了从工业楼层到企业网络的一整套无缝整合系统。Ethernet/IP 使用所有传统的以太网协议，构建于标准以太网技术之上，这就意味着 Ethernet/IP 可以和现在所有的标准以太网设备透明衔接工作。更重要的是，将 Ethernet/IP 建立在一个标准的以太网技术平台上，保证了前者会随着后者技术的发展而进一步发展。支持 Ethernet/IP 的团体正致力于编制一个综合的稳固的标准，Ethernet/IP 上的工作正由多个经销商参与，包括定制规格以及在经认证的测试实验室进行全面的综合测试。

CIP 数据包在通过以太网发送前必须经过封装，并根据请求服务类型赋予一个报文头，这个报文头指示了发送数据到响应服务的重要性。通过以太网传输的 CIP 数据包具有特殊的以太网报文头，包括一个 IP 头、一个 TCP 头和一个封装头。其中，封装头包括了控制命令、格式和状态信息、同步信息等，这允许 CIP 数据包通过 TCP 或 UDP 传输并能够由接收方解包。相对于 DeviceNet 或 ControlNet，这种封装的缺点是协议的效率比较低，以太网的报文头可能比数据本身还要长，从而造成网络负担过重的后果。因此，Ethernet/IP 更适用于发送大块的数据(如程序)，而不是 DeviceNet 和 ControlNet 更擅长的模拟或数字的 I/O 数据。Ethernet/IP 的一个数据包最多可达 1500 B，其数据传输速率可达 10/100 Mb/s，因而能实现大量数据的高速传输。

基于 Ethernet TCP 或 UDP_IP 的 Ethernet/IP 是工业自动化数据通信的一个扩展，Ethernet/IP 的规范是公开的。除办公环境上使用的 HTTP、FTP、IMTP、SNMP 的服务程序之外，Ethernet/IP 还具有生产者/客户服务，允许有时间要求的信息在控制器与现场 I/O 模块之间进行数据传送。非周期性的信息数据的可靠传输(如程序下载、组态文件)采用 TCP 技术，而有时间要求和同期性控制数据的传输由 UDP 的堆栈来处理。Ethernet/IP 实时扩展在 TCP/IP 之上附加了 CIP，在应用层进行实时数据交换和实时运行应用，其通信协议模型如图 2-4 所示。

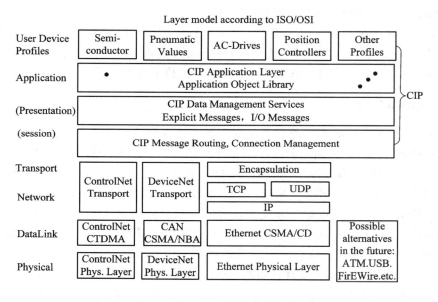

图 2-4 Ethernet/IP 通信协议模型

2.2.5 ControlNet

工业现场控制网络的许多应用不仅要求控制器和工业器件之间紧耦合，还应有确定性和可重复性。在 ControlNet 出现以前，没有一个网络在设备或信息层能有效地实现这样的功能要求。ControlNet 是由美国罗克韦尔自动化(Rockwell Automation)公司于 1997 年推出的一种新的面向控制层的实时性现场总线网络。

ControlNet 基于改进型 CanBus 技术，是一种符合 IEC61158 CIP 现场总线标准的高速确定性网络。作为一种高速串行通信系统，ControlNet 以一种确定加预测的模式运行，适用于需要实时应用信息交换的设备之间的通信。该总线网络是一种用于对信息传输时间有苛刻要求的高速确定性网络，同时，它也允许传输无时间苛求的报文数据。ControlNet 可用作 PLC 与计算机之间的通信网络，连接传动装置和串、并行设备、PC、人机界面等，还可以沟通逻辑控制和过程控制系统，传输速率为 5 Mb/s。ControlNet 是实时的控制层网络，在单一物理介质链路上，可以同时支持对时间有苛刻要求的实时 I/O 数据的高速传输以及报文数据的发送，包括编程和组态数据的上载、下载以及对等信息传递等。在所有采用 ControlNet 的系统和应用中，其高速的控制和数据传输能力提高了实时 I/O 的性能和对等通信的能力。

ControlNet 是一种高度确定性网络，因为它能够可靠地预报数据传递完成的时间。同样，ControlNet 也因为其可重复性而闻名于世，该特性保证了传输时间为可靠的常量，且不受网络上节点的增加或减少的影响。这些都是保证实时可靠、高度同步和高度协调的实时性能的至关重要的要求。不同于其他基于双绞线的网络，ControlNet 使用光纤介质，传输距离最远可达 30 km，传输速率一般保持在 5 Mb/s，且不会随距离的增加而减小，并可在噪声环境中使用。这些都使得 ControlNet 当之无愧地成为连接远程 I/O 和对等 PLC 主站的理想网络。

ControlNet 协议的制定参照了 OSI 的七层协议模型中的第一、二、三、四、七层，它既考虑了网络的效率和实现的复杂程度，精简了完整的七层结构，又兼顾到协议技术的向前兼容性和功能完整性。与一般的现场总线协议相比，ControlNet 协议增加了网络层和传输层，这对于与异构网络的互联和网络的桥接功能有很大支持，更有利于大范围的组网应用。

ControlNet 总线技术的特点如下：

（1）在单根电缆上支持两种信息传输，即对时间有严格苛求和对时间无苛求的信息发送和程序上、下载；

（2）采用新的通信模式，以生产者/客户的模式取代了传统的源/目的的模式，同时，支持点对点通信，而且允许同一时间与多个设备通信；

（3）可使用同轴电缆，长度达 6 km，可寻址节点多达 99 个，两节点间的最长距离达 1 km；

（4）网络拓扑结构可采用总线型、树形和星形；

（5）安装简单，拓展方便，介质冗余，本质安全，诊断功能良好，应用领域广阔。

2.2.6　LonWorks

LonWorks 是美国 Echelon 公司于 1992 年推出的局部操作网络，最初主要用于楼宇自动化，但很快发展到工业现场网。LonWorks 支持多种物理介质，有双绞线、光纤、同轴电缆、电力线载波、无线通信等，并支持多种拓扑结构，组网形式灵活。它采用了与 OSI 参考模型相似的七层协议结构。LonWorks 技术的核心是具备通信和控制功能的 Neuron 芯片。Neuron 芯片实现了完整的 LonWorks 的 LonTalk 通信协议，节点间可以对等通信。Neuron 芯片中有三个八位的 CPU，第一个用于完成开放互联模型中第一、二层的功能，称为媒体访问控制处理器，实现介质访问的控制与处理；第二个用于完成第三、四、五、六层的功能，称为网络处理器，进行网络变量的寻址、处理、背景诊断、函数路径选择、软件计量、网络管理，并负责网络通信控制、收发数据包等；第三个是应用处理器，执行操作系统服务与用户代码。芯片中还具有储存信息缓冲区，以实现 CPU 之间的信息传递，并作为网络缓冲区和应用缓冲区，如 Motorola 公司生产的神经元集成芯片 MC143120E2 就包含了 2 KB RAM 和 2 KB E²PROM。

LonWorks 技术的不断推广促进了神经元芯片的低成本化，而芯片的低成本又反过来促进了 LonWorks 技术的推广与应用，两者形成了良性循环。此外，在开发智能通信接口、智能传感器方面，LonWorks 神经元芯片业具有独特的优势。

LonWorks 技术为设计和实现可互操作的控制网络提供了一套完整、开放、成品化的解决方法，正在被越来越多的厂商、用户、集成商以及技术人员所认同。由于对等性、平坦性、开放性、可互操作性等特点，它可在各个领域得到越来越广泛的应用。LonWorks 网络提出了一些非常简单的主张：控制系统基本上可以不考虑应用；网络化的控制系统比非网络化的系统更加强大、灵活，且易可扩展；从长期考虑，网络化的系统可比非网络化的系统节约更多的成本。

2.2.7　EIB

EIB(European Installation Bus)是电气布线领域使用最多的行业规范和产品标准。1990 年 5 月，110 多个欧洲电气制造商联合成立了 European Installation Bus Association，总部设于比利时的布鲁塞尔，并制订了欧洲安装总线规范 European Installation Bus。据统计，在德国的商业功能建筑和大型超市中，大约 30% 的楼宇都不同程度地安装了 EIB 系统，而在计划建造的楼宇中，这一比例则达到了 60%。鉴于其优秀的表现，该协议已被美国消费电子制造商协会(CEMA)吸收作为家庭网络 EIA - 776 标准。经过十多年的发展，EIB 不仅成为事实上的欧洲规范，并在 2000 年在 IEC 国际现场总线标准大会上被提名为国际标准之一。

EIB 是一种标准的总线控制系统，控制方式为对等控制，不同于传统的主从控制方式，总线采用四芯屏蔽双绞线，其中两芯为总线使用，另外两芯备用。所有元件均采用 24 伏直流工作电源，24 伏直流供电与电信号复用总线。

EIB 的元器件均为模块化元件，主要分为驱动器和探测器两类，驱动器为标准模数化的元件，采用标准 DIN 导轨的安装方式，探测器采用标准表面齐平安装方式。驱动器和探测器可分散安装在建筑物的不同区域，然后使用总线将所有的元件连接起来。每个元件内均有内置的微处理器与存储器，故这些元器件可分别独立工作，任何一个元件的损坏都不会影响系统其他部分的独立工作，因此具有高度的安全性。

EIB 的通信协议遵循 OSI(开放式系统互联参考模型)模型，提供了 OSI 模型所定义的全部七层服务。由于开关信号的随机性，EIB 采用了 CSMA/CD(具有冲突检测的载波监听多路访问)，通过这种总线访问技术，在多个总线元件同时发送信号时不会发生信号丢失，并且 EIB 有自己的优先权定义以保证信号能够按照一定的次序传送。

EIB 最大的特点是通过单一多芯电缆替代了传统分离的控制电缆和电力电缆，并确保各开关之间可以互传控制指令，因此总线电缆可以以线形、树形或星形方式铺设，方便扩容与改装。EIB 系统的基本结构是支线(Line)，一条支线可以接 64 个元件，通过线路耦合器(Line Coupler)最多可以将 15 条支线连接为一个区域(Area)，而通过干线耦合器(Backbone Line Coupler)可以将 15 个区域连接成一个最大的系统。因此，EIB 系统最多可以容纳高达 14400 个元件，而可控制的用电设备点数更是惊人。事实上，如果某一条线路需要连接更多的元件的话，还可以通过连接线路中继器(Line Repeater)的方式再多连接 192 个总线元件。根据 EIB 标准,一条总线的最大长度为 1000 米。

EIB 系统具有以下特点:线路简单,安装方便,易于维护,节省大截面线材消耗量,可降低建筑开发商的投资成本和维修管理费用,缩短安装工期,提高投资回报率;运用了先进的微电子技术,不但可实现单点、双点、多点、区域、群组控制、场景设置、定时开关、亮度自动调节、红外线探测、集中监控、遥控等多种控制任务,并且可以优化能源的利用,节约能源,降低运行费用;能满足多种用户对不同环境功能的要求,电气安装总线是开放式、大跨度的框架结构,允许用户迅速而方便地改变建筑物的使用功能或重新规划建筑平面;可以满足建筑经济型运行的要求,实现了节能运行与管理的必要条件,同时也可以大量减少管理与维护人员,降低管理费用,提高劳动效率,并提高管理水平;现代化建筑有多种报警措施及安全服务,各系统间互相结合,并以计算机网络的形式实现,在紧急突发事件发生时,能作出迅速果断的处理,为建筑的安全提供了可靠的保障;通过弱电控制强电,人体接触的控制设备均为 24 V 安全电压,保证了建筑的安全和可靠;由于系统具有开放性,因此可以和其他物业管理系统(BMS)、楼宇自控系统(BA)、保安及消防系统结合起来,符合智能大厦的发展趋势。

2.2.8　InterBus

InterBus 总线于 1984 年推出,其主要技术开发者为德国的 Phoenix Contact 公司。InterBus 是一个传感器/调节器总线系统,特别适用于工业控制,能够提供从控制级设备至底层限定开关的一致性网络互联。InterBus 作为 IEC61158 标准之一,广泛地应用于制造行业和机器加工行业中,用于连接传感器/执行器的信号到计算机控制站,是一种开放的串行总线系统。

InterBus 总线包括远程总线网络和本地总线网络,两种网络传送相同的信号但电平不同。远程总线网络用于远距离传送数据,采用 RS485 传输,网络自身不供电,采用全双工方式进行通信,通信速率为 500 kb/s。本地总线网络连接到远程网络上,网络上的总线终端(BUS Terminal,BT)上的 BK 模块负责将远程网络数据转换为本地网络数据。

InterBus 现场总线网络的拓扑结构可以是总线形、树形、星形,而且最多允许有 16 级的嵌套连接方式,其物理传输介质包括双绞线、光线和红外线等。InterBus 现场总线网络最多允许接入 512 个现场控制设备,其中 254 个依赖于远程总线。现场控制设备之间的最大距离为 400 m,若采用同轴电缆则最大距离可达 12.8 km。InterBus 现场总线网络采用非仲裁通信方式,现场设备之间的错误检查采用 16 位 CRC 码校验方式。

InterBus 总线技术能够满足三个要求,即信号迅速采集、通信安全可靠以及系统实时性和启动系统同步性。信号迅速采集,即要求采用开发简单并具有恒定周期的信号采集方式,InterBus 技术通过简单、方便的诊断功能和开放性的系统特点,正好能满足这个要求;同时 InterBus 采用点到点网络方法,以保证最高的传输效率,而不必采用快的传输速率,这将使得产生的 InterBus 总线的模块接口简单、方便,可靠性高;独特的 InterBus 总线的集总帧(Summation frame)协议方法使得传输周期能够按实际的系统进行计算,满足系统实时性的要求。

InterBus 定义了 OSI 七层协议模型中的第一、二、七层,即物理层、数据链路层(DLL)和应用层。其中,为了提高传输效率,数据链路层由媒体访问控制(MAC)、基本链路层(BLL)和外围设备数据链路(PDL)三个子层构成,该数据链路层产生了等时(Isochrones)、集总帧(Summation frame)传输协议。

2.2.9 PROFIBUS

1987 年德国联邦科技部集中了 13 家公司的五个研究所的力量,按 ISO/OSI 参考模型制订了现场总线的德国国家标准 PROFIBUS,其主要支持者是德国西门子公司,并于 1991 年在德国国家标准 DIN19245 中发布,开始只有 PROFIBUS - DP 和 PROFIBUS - FMS,1994 年又推出了 PROFIBUS - PA,它引用了 IEC 标准的物理层(IEC1158 - 2,1993 年通过),从而可以在有爆炸危险的区域(EX)内连接本质安全型通过总线馈电的现场仪表,这使得 PROFIBUS 更加完善。PROFIBUS 已于 1996 年 3 月 15 日被批准为欧洲标准 EN50170 - 2。

PROFIBUS 支持主/从系统、纯主站系统、多主多从混合系统等几种传输方式。主站具有对总线的控制权,可主动发送信息。对于多主站系统来说,主站之间采用令牌方式传递信息,得到令牌的站点可在一个事先规定的时间内拥有总线控制权。按 PROFIBUS 的通信规范,令牌在主站之间按地址编号顺序,沿上行方向进行传递。主站在得到控制权时,可以按主/从方式向从站发送或索取信息,实现点对点的通信。主站可采用对所有站点广播(不要求应答),或有选择地向一组站点广播。

PROFIBUS 为多主从结构,可方便地构成集中式、集散式和分布式控制系统。针对不同的控制场合,它分为三个系列:通用自动化 PROFIBUS - FMS 总线、工业自动化 PROFIBUS - DP 总线和过程自动化 PROFIBUS - PA 总线,以适应于高速和时间苛求的数据传输以及大范围的复杂通信场合。

(1) PROFIBUS - DP 适用于传感器和执行器级的高速数据传输。它以德国标准 DIN1924 的第一部分为基础,根据其所需要达到的目标对通信功能加以扩充,传输速率可达 12 Mb/s,其设计宗旨在用于设备间的高速数据传送。中央控制器(PLC/PC)通过高速串行线同分散的现场设备(如 I/O、驱动器、阀门等)进行通信,同这些分散的设备进行数据交换多是周期性的。使用 PROFIBUS - DP 可以取代 24 伏直流或 4~20 毫安信号传输。

(2) PROFIBUS - PA 适用于安全性要求较高的场合,实现了 IEC1158 - 2(物理层)规定的通信规程。PROFIBUS - PA 的过程自动化解决方案中 PA 将自动化系统和过程控制系统与现场设备(压力、温度和液体变送器等)连接起来,节约成本,并提高了系统功能和安全可靠性,因此 PA 适用于化工、石油、冶金等行业的过程自动化控制系统。本征安全一直是工程网络在过程控制领域应用时首先需要考虑的问题,否则,网络功能设计得再完善也无法在化工、石油等工业领域现场使用。目前,各种现场总线技术中考虑本征安全特性的成熟解决方案可以说都是 PROFIBUS - PA,它只需要一条双绞线就可传送信息并向现场设备供电,由于总线的操作电源来自单一的供电设备,也就不需要绝缘装置和隔离装备,设备在操作过程中进行维修、接通或断开,即使在潜的爆炸区也不会影响到其他站点。使用分段式涡合器,PROFIBUS - PA 可以很方便地集成到 PROFIBUS - PA 网络上,并且经过扩展的 PROFIBUS - DP 诊断功能对故障进行快速的定位。诊断信息在总线上传达、输出并由主站采集。诊断信息分为三级:本站诊断操作、模块诊断操作和通道诊断操作。

（3）PROFIBUS–FMS 旨在解决车间级通用性通信任务，采用令牌结构，实时多主网络。FMS 提供大量的通信服务，用以完成以中等传输速率进行的循环信息交换，它考虑的主要是系统的功能而不是系统的响应时间，应用中通常要求的是随即的信息交换（如改变设定参数等）。FMS 服务可用于大范围和复杂的通信系统。FMS 提供上下文环境管理、变量的存取、定义域管理、程序调用管理、事件管理、对 VFD（Virtual Field Device）的支持以及对象字典管理等服务功能，同时提供点对点或有选择地广播通信、带可调监视时间间隔的自动连接、当地和远程网络管理等功能。

PROFIBUS 提供了三种数据传输类型：用于 DP 和 FMS 的 RS485 传输、用于 PA 的 IEC1158–2 传输和光纤传输。RS485 传输是 PROFIBUS 最常用的一种传输技术，这种技术通常被称为 H2，采用的电缆是屏蔽双绞线，从网络拓扑上来说它属于线性总线，网络两端带有有源的总线终端电阻。PROFIBUS 系统在电磁干扰很大的环境下应用时，可以使用光纤进行传输，以增加传输距离和提高抗干扰性；可使用总线转换器将 RS485 电信号转换成光纤信号，即可在同一系统上采用 RS485 传输和光纤传输。

2.2.10　PROFINET

PROFINET 由 PROFIBUS 国际组织（PROFIBUS International，PI）推出，是新一代基于工业以太网技术的自动化总线标准。PROFINET 支持除星形、总线形和环形之外的拓扑结构。作为一项战略性的技术创新，PROFINET 为自动化通信领域提供了一个完整的网络解决方案，囊括了诸如实时以太网、运动控制、分布式自动化、故障安全以及网络安全等当前自动化领域的热点话题，并且可以完全兼容工业以太网和现有的现场总线（如PROFIBUS）技术，保护现有投资。PROFINET 支持从现场级到工厂管理层通信的连续性，从而增加了生产过程的透明度，优化了公司的系统运作。作为开放和透明的概念，PROFINET 也适用于 Ethernet 和任何其他现场总线系统之间的通信，可实现与其他现场总线的无缝集成。PROFINET 同时实现了分布式自动化系统，提供了独立于制造商的通信、自动化和工程模型，将通信系统、以太网转换为适应于工业应用的系统。

1. PROFINET 的系统结构

PROFINET 提供标准化的独立于制造商的工程接口，它能够方便地把各个制造商的设备和组件集成到单一系统中。设备之间的通信链接以图形形式组态，无需编程。PROFINET 最早建立自动化工程系统与微软操作系统及其软件的接口标准，使自动化行业的工程应用能够被 Windows NT/2000 所接受，将工程系统、实时系统以及 Windows 操作系统结合为一个整体，如图 2–5 所示。

PROFINET 包括八大主要模块，分别为实时通信、分布式现场设备、运动控制、分布式自动化、网络安装、IT 标准集成与信息安全、故障安全和过程自动化。同时，PROFINET 也实现了从现场级到管理层的纵向通信集成，一方面，方便管理层获取现场级的数据；另一方面，原本在管理层存在的数据安全性问题也延伸到了现场级。为了保证现场网络控制数据的安全，PROFINET 提供了特有的安全机制，通过使用专用安全模块，可以保护自动化控制系统，使自动化通信网络的安全风险最小化。

PROFINET 是一个整体的解决方案，其通信协议模型如图 2–6 所示。

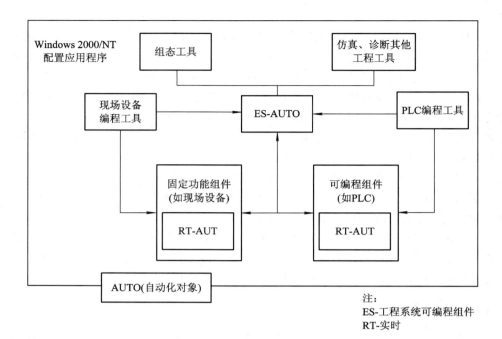

图 2-5　PROFINET 的系统结构图

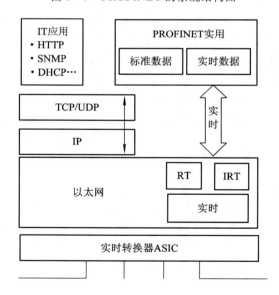

图 2-6　PROFINET 的通信协议模型

在 PROFINET 的通信协议模型中，RT(实时)通道能够实现高性能传输循环数据和时间控制信号、警报信号；IRT(同步实时)通道能够实现等时同步方式下的数据高性能传输；PROFINET 使用了 TCP/IP 和 IT 标准，并符合基于工业以太网的实时自动化体系，覆盖了自动化技术的所有要求，能够实现与现场总线的无缝集成。更重要的是 PROFINET 所有的事情都在一条总线电缆中完成，IT 服务和 TCP/IP 开放性没有任何限制，它是用于所有客户从高性能到等时同步可以伸缩的实时通信需要的统一的通信。

　　从图 2-6 中可以看出，PROFINET 提供了一个标准通信通道和两类实时通信通道。标准通信通道是使用 TCP/IP 协议的非实时通信通道，主要用于设备参数化、组态和读取诊断数据，各种已验证的 IT 技术都可以使用（HTTP、HTML、SNMP、DHCP 和 XML 等）。在使用 PROFINET 的时候，可以使用这些 IT 标准服务加强对整个网络的管理和维护，这意味着在调试和维护中可以节省成本。RT 通道是软实时 SRT（SoftwareRT）方案，主要用于过程数据的高性能循环传输、事件控制信号与报警信号等，它跳过第三层和第四层，提供精确的通信能力。为了优化通信功能，PROFINET 根据 IEEE 802.1P 定义了报文的优先级，最多可用七级。IRT 采用了同步实时的 ASIC 芯片解决方案，以进一步缩短通信栈软件的处理时间，特别适用于高性能传输、过程数据的等时同步传输以及快速的时钟同步运动控制应用。在实时通道中，为实时数据预留了固定循环间隔的时间窗，而实时数据总是按固定的次序插入，因此，实时数据就在固定的间隔被传送，循环周期中剩余的时间用来传递标准的 TCP/IP 数据，两种不同类型的数据就可以同时在 PROFINET 上传递，而且不会互相干扰。通过独立的实时数据通道，保证对伺服运动系统的可靠控制。

　　PROFINET 现场总线支持开放的、面向对象的通信，这种通信建立在普遍使用的 Ethernet TCP/IP 基础上，优化的通信机制还可以满足实时通信的要求。PROFINET 的对象模型如图 2-7 所示。

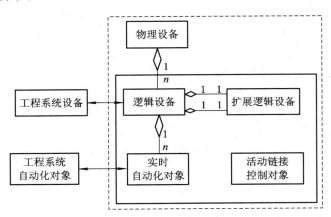

图 2-7　PROFINET 的对象模型

　　基于对象应用的 DCOM（Distributed Component Object Model，分布式对象模型）通信协议是通过该协议标准建立的，以对象的形式表示的 PROFINET 组件根据对象协议交换其自动化数据。自动化对象即 COM 对象作为 PDU 以 DCOM 协议定义的形式出现在通信总线上。活动连接控制对象（ACCO）确保已组态的互相连接的设备间通信关系的建立和数据交换。传输本身是由事件控制的，ACCO 也负责故障后的恢复，包括质量代码和时间标记的传输、连接的监视、连接丢失后的再建立以及相互连接性的测试和诊断。

　　在实时对象模型中，物理设备（Physical Device）即硬件设备，允许接入一个或多个 IP 网络。每个物理设备包含一个或多个逻辑设备（Logical Device），但每个逻辑设备只能表示一个软件。逻辑设备可以作为执行器、传感器、控制器的组成部分，通过 OLE 自动控制的调用来实现分布式自动化系统。物理设备通过标签或者索引来识别逻辑设备，通过活动连接控制对象实现实时控制对象之间的连接。扩展逻辑设备（Extended Logical Device）对象或者其他对象用来实现不同制造商生产的逻辑设备之间的互联，并且实现通用对象模型中的所有附加服务。

2. PROFINET 的实时通信

PROFINET 的实时通信根据响应时间不同，可以分为以下三种通信方式。

1）TCP/IP 标准通信

PROFINET 基于工业以太网技术，使用 TCP/IP 和 IT 标准。TCP/IP 是 IT 领域关于通信协议方面事实上的标准，其响应时间约为 100 ms 的量级。TCP/IP 只提供了基础通信，用于以太网设备通过面向连接和安全的传输通道在本地分布式网络中进行数据交换。在较高层上则需要其他的协议和规范（也称为应用层协议），而不是 TCP 或 UDP。那么，在设备上使用相同的应用层协议时，只能保证互操作性。典型的应用协议有 HTTP、SNMP 和 DHCP 等。

2）实时通信

生产装备内对时间有苛刻要求的过程数据传输采用实时通道。在工厂自动化领域，实时应用需要刷新，响应时间范围在 5～10 ms 内。经验指出，与设备中的处理时间相比，快速（100 Mb/s）或更高速率的以太网线路上的传输时间是可以忽略不计的。在提供者的应用中可提供数据的时间是不受通信影响的。这就是说，在刷新时间以及实时响应中，任何重大的改进主要通过发布者和使用者通信栈的优化来达成。PROFINET 中的实时通信通道就是为了能满足自动化中的实时要求，此通道基于以太网。此解决方案显著地减少了通信栈所占用的运行时间，从而提高了过程数据刷新速率方面的性能。PROFINET 使用快速以太网，快速以太网中已集成全双工模式的切换技术，并已进行了标准化。在 PROFINET 中通过优先级优化数据传输，不仅使得控制器中的通信栈最小化，而且也对网络中数据的传输进行了优化。为了能在这些情况下达到一种最佳效果，在 PROFINET 中按照 IEEE 802.1Q 将这些数据包区分优先级，设备之间的数据流则由网络组件依据此优先级进行处理。优先级 6（Priority 6）是用于实时数据的标准优先级，由此也就确保了对其他应用的优先级处理。

3）同步实时通信

实时通道 RT 解决方案对于运动控制的应用还远远不够。运动控制应用要求刷新速率为 1 ms，在 100 个节点的连续循环中抖动精度为 1 μm。为了满足这些需求，PROFINET 在快速以太网的第二层协议上定义了时间间隔控制的传输方法 IRT。通过具备上述精度的参与设备（网络组件和 PROFINET 设备）的时间同步化，可在网络中规定时间片，在此时间间隔内传输自动化任务所必需的关键数据。通信循环被分成两个部分，即时间确定性部分和开放性部分。循环的实时报文在时间确定性通道中传输，而 TCP/IP 报文则在开放性通道中传输。这种处理方法可与高速公路相媲美，最左边的车道总是为时间要求最紧迫的车辆（实时通信）而保留的，由此防止其他车道上的用户（TCP/IP 通信）占用此车道，甚至在右边车道交通拥塞的情况下也绝不能影响时间要求紧迫的车辆的通过。等时同步数据传输的实现基于硬件，这样在获得所要求的顺序精度的同时也解放了承担 PROFINET 设备通信任务的处理器，从而免除了烦琐的计算，为自动化任务提供解决方案。

3. PROFINET 系统集成

PROFINET 系统集成如图 2-8 所示。

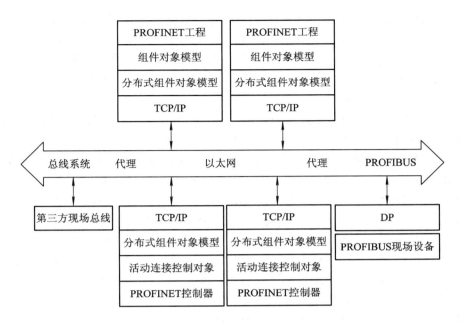

图 2-8　PROFINET 系统集成

PROFINET 节点之间的通信是通过 Microsoft DCOM 实现的，通过以太网 TCP/IP 传输和寻址。PROFINET 不需要考虑下层的总线系统而直接运用 TCP/IP 或 UDP/IP 作为通信接口，尽管可以使用不同类型的现场总线系统，但 PROFINET 为了提高系统的数据传输速度，采用了以太网连接现场设备。PROFINET 可以通过代理服务器（Proxy）很容易地实现与 PROFIBUS 或者其他现场总线系统的集成。

PROFINET 为集成现场总线系统提供了两个解决方案。

（1）现场总线设备通过代理服务器集成的每台现场设备代表一个独立的 PROFINET 组件。通过代理服务器规范，PROFINET 提供一个从已有的工厂单元到新安装的工厂单元完全透明的转换；

（2）现场总线应用集成的每个现场总线段代表一个自成体系的组件，而这种组件又称为 PROFINET 中的设备，它使别的现场总线（如 PROFIBUS DP）处于 PROFINET 系统的较低级别。因此，低级别现场总线功能以代理服务器的组件形式得以实现。

2.2.11　FF

基金会现场总线 FF(Foundation Fieldbuse)以 ISO/OSI 开放式系统互联模型为基础，取其物理层、数据链路层、应用层为 FF 通信模型的相应层次，并在应用层上增加了用户层。FF 是一种全数字、双向传输、多点通信且由总线供电，用于连接智能设备和自动化系统的通信链路。现场总线基金会于 1994 年成立，旨在形成专一的、国际性的、有互操作性的现场总线标准以符合最新自动化控制技术的发展要求，并提供教育、互操作性测试、一致性测试、测试工具、研发支持软件和试验协助等工作。现场总线基金会是一个国际性的组织，有 120 多个成员，包括了全球主要的过程控制产品的供应商，基金会成员所生产的变送器、DCS 系统、执行器、流量仪表等产品占世界市场的 90%。

基金会现场总线分低速(H1)和高速(H2)两种通信速率。H1 的传输速率为 31.25 Kb/s，通信距离可达 1900 米(可加中继器延长)，可支持总线供电和本质安全防爆环境。H2 的传输速率有 1 Mb/s 和 2.5 Mb/s 两种，其通信距离分别为 750 米和 500 米。物理传输介质可支持双绞线、光缆和无线发射，协议符合 IEC1158 - 2 标准。其物理媒介的传输信号采用曼彻斯特编码，每位发送数据的中心位置或是正跳变，或是负跳变。正跳变代表 0，负跳变代表 1，从而使串行数据流中具有足够的定位信息，以保持发送双方的时间同步。接收方既可根据跳变的极性来判断数据的"1"、"0"状态，也可根据数据的中心位置精确定位。

为了满足用户的需要，Honeywell、Ronan 等公司开发出可完成物理层和部分数据链路层协议的专用芯片，许多仪表公司开发出符合 FF 协议的产品。FF 将 ISO/OSI 七层参考模型结构简化为物理层、数据链路层、应用层，再加上用户层形成四层结构。FF 的关键特点是在应用层上增加了一个内容广泛的应用层，这在其他总线中并未出现。用户层用于组成用户所需的应用程序，如规定标准的功能块、设备描述，实现网络管理、系统管理等。另外，功能块将控制功能进行了标准封装，如模拟输入、模拟输出、PID 控制等。功能块可根据需要内置于现场设备，以实现所希望的功能。功能块的设计使得控制系统的设计、连接及操作非常容易。设备描述以及设备描述语言由设备供应商提供。一旦设备描述上载到主机系统后，系统及所有的其他设备就能识别出该设备的所有性能。由于有了用户层，FF 就可以充分地实现设备的可互操作性。

2.2.12　P-NET

P-NET 的设想出现于 1983 年的丹麦，由 Proces - Data A/S 公司研究并开发，是一种全世界通用的开放型标准化总线。由于 P-NET 采用通用的硬件和软件，所以它的改进与升级都比较快，其中有些性能超过了 PROFIBUS，例如虚拟令牌传递与 PROFIBUS 的实际报文信息传递相比，可以节省很多信道容量。

1. P-NET 的主要特点

P-NET 是一种多主控器主从式总线(每段最多可容纳 32 个主控器)，传输介质使用屏蔽双绞线电缆 RS485，每段总线最长 1200 米，每段最多可联结 125 个设备，总线分段之间使用中继器，数据以 NRZ 编码异步式传输，传输速率为 76.8 Kb/s。P-NET 总线只提供了一种传输速率，它可以同时应用在一个复杂工厂自动化系统的几个层次上，而各层次的传输速率保持一致。这样构成的多网络结构使各层次之间的通信不需要特殊的耦合器，几个总线分段之间可实现直接寻址。任何 P-NET 模块，包括主站，可以与总线连接或断开，而不影响总线的其他部分。这样一来，模块在系统运行时可以互换，而且在系统持续运行时可以对系统进行扩展。

P-NET 可以将生产过程的各个部分，如过程控制计算机、传感器、执行器 I/O 模块、小型可编程控制器等，通过共用一根双芯电缆加以连接，如图 2 - 9 所示。与传统布线相比，P-NET 现场总线技术在工业控制中具有相当大的优势，它大大地简化了设计和安装，减少了布线的数量和费用，降低了各种设备故障发生的可能性，实现更直接也更广泛的使用功能。

P-NET 总线访问采用"虚拟令牌传递"的方式，总线访问权通过虚拟令牌在主控器之间循环传递。这种令牌传递方式是一种基于时间的循环机制，不同于采用报文传递令牌的

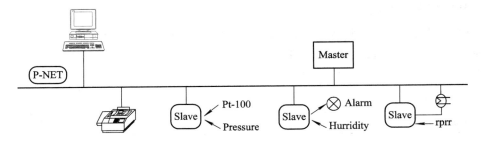

图 2 - 9　P-NET 总线连接图

方式。它与报文传递令牌方式相比节省了主控器的处理时间，提高了总线的传输效率，而且它不需要任何总线仲裁的功能。

P-NET 不采用专用芯片，它对从属器的通信程序仅需几千字节的编码。由于 P-NET 采用同一微处理器控制节点的主要任务和通信功能，所以它比独立芯片/微处理器结构节省了选择波特率和设置节点地址的 dip 开关。"小系统，低成本"是 P-NET 总线的主要特征。

P-NET 系统可用于把参数和程序下装到模块，从而对过程进行控制，系统还可以自动地检查现场设备和电缆的故障。与传统的 DCS 系统相比，它的优势在于：简化了设计与安装；降低了电缆用量与成本；减少了安装与维护成本；使将来系统的扩展更为方便；智能化 P-NET 传感器和执行器还提供了比传统线路更优越的诊断特性。

2．P-NET 的系统结构

P-NET 总线系统采用 OSI 开放式系统互连参考模型的第一、二、三、四、七层，并利用信道结构定义用户层。

（1）第一层物理层。该层定义了在网络上传输原始数据位的形式，描述了系统的电气接口、波特率、线缆等。

（2）第二层数据链路层。该层的主要功能有：控制总线的存取；生成和识别帧界，识别节点地址；执行传输过程中的错误监测功能；用于实现多主机特性，将数据整理后送入源地址或目标地址，并进行故障检查。

（3）第三层网络层。该层实现了数据链路层与服务层的信息传输，并执行网关的功能。网络层就象是 P-NET 的邮局，根据源地址和目的地址接收和发送信息。一条信息可能被要求从一个 P-NET 网站中送出，或送入另一台 P-NET 服务器，或送回所要求的设备，或返回原节点。

（4）第四层服务层。该层完成两个不同的任务，一是提供 P-NET 服务，根据程序从内部存储器中读、写数据；二是记录已发出请求正等待回应的信息数量，当一条请求得到响应时，便被送回源地址。

（5）第七层应用层。该层让应用程序能够访问其他设备变量，这一功能靠发送一个命令块来实现，命令块中包含一些参考消息，内有设备地址等详细资料。

P-NET 还具有一些通道结构，可视做系统的第八层。在 P-NET 中，对相关变量的采集和对单个过程信号的处理，可一起被视做一个过程对象，这就是所谓的通道。

3. P-NET 的网络结构

P-NET 现场总线是一种多主站、多网络系统，总线采用分段结构，每个总线分段上可以连接多个主站，主站之间通过接口能实现网上互连。P-NET 现场总线系统的多网络结构如图 2 - 10 所示。

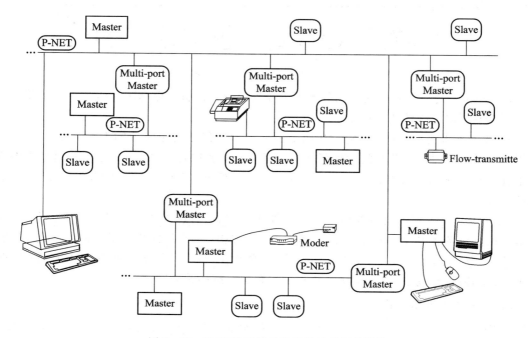

图 2 - 10 P-NET 现场总线系统的多网络结构

过去为工厂设计自动化系统的基本思路是：先把传感器和执行器用一根现场总线连接起来，然后将现场总线接到一个单元控制器上形成一个子系统，这样许多相似的子系统再用一个高速的主干总线连接起来，送到一个强大的计算机中做为终止。所以总线原则上分为两个等级，一个由若干条低速的现场总线构成，另一个由高速总线把低速总线连接起来，高速和低速总线的技术和结构都是不同的。

P-NET 打破了这两个不同的等级而把它们平等起来，尽量减少高速、低速的等级之分。根据现在的技术，较高级上对快速数据传输速率的要求已经减少，更多的智能被分散下放，采取将信息处理分散化的更加明智的办法，就是 P-NET 的特点。它可以用于全厂自动控制系统的各个层面上，按照工厂的每一个部分，把一个自动控制系统分成几个单元，使每个单元具有这样的性质：当这个单元关闭时，整个系统不受影响，程序的执行可以分散地在每一个单元的一个或几个处理器中独立进行。一个独立的单元与其他单元交换数据的需求是非常有限的，在一个单元中的一个软件或硬件错误将不影响其他单元。

在具有实分布智能的系统中，附加的处理能力总是可以通过附加主站的形式来实现，所以这样的系统是可以扩展的。在各种可行的现场总线系统中，只有 P-NET 允许在几个总线分段上直接寻址，这又称为多网络结构。这种特性是 P-NET 协议中一个特殊的部分，而且它可以被装入多端口控制器的标准操作系统。

通信通过具有两个或更多的 P-NET 接口的节点在不同的总线分段上直接传输，这意味着在一个总线分段上的任何主站可以"透明"地访问任何其他分段上的任何节点，而不需要在多端口主站中有特殊的程序。把一个系统分割为小的部分的益处是非常明显的，因为它可以将错误产生的影响限制在一个单独的分段内，从而保证更高的系统安全性。不仅如此，这些多网络的特性提供了一种自然的冗余，这使得整个系统具有很强的容错性。

2.2.13　CC-Link

CC-Link 是 Control & Communication Link（控制与通信链路系统）的缩写，1996 年 11 月，由以三菱电机为主导的多家公司推出，其增长势头迅猛，在亚洲占有较大的份额，目前在欧洲和北美发展迅速。在其系统中，可以将控制和信息数据同时以 10 Mb/s 的速率高速传送至现场网络，具有性能卓越、使用简单、应用广泛、节省成本等优点。它不仅解决了工业现场配线复杂的问题，同时具有优异的抗噪性能和兼容性。CC-Link 是一个以设备层为主的网络，同时也可覆盖较高层次的控制层和较低层次的传感层。2005 年 7 月 CC-Link 被中国国家标准委员会批准为中国国家标准指导性技术文件。

CC-Link 的底层通信协议遵循 RS485。CC-Link 提供循环传输和瞬时传输两种通信方式。一般情况下，CC-Link 主要采用广播—轮询（循环传输）的方式进行通信，具体的方式是：主站将刷新数据（RY/RWw）发送到所有从站，与此同时轮询从站 1；从站 1 对主站的轮询作出响应（RX/RWr），同时将该响应告知其他从站；然后主站轮询从站 2（此时并不发送刷新数据），从站 2 给出响应，并将该响应告知其他从站；依此类推，循环往复。广播—轮询时的数据传输帧格式参照图 2-11，该方式的数据传输效率非常高。除了广播—轮询方式以外，CC-Link 也支持主站与本地站、智能设备站之间的瞬时通信。从主站向从站的瞬时通信量为 150 字节/数据包，由从站向主站的瞬时通信量为 34 字节/数据包。所有主站和从站之间的通信进程以及协议都由通信用 LSI – MFP（Mitsubishi Field Network Processor）控制，其硬件的设计结构决定了 CC-Link 的高速稳定的通信。

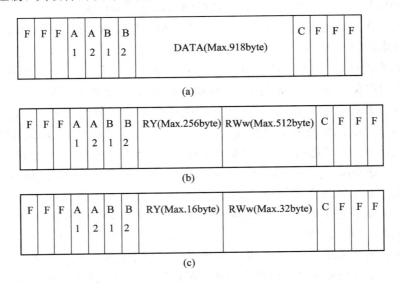

图 2-11　CC-Link 广播—轮询时的数据传输帧格式
（a）标准帧格式（Max 930 byte）；（b）主站的轮询、刷新数据；（c）来自从站的响应数据

CC-Link 系统至少有一个主站,可以连接远程 I/O 站、远程设备站、本地站、备用主站、智能设备站等总计 64 个站。CC-Link 站的类型如表 2-4 所示。CC-Link 系统可配备多种中继器,可在不降低通信速度的情况下,延长通信距离,最长可达 13.2 km。例如,可使用光中继器,在保持 10 Mb/s 通信速度的情况下,将总距离延长至 4300 m。另外,T 型中继器可完成 T 型连接,更适合现场的连接要求。

表 2-4 CC-Link 站的类型

CC-Link 站的类型	内　　　容
主站	控制 CC-Link 上的全部站,并需设定参数,每个系统中必须有一个主站
本地站	具有 CPU 模块,可以与主站以及其他本地站进行通信
备用站	主站出现故障时,接替作为主站继续进行数据连接
远程 I/O 站	只能处理位信息,如远程 I/O 模块、电磁阀等
远程设备站	可处理位信息及字信息,如 A/D、D/A 转换模块、变频器等
智能设备站	可处理位信息及字信息,而且也可完成不定期的数据传送,如人机交互界面等

CC-Link 具备如下功能:

(1) 自动刷新功能、预约站功能。CC-Link 网络数据从网络模块到 CPU 自动刷新完成,不必有专用的刷新指令;可以事先在系统组态时设定预留以后需要挂接的站,当此设备挂接在网络上时,CC-Link 可以自动识别,并纳入系统的运行,不必重新进行组态,保持系统的连续工作,方便设计人员设计和调试系统。

(2) 完善的 RAS 功能。RAS 是 Reliability(可靠性)、Availability(有效性)、Serviceability(可维护性)的缩写。CC-Link 具有故障子站自动下线功能、修复后的自动返回功能、站号重叠检查功能、故障无效站功能、网络链接状态检查功能、自诊断功能等,提供了一个可以信赖的网络系统,帮助用户在最短的时间内恢复网络系统。

(3) 互操作性和即插即用功能。CC-Link 提供给合作厂商描述每种类型产品的数据配置文档,又称内存映射表,用来定义控制信号和数据的存储单元(地址)。然后,合作厂商按照这种映射表的规定,进行 CC-Link 兼容性产品的开发工作。以模拟量 I/O 开发工作表为例,在映射表中位数据 RX0 被定义为"读准备好信号",字数据 RWr0 被定义为模拟量数据。由不同的 A 公司和 B 公司生产的同样类型的产品,在数据的配置上是完全一样的,用户根本不需要考虑在编程和使用上 A 公司与 B 公司的不同,另外,如果用户换用同类型的不同公司的产品,程序也基本上不用修改,可实现"即插即用",直接连接设备。

(4) 循环传送和瞬时传送功能。CC-Link 的两种通信模式为:循环通信和瞬时通信。循环通信是数据一直不停地在网络中传送的通信方式,数据按照站的不同类型是可以共享的,由 CC-Link 核心芯片 MFP 自动完成;瞬时通信是在循环通信的数据量不够用或需要传送比较大的数据(最大 960 字节)时,用专用指令实现一对一的通信方式。

(5) 优异的抗噪性能和兼容性。为了保证多厂家网络的良好的兼容性,一致性测试是非常重要的。通常只是对接口部分进行测试,而 CC-Link 的一致性测试程序包含了抗噪音测试。因此,所有 CC-Link 兼容产品均具有高水平的抗噪性能。除了产品本身具有卓越的抗噪性能以外,光缆中继器给网络系统提供了更加可靠、更加稳定的抗噪能力。

2.2.14　DeviceNet

DeviceNet 是 20 世纪 90 年代中期发展起来的一种基于 CAN(Controller Area Network)技术的开放型、符合全球工业标准的低成本、高性能的通信网络,最初由美国 Rockwell 公司开发应用。DeviceNet 是一种数字化、多点连接的网络,在控制器和 I/O 设备之间实现通信,每一个设备和控制器都是网络上的一个节点。

DeviceNet 系统可配置成工作在主从模式或基于对等通信的分布式控制结构,系统支持使用 I/O 和显式报文实现配置和控制的单点连接。此外,它还具有独特的性能——支持网络供电,这就允许那些功耗不高的设备可以直接从网络上获取电源,从而减少了接线点数目和物流尺寸。DeviceNet 使用主干/分支拓扑结构,两对双绞线分别传输信号和电源。粗缆和细缆分别用于主干和分支。网络的长度根据速率和电缆的粗细不同而不同。

2.3　控制器局域网(CAN)总线技术

控制器局域网(CAN)主要用于各种过程(设备)监测及控制。CAN 最初是由德国的 Bosch 公司为汽车的监测与控制设计的,由于 CAN 本身的突出特点,其应用领域目前已不再局限于汽车行业,而向过程工业、机械工业、机器人、数控机床、医疗器械和武器装备等领域发展。由于其高性能、高可靠性及独特的设计,CAN 已成为工业数据通信的主流技术之一,并形成了国际 ISO11898。

2.3.1　CAN 通信方式

1. 基于"载波监听多路访问/冲突检测(CSMA/CD)"的通信技术

CAN 采用一种叫做"载波监听多路访问/冲突检测(CSMA/CD)"的通信方式,允许在总线上的任意设备有同等的机会取得总线控制权来向外发送信息。如果在同一时刻有两个以上的设备欲发送信息,就会发生数据冲突,CAN 总线能够实时地检测这些冲突情况,并做出相应的仲裁而不会破坏待传的消息。

"载波监听"是指总线上的每个节点在发送信息报文前都必须监测到总线上有一段时间的空闲状态。一旦空闲状态被监听到,那么每个节点都有均等的机会来发送报文,这被称为"多路访问"。

"冲突检测"是指在两个以上节点同时发送信息时,节点本身首先会检测到出现冲突,然后采用相应的措施来解决这一冲突情况。此时优先级高的报文先发送,优先级低的报文送回暂停。在 CAN 总线协议中是通过一种非破坏性的位仲裁方式来实现冲突检测的,这也就意味着当总线出现发送冲突时,通过仲裁后原发送信息不会受到任何影响。所有的仲裁都不会破坏优先级高的报文信息的内容,也不会对其发送产生任何的延时。

2. 基于报文的通信技术

CAN 总线采用的是一种基于报文而不是基于节点地址的通信方式,也就是说报文不是按照地址从一个节点传送到另一个节点。这就允许不同的信息以"广播"的形式发送到所有节点,并且可以在不改变信息格式的前提下对报文进行不同的配置。CAN 总线上报文所包含的内容只有优先级标志区和欲传送的数据内容。所有节点都会接收到在总线上传送的报文，并在正确接收后发出应答确认。至于该报文是否要做进一步的处理或被丢弃将完全取决于接收节点本身。同一个报文可以发送给特定的节点或许多节点，设计者可以根据要求来设计响应的网络系统。

3. 高速且具备复杂的错误检测和恢复能力的高可靠通信技术

CAN 总线协议有一套完整的差错定义，能够自动地检测出这些错误信息，由此保证了传输信息的正确性和完整性。CAN 总线上的每个节点具有检测多种通信差错信息的能力，并能够采取相应的应对措施：发送错误可通过"CRC 出错"检测；普通接收错误可通过"应答出错"检测；CAN 报文格式错误可通过"格式出错"检测；CAN 总线信号错误可通过"位出错"检测；同步和定时错误可通过"阻塞出错"检测。每个 CAN 总线上的节点都有一个出错计数器用以记录各种错误发生的次数。通过这些计数器可以判别出错的严重性，确认这些节点是否应工作在降级模式。总线上的节点可以从正常工作模式（正常收发数据和出错信息）降级到消极工作模式（只有在总线空闲时才能取得控制权），或者到关断模式（与总线隔离）。CAN 总线上的各节点还有监测是短期的干扰还是永久性的故障的能力，并采取相应的应对措施，这种特性被叫做"故障界定隔离"。采取了这种故障界定隔离措施后，故障节点将会被及时地关断，不会永久占用总线。这一点对关键信息能在总线上畅通无阻地传送是非常重要的。

2.3.2　CAN 性能特点

CAN 属于总线式串行通信网络，由于其采用了许多新技术及独特的设计，与一般的通信总线相比，CAN 总线的数据通信具有突出的可靠性、实时性和灵活性。其特点可概括如下：

（1）CAN 为多主方式工作，网络上任一节点均可在任意时刻主动地向网络上的其他节点发送信息，而不分主从，通信方式灵活，且无需站地址等节点信息。利用这一特点可方便地构成多机备份系统。

（2）CAN 网络上的节点信息分成不同的优先级，可满足不同的实时要求，高优先级的数据最久可在 134 μs 内得到传输。

（3）CAN 采用非破坏性的总线仲裁技术，当多个节点同时向总线发送信息时，优先级较低的节点会主动退出发送，而优先级最高的节点可不受影响继续传输数据，从而大大地节省了总线冲突仲裁时间。尤其是在网络负载很重的情况下也不会出现网络瘫痪的问题（以太网则可能）。

（4）CAN 只需通过报文滤波即可实现点对点、一点对多点及全局广播等几种方式的数据传送与接收，无需专门的"调度"。

（5）CAN 的直接通信距离最远可达 10 km（此时的通信速率在 5 Kb/s 以下），通信速率最高可达 1 Mb/s（此时的通信距离最长为 40 m）。

（6）CAN 上的节点数主要取决于总线驱动电路，目前可达 110 个；报文标识符可达 2032 种（CAN 2.0A），而扩展标准（CAN 2.0B）的报文标识符几乎不受限制。

（7）采用短帧结构，传送时间短，受干扰概率低，具有极好的检错效果。

（8）CAN 的每帧信息都有 CRC 校验及其他检错措施，数据出错率极低。

（9）CAN 的通信介质可为双绞线、同轴电线或光纤，选择灵活。

（10）CAN 节点在错误严重的情况下具有自动关闭输出功能，以使总线上其他节点的操作不受影响。

2.3.3　CAN 技术规范

随着 CAN 在各领域的应用和推广，人们对其通信格式的标准化提出了要求。为此，1991 年 Philips Semiconductors 制订并发布了 CAN 技术规范（Version 2.0），该技术规范包括 A 和 B 两部分，即 CAN 2.0A 和 CAN 2.0B。2.0A 给出了 CAN 报文的标准格式，而 2.0B 给出了标准的和扩展的两种格式。此后，1993 年 ISO 正式颁布了道路交通运输工具数据信息交换高速通信控制器局域网（CAN）国际标准 ISO11898，为控制器局域网的标准化、规范化铺平了道路。

1. CAN 的一些基本概念

1）报文

总线上的信息以不同格式的报文发送，但其长度有限。连接的单元均可开始发送一个新报文。

2）信息路由

在 CAN 系统中，一个 CAN 节点不使用有关系统结构的任何信息（如站地址）。这里包含一些重要概念：

（1）系统灵活性。节点可在不要求所有节点及其应用层改变任何软件或硬件的情况下，接入 CAN 网络。

（2）报文通信。每个报文的内容由其标识符 ID 命名，ID 并不指出报文的目的，但描述数据的含义，以便网络中的所有节点有可能借助报文滤波决定该数据是否使它们激活。

（3）成组。由于采用了报文滤波，所有节点均可接收报文，并同时被相同的报文激活。

（4）数据相容性。在 CAN 网络内，可以确保报文同时被所有节点或者没有节点接收，因此，系统的数据相容性是借助于成组和出错处理达到的。

3）位速率

CAN 的数据传输速率在不同的系统中是不同的，而在一个给定的系统中，此速率是唯一的，并且是固定的。

4）优先权

在总线访问期间，标识符定义了一个报文静态的优先权。

5）远程数据请求

通过发送一个远程帧，需要数据的节点可以请求另一个节点发送的数据帧，该数据帧与对应的远程帧以相同的标识符 ID 命名。

6）多主站

当总线开放时，任何单元均可开始发送具有最高优先权报文的单元，以赢得总线访问权。

7）仲裁

当总线开放时，任何单元均可开始发送报文，若同时有两个或更多的单元开始发送，总线访问冲突运用逐位仲裁规则，借助标识符 ID 解决。这种仲裁规则可以使信息和时间均无损失。若具有相同标识符的一个数据帧和一个远程帧同时发送，数据帧优先于远程帧。仲裁期间，每一个发送器都对发送位电平与总线上检测到的电平进行比较，若相同则该单元可继续发送。当发送一个"隐性"电平(receive level)，而在总线上检测为"显性"电平(dominant level)时，该单元退出仲裁，并不再传送后续位。

8) 安全性

为了获得尽可能高的数据传送安全性，在每个 CAN 节点中均设有错误检测、标定和自检的强有力措施。检测错误的措施包括发送自检、循环冗余校验、位填充和报文格式检查。错误检测具有如下特性：所有全局性错误均可被检测；发送器的所有局部错误均可被检测；报文中的多至五个随机分布错误均可被检测；报文中长度小于 15 的突发性错误均可被检测；报文中任何奇数个错误均可被检测。未检出的已报报文的剩余错误概率为报文出错率的 4.7×10^{-11}。

9) 出错标注和恢复时间

已损报文由检出错误的任何节点进行标注，这样的报文将失效，并自动进行重发送。如果不存在新的错误，自检出错误至下一个报文开始发送的恢复时间最多为 29 个单位时间。

10) 故障界定

CAN 节点有能力识别永久性故障和短暂性扰动，可自动关闭故障节点。

11) 连接

CAN 串行通信链路是一条众多单元均可被连接的总线，理论上是无限的，实际上，单元总数受限于延迟时间和(或)总线的电气负载。

12) 单通道

由单一进行双向位传送的通道组成的总线，借助数据重同步实现信息的传输。在 CAN 的技术规范中，实现这种通道的方法不是固定的，例如单线(加接地线)、两条差分连线、光纤等。

13) 总线数值表示

总线上具有两种互补的逻辑数值：显性电平和隐性电平。在显位与隐位同时发送期间，总线上的数值将是显位。例如，在总线的"线与"操作情况下，显位由逻辑"0"表示，隐位由逻辑"1"表示。在 CAN 的技术规范中未给出表示这种逻辑电平的物理状态(如电压、光、电磁波等)。

14) 应答

所有接收器均对接收报文的相容性进行检查，回答一个相容报文，并标注一个不相容报文。

15) 睡眠方式及唤醒

为了降低系统的功耗，CAN 器件可置于无任何内部活动的睡眠方式，相当于未连接总线的驱动器。睡眠状态借助任何总线激活或者系统的内部条件被唤醒而告终。在总线驱动器再次置于在线状态之前，为了唤醒内部活动重新开始，传输层将等待系统振荡器至稳定状态，并且一直等待至其自身同步于总线活动(通过检查 11 个连续的隐位)。为了唤醒系统内仍处于睡眠状态的其他节点，可使用具有最低可能标识符的专用唤醒报文：rrr rrrd rrrr，其中 r 为隐位，d 为显位。

2. CAN 的分层结构

为了使设计透明和执行灵活，CAN 遵循 ISO/OSI 标准模型，分为数据链路层（包括逻辑链路控制（LLC）子层和媒体访问控制（MAC）子层）和物理层，在 CAN 技术规范 2.0A 的版本中，数据链路层的 LLC 和 MAC 子层的服务和功能被描述为"目标层"和"传送层"。CAN 的分层结构和功能如图 2-12 所示。

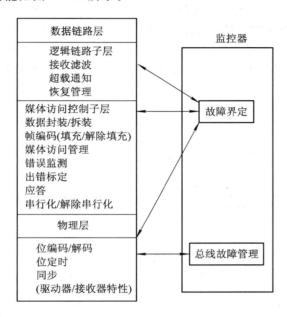

图 2-12　CAN 的分层结构和功能

具体说明如下：

（1）物理层定义信号的实际传输方式，涉及位编码、位定时和位同步等，在同一网络内，要实现不同节点间的数据通信，所有节点的物理层必须一致，CAN 2.0 技术规范没有定义物理层的驱动器/接收器特征，以便允许根据它们的应用，对发送媒体和信号电平进行优化。

（2）数据链路层包含 MAC 和 LLC 两个子层。MAC 子层是 CAN 协议的核心，它把接收到的报文提供给 LLC 子层，并接收来自 LLC 子层的报文。MAC 子层主要规定了传输规则，即负责控制帧的结构、执行仲裁、应答、错误检测、错误标定以及故障界定等。总线何时发送新报文以及何时开始接收报文，均由 MAC 子层确定，另外位定时也是 MAC 子层的一部分。LLC 子层涉及报文滤波、过载通知以及恢复管理，主要为数据传送和远程数据请求提供服务。

3. 报文传送及其帧结构

在进行数据传送时，发出报文的单元称为该报文的发送器，该单元在总线空闲或丢失仲裁前恒为发送器。如果一个单元不是报文发送器，并且总线不处于空闲状态，则该单元称为接收器。对于报文发送器和接收器，报文的实际有效时刻是不同的。对于发送器而言，如果直到帧结束的最后一位一直未出错，则对于发送器报文有效。如果报文受损，将允许按照优先权的顺序自动重发送。为了能同其他报文进行总线访问竞争，总线一旦空闲，重发送便立即开始。对于接收器而言，如果直到帧结束的最后一位一直未出错，则对于接收器报文有效。

构成一帧的帧起始、仲裁场、控制场、数据场和 CRC 序列均借助位填充规则进行编码。当发送器在发送的位流中检测到五位连续的相同数值时，将自动地在实际发送的位流中插入一个补码位。数据帧和远程帧的其余位场采用固定的格式，不进行填充。出错帧和超载帧同样是固定的格式，也不进行位填充。报文中的位流按照非归零（NRZ）码方法编码，这意味着一个完整的位电平要么是显性的，要么是隐性的。在隐性状态下，CAN 总线的 V_{CANH} 和 V_{CANL} 被固定为平均电压电平，V_{diff} 近似为 0。而在显性状态下，V_{diff} 为大于最小阈值的差分电压，如图 2-13 所示。在显性位期间，显性状态改写隐性状态并发送。

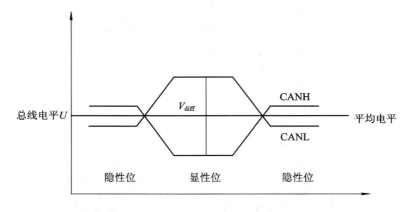

图 2-13　总线上的位电平表示

报文传送由四种不同类型的帧表示和控制：① 数据帧携带数据由发送器至接收器发送；② 远程帧通过总线单元发送，以请求发送具有相同标识符的数据帧；③ 出错帧由检测出总线错误的任何单元发送；④ 超载帧用于提供当前的和后续的数据帧的附加延迟。

1）数据帧

数据帧由七个不同的位场组成，即帧起始（Start of Frame）、仲裁场（Arbitration Frame）、控制场（Data Frame）、数据场（Data Frame）、CRC 场（CRC Frame）、应答场（ACK Frame）和帧结束（End of Frame）。数据场长度可为 0。CAN 2.0A 中数据帧的组成如图 2-14 所示。

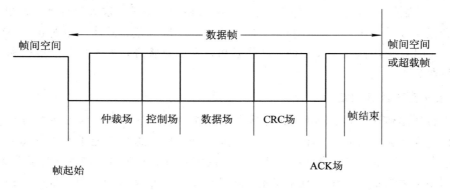

图 2-14　数据帧的组成

在 CAN 2.0B 中存在两种不同的帧格式,其主要区别在于标识符的长度,具有 11 位标识符的帧称为标准帧,而包括 29 位标识符的帧称为扩展帧。标准格式和扩展格式的数据帧结构如图 2-15 所示。

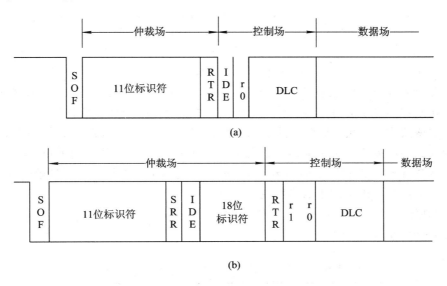

图 2-15 标准格式和扩展格式数据帧

(a) 标准格式;(b) 扩展格式

为了使控制器的设计相对简单,并不要求执行完全的扩展格式(例如以扩展格式发送报文或由报文接收数据),但必须不加限制地执行标准格式。如新型控制器至少具有下列特性则可被认为与 CAN 技术规范兼容:每个控制器均支持标准格式;每个控制器均接收扩展格式报文,即不至于因为它们的格式而破坏扩展帧。

CAN 2.0B 对报文滤波特别加以描述,报文滤波以整个标识符为基准。屏蔽寄存器可用于选择一组标识符,以便映像至接收缓存器中,它的每一位都需是可编程的。它的长度可以是整个标识符,也可以仅是其中一部分。

• 帧起始

帧起始(SOF)标志数据帧和远程帧的起始,它仅由一个显性位构成。只有在总线处于空闲状态时,才允许单元开始发送。所有单元都必须同步于首先开始发送的那个单元的帧起始前沿。

• 仲裁场

仲裁场由标识符和远程发送请求位(RTR)组成,如图 2-16 所示。对于 CAN 2.0A 标准,标识符的长度为 11 位,这些位以从高位到低位的顺序发送,最低位为 ID.0,其中最高七位(ID.10~ID.4)不能全部为隐性位。RTR 位在数据帧中必须是显性位,而在远程帧中必须为隐性位。

对于 CAN 2.0B 而言,标准格式和扩展格式的仲裁场的组成不同。在标准格式中,仲裁场由 11 位标识符和远程发送请求位 RTR 组成,标识符位为 ID.28~ID.18;而在扩展格式中,仲裁场由 29 位标识符和替代远程请求 SRR 位、标识位和远程发送请求位组成,标识符位为 ID.28~ID.0。

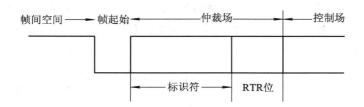

图 2 - 16　仲裁场的组成

为区别标准格式和扩展格式,将 CAN 2.0A 标准中的 r1 改记为 IDE 位。在扩展格式中,先发送基本 ID,其后是 IDE 位和 SRR 位。扩展 ID 在 SRR 位后发送。SRR 位为隐性位,在扩展格式中,它在标准格式的 RTR 位上被发送,并替代标准格式中的 RTR 位。这样,标准格式和扩展格式的冲突由于扩展格式的基本 ID 与标准格式的 ID 相同而告解决。

IDE 位对于扩展格式属于仲裁场,对于标准格式属于控制场。IDE 在标准格式中以显性电平发送,而在扩展格式中为隐性电平。

- 控制场

控制场由六位组成,如图 2 - 17 所示。

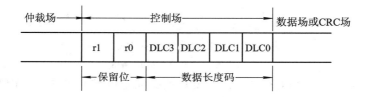

图 2 - 17　控制场的组成

由图 2 - 17 可见,控制场包括数据长度码和两个保留位,这两个保留位必须发送显性位,但接收器对显性位与隐性位都认可。

数据长度码 DLC 指出数据场的字节数目。数据长度码为四位,在控制场中被发送数据长度码中的数据字节数目编码如表 2 - 5 所列,其中,d 表示显性位,r 表示隐性位。数据字节的允许使用数目为 0 ~ 8,不能使用其他数值。

表 2 - 5　数据长度码中的数据字节数据编码

数据字节数目	数据长度码			
	DLC3	DLC2	DLC1	DLC0
0	d	d	d	d
1	d	d	d	r
2	d	d	r	d
3	d	d	r	r
4	d	r	d	d
5	d	r	d	r
6	d	r	r	d
7	d	r	r	r
8	r	d	d	d

- 数据场

数据场由数据帧中被发送的数据组成，它可包括 0 ～ 8 个字节，每个字节八位，首先发送的是最高有效位。

- CRC 场

CRC 场包括 CRC 序列和 CRC 界定符，如图 2－18 所示。

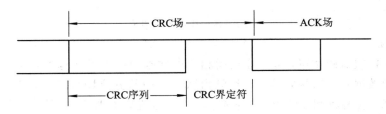

图 2－18　CRC 场的结构

CRC 序列由循环冗余码求得的帧检查序列组成，最适用于位数小于 127（BCH 码）的帧。为实现 CRC 计算，被除的多项式系数由包括帧起始、仲裁场、控制场、数据场（若存在的话）在内的无填充的位流给出，其 15 个最低位的系数为 0。此多项式被发生器产生的下列多项式除（系数为模 2 运算）：

$$x^{15} + x^{14} + x^{10} + x^8 + x^7 + x^4 + x^3 + 1$$

该多项式除法的余数即为发向总线的 CRC 序列。为完成此运算，可以使用一个 15 位移位寄存器 CRC－RG(14：0)，以 NXTBIT 标记此位流的下一位，它由从帧起始直至数据场结束的没有填充位的序列给定。CRC 序列的计算如下：

CRC－R6＝0　　　　//初始化移位寄存器

REPEAT

CRCNXT＝NXTBIT EXOR CRC－RG(14)；

CRC－RG(14：1)＝CRC－RG(13：0)；　　　//寄存器左移一位

CRC－RG(0)＝0；

IF CRCNXT THEN

CRC－RG(14：0)＝CRC－RG(14：0)EXOR(4599H)

END IF

UNTIL(CRC 序列开始或者存在一个出错状态)

发送/接收数据场的最后一位后，CRC－RG 包含有 CRC 序列。CRC 序列后面是 CRC 界定符，它只包括一个隐性位。

- 应答场

应答场（ACK）的长度为两位，包括应答间隙和应答界定符，如图 2－19 所示。在应答场中，发送站发送两位隐性位。所有接收到匹配 CRC 序列的站在 ACK 间隙期间，用一个显性位写入发送器的隐性位来做出回答。ACK 界定符是一个隐性位。ACK 间隙被 CRC 界定符和 ACK 界定符两个隐性位所包围。

- 帧结束

每个数据帧和远程帧均由七个隐性位组成的标志序列界定。

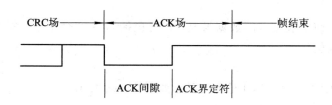

图 2 - 19　应答场的组成

2）远程帧

作为数据接收器的站点，可以通过向相应的数据源站点发送远程帧来激活该源站点，让该源站点把数据发送给接收器。远程帧由六个不同的分位场组成：帧起始、仲裁场、控制场、CRC 场、应答场和帧结束。同数据帧相反，远程帧的 RTR 位是隐性位。远程帧不存在数据场。DLC 的数据值是独立的，它可以是 0～8 中的任何数值，这一数值为对应数据帧的 DLC。远程帧的组成如图 2 - 20 所示。

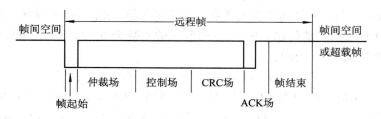

图 2 - 20　远程帧的组成

3）出错帧

出错帧的组成如图 2 - 21 所示，包括两个不同场，第一个场由来自各站点的错误标志叠加得到，第二个场是错误界定符。

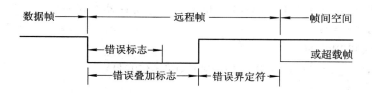

图 2 - 21　出错帧的组成

错误标志具有两种形式，一种是活动错误标志（Active Error Flag），一种是认可错误标志（Passive Error Flag），活动错误标志由六个连续的显性位组成，而认可错误标志由六个连续的隐性位组成（除非被来自其他节点的显性位冲掉重写）。

一个检测到出错条件的"错误激活"节点通过发送一个活动错误标志进行标注。这一出错标注形式违背了适用于由帧起始至 CRC 界定符所有场的填充规则，或者破坏了应答场或帧结束场的固定形式。因而，其他站将检测到出错条件并发送出错标志。这样，在总线上被监视到的显性位序列是由各个站单独发送的出错标志叠加而成的，该序列的总长度在 6 ～ 12 位之间变化。

一个检测到出错条件的"错误认可"站试图发送一个错误认可标志进行标注。该错误认可站自认可错误标志为起点，等待六个相同极性的连续位。当检测到六个相同的连续位后，认可错误标志即告完成。

错误界定符包括八个隐性位。错误标志发送后每个节点都送出隐性位，并监视总线，直到检测到隐性位，此后开始发送剩余的七个隐性位。

4）超载帧

超载帧包括两个位场：超载标志和超载界定符，如图 2-22 所示。

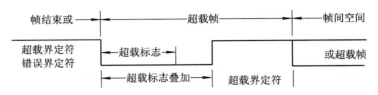

图 2-22　超载帧的组成

一般情况下，存在两种导致发送超载标志的超载条件：一个是要求延迟下一个数据帧或远程帧的接收器的内部条件；另一个是在间歇场检测到显性位。由前一个超载条件引起的超载帧起点仅允许在期望间歇场的第一位时间开始，而由后一个超载条件引起的超载帧在检测到显位的下一位开始。在大多数情况下，为延迟下一个数据帧或远程帧，两种超载帧均可能产生。

超载界定符与错误界定符具有相同的形式。超载标志由六个显性位组成，其格式破坏了间歇场的固定格式，因此，所有其他站点都将检测到超载条件并发送超载标志。发送超载标志后，站点就一直发送隐性位并监视总线，直到检测到一个隐性位，然后它继续向总线发送七个隐性位，这八个隐性位称为超载界定符。

5）帧间空间

无论先行帧是何种类型，数据帧或远程帧与先行帧都通过帧间空间分开，超载帧和出错帧之前没有帧间空间，多个超载帧之间也没有帧间空间。

非"错误认可"帧间空间由间歇场和总线空闲场组成，如图 2-23（a）所示。间歇场由三个隐性位组成。其实现方法是，数据帧或远程帧在检测到帧结束场后，在发送数据之前，

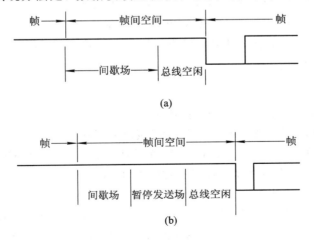

(a)

(b)

图 2-23　帧间空间

（a）非"错误认可"帧间空间；（b）"错误认可"帧间空间

要等待三个位时间。在间歇场，所有站点均不允许传送数据帧或远程帧，如果哪个站点发送了，就会被其他站点指出。总线空闲场的时间是任意的，在此期间，等待发送报文的站就会访问总线，在总线空闲场上检测到的显性位被解释为帧起始场。

如果某发送器为"错误认可"站点，则其帧空间在间歇场和总线空闲场之间还要插入一个暂停发送场，如图 2-23(b)所示。暂停发送场是八个隐性位。

2.3.4　CAN 总线接口电路设计

1. CAN 通信控制器

CAN 的通信协议主要由 CAN 通信控制器完成。CAN 通信控制器主要由实现 CAN 总线协议的部分和实现与微处理器接口部分的电路组成，如图 2-24 所示。对于不同型号的 CAN 总线通信控制器，实现 CAN 协议部分电路的结构和功能大多相同，而与微处理器接口部分的结构和方式存在一些差异。目前生产 CAN 器件的知名厂商有 Intel、Philips 等，其 CAN 器件既有独立的 CAN 控制器，也有包含 CAN 内核的微控制器和 DSP 等。这里主要以独立 CAN 控制器 SJA1000 为代表对 CAN 控制器的功能做一个简单的介绍。

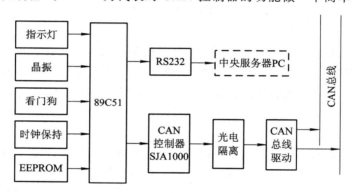

图 2-24　CAN 通信控制器的硬件电路结构框图

SJA1000 是一款独立 CAN 控制器，主要用于移动目标和一般工业环境中的区域网络控制。SJA1000 是 Philips 公司 PCA82C200 控制器的替代产品，在 PCA82C200 的 BasicCAN 操作模式的基础上，增加了新的 PeliCAN 操作模式，这种模式支持具有很多新特性的 CAN 2.0B 协议。

2. 硬件实现

CAN 总线通信控制器的硬件电路结构如图 2-24 所示，主要包括主控制器、时钟保持电路、非易失性 EEPROM 存储器、CAN 总线接口电路和 RS232 接口电路。主控制器采用性价比高、结构简单、便于编程的 AT89C51 单片机，主要用于对 CAN 控制器 SJA1000 及 RS232 串口的初始化，并通过对 CAN 控制器 SJA1000 及 RS232 串口的控制操作实现现场 CAN 总线与管理层中央服务器 PC 的数据交换等通信任务。

CAN 总线接口电路的构成主要由 CAN 通信控制器 SJA1000、高速光电耦合器 6N137 和 CAN 总线驱动器 82C250 组成。SJA1000 作为 CAN 总线协议转换的控制器，它内建 BASIC CAN 协议，并提供对 CAN 2.0B 协议的支持。通过对片内寄存器的读、写操作，主控制器单片机能够设置 CAN 总线通信模式，实现数据的发送与接收。

　　SJA1000 在逻辑上实现了传输数据的编码和解码，若要与物理线路连接，还必须借助总线驱动器 82C250，以增强 CAN 总线的差动发送和接收驱动能力。为了增强 CAN 总线节点的抗干扰能力，防止线路间串扰，SJA1000 的 TX0 和 RX0 并不是直接与 82C250 的 TXD 和 RXD 相连，而是通过高速光电耦合器 6N137 后再与 82C250 相连。另外，CAN 总线驱动器采用带隔离的 DC/DC 模块单独供电，实现了通信控制器与 CAN 总线的隔离，提高了系统的可靠性。图 2-25 给出了 CAN 总线系统硬件电路原理图。

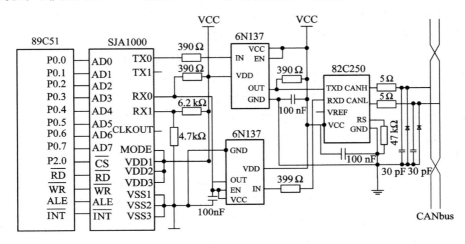

图 2-25　CAN 总线系统硬件电路的原理图

　　这里我们采用 PCA82C250 作为驱动收发器，它是 CAN 控制器和物理传输线路之间的接口，它们可以用高达 1 Mb/s 的位速率实现在两条差动电压总线电缆上的数据传输。82C250 的 CANH 和 CANL 引脚各自通过一个热敏电阻与 CAN 总线相连，当过流时电阻发热，其阻值变大，保护 82C250 免受过流的冲击。CANH 和 CANL 与地之间并联两个小电容，可以起到滤除总线上的高频干扰和一定的防电磁辐射的能力。

　　RS232 接口电路主要用于主控制器单片机与管理层中央服务器 PC 的双向数据传送。由于采用了标准的 RS232 串行通信，其结构简单、成本低。CAN 总线系统电路主要由四部分所构成：微控制器 89C51、CAN 控制器 SJA1000、CAN 总线收发器 82C250 和高速光电耦合器 6N137 微处理器。89C51 负责 SJA1000 的初始化，通过控制 SJA1000 实现数据的接收和发送等通信任务。

　　SJA1000 的 AD 0～17 连接到 89C51 的 P0 口，CS 连接到 89C51 的 P2.0，P2.0 为 0 的 CPU 片外存贮器地址可选中 SJA1000，CPU 通过这些地址可对 SJA1000 执行相应的读、写操作。SJA1000 的 RD、WR、ALE 分别与 89C51 的对应引脚相连。INT 接 89C51 的 INT0，89C51 也可通过中断方式访问 SJA1000。

　　SJA1000 和 82C250 分别使用物理隔离的电源供电，增强了系统的抗干扰能力，提高了系统的可靠性。不过应该特别说明的一点是光耦部分电路所采用的两个电源必须完全隔离，否则采用光耦也就失去了意义。电源的完全隔离可采用小功率电源隔离模块或带 5 V 隔离输出的开关电源模块实现。这些部分虽然增加了节点的复杂性，但是却提高了节点的稳定性和安全性。控制器的其他外围电路还有电源模块、非易失性 EEPROM 存储器、时钟保持电路、LED 指示灯和看门狗等。非易失性 EEPROM 存储器采用具有 2 KB 容量的

AT24C02，用于保存系统的配置参数及各节点的最新信息，便于管理层的查询。时钟保持电路选用时钟芯片 DS1302，其内部含有实时时钟和日历，通过简单的串行接口与单片机进行通信，用于给各节点控制器校时。同时，控制器还配置了四个 LED 指示灯，分别用于系统上电、CAN 通信、RS232 通信和系统通信故障的指示，以方便系统的调试和对控制器运行状况的监测。

CAN 总线接口的软件设计主要包括三大部分：CAN 控制器 SJA1000 的初始化设置、报文发送和报文接收。熟悉这三部分程序的设计就能编写出利用 CAN 总线进行通信的一般应用程序。下面仅就前面提到的 SJA1000 的初始化子程序作一描述，以供在实际应用中参考。CAN 控制器的初始化是 CAN 总线系统设计中极为重要的一部分，是系统正常工作的前提。CAN 控制器从上电到能正常工作，一般需要经过硬件复位和软件配置。SJA1000 的初始化设置是在复位模式下进行的。初始化主要包括工作方式的设置、接收滤波方式的设置、接收屏蔽寄存器（AMR）和接收代码寄存器（ACR）的设置、波特率参数的设置和中断允许寄存器 IER 的设置等。在完成初始化设置以后，SJA1000 就可以回到工作状态，进行正常的通信任务。

本系统中远程采集单元的接收码寄存器为该远程采集单元编号，接收码为全部相关，即接收屏蔽码寄存器设置为 00H。总线定时器 0、定时器 1 用于总线传输速度的设定。输出控制器寄存器用于设置总线输出的驱动方式。总线上所有节点的定时器 0、定时器 1、输出控制寄存器的设置要相同，否则，总线系统不能正常的工作。程序的主流程图如图 2-26 所示，图 2-27 给出了 SJA1000 在 BASIC CAN 模式下的初始化程序。

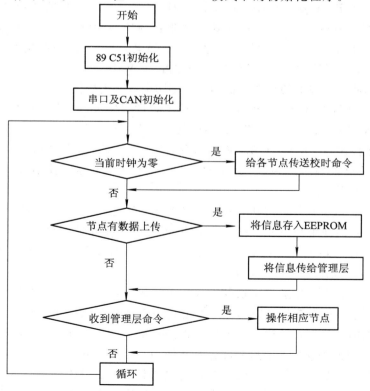

图 2-26　控制器软件的流程图

```
CAN初始化子函数
void can_init()
{
    uchar i ;
    CON_REG=0x01 ;
    for(i=0 ; i+ +)
    {(-nop_() ;}
    ACC_C_REG=address ;
    ACC_M_REG=0x00 ;
    TLM0_REG=0x53 ;
    TLM1_REG=0x2f;
    OUT_C_REG=0xaa ;
    CON_REG=Oxfe ;
}
```

图 2-27　初始化的 C 程序代码

　　上述介绍的是 SJA1000 工作在 BASIC CAN 模式下的最基本的通信方式。实践证明，由于采用了 CAN 总线技术，不仅系统结构简单、适应性和可扩展性强，而且 CAN 总线以其分时多主、非破坏性总线仲裁和自动检错重发的技术特点有效地提高了通信的可靠性，从而使现场调试更加方便、缩短了开发周期。当然要将 CAN 总线应用于通信任务比较复杂的系统中，还需详细了解有关总线错误处理、总线脱离处理、接收滤波处理、波特率参数设置和自动检测以及总线通信距离和节点数的计算等方面的内容。

2.4　现场总线控制系统设计

　　简单地来说，现场总线控制系统由主站、从站和相应的系统软件组成。当决定使用现场总线技术来设计一个控制系统时，一般包括两个方面的工作。

2.4.1　前期准备工作

1. 总体选择

1）现场总线的类型

　　在所公布的现场总线国际标准中，有多种现场总线共存，这确实给用户带来了选择上的困难。在实际应用中，以下几个方面是选择现场总线时所需考虑的主要因素：

　　（1）根据具体的情况选择相应的现场总线。在自动化控制工程中，不同的应用场合有不同的特点和不同的技术要求。典型的应用场合有以开关量为主的制造业流水线、以模拟量为主的过程控制系统、运动控制系统等。另外，不同的行业也可能有其适合使用的现场总线技术。由于历史的原因，当初开发现场总线时大部分都是针对某个应用场合或行业的特点来进行的，所以就形成了某些应用场合或行业中某种现场总线技术被广泛应用的情况。

　　（2）考查该现场总线技术的先进性。现场总线技术在不断地发展，技术越先进，则其市场的竞争力也就越强。在选择使用现场总线技术时，当然要选择在技术上有创新的产品，这样才不至于在以后的系统升级及系统改造时处于被动地位。

（3）调研该现场总线的市场占有率。一种产品的市场占有率是一个综合指标，它反映了该产品的质量、技术、服务等各方面的水平。市场占有率高的产品，往往在性价比上也占有较大的优势。因此，在各个领域都有较多应用的现场总线类型还是最值得信赖的。

（4）调研该现场总线在我国的市场占有率如何。具体到我们自己的应用情况，还要看该现场总线技术在国内的市场占有率情况如何。选择一个在我国市场上应用最广泛的现场总线才符合一般原则。

（5）考查该现场总线的技术和服务。每一种现场总线技术的背后都会有大公司的支持，另外还成立有相应的国际组织，当我们需要技术上的帮助时，往往能从他们那里得到支持。相反，如果一些现场总线技术的服务机构跟不上，就会给用户的使用带来不便。所以技术和服务也是我们选择使用某种现场总线技术的标准之一。

2）冗余要求

对于有冗余要求的控制系统，应选择具有冗余功能的电源、主站、从站、耦合器、光缆等设备。

3）本质安全要求

在一些特定的场合，有时要求满足本质安全，这时不论是选择耦合器、从站设备，还是选择电缆，都必须选择那些经过认证的产品，最好按照 FISCO 的要求来设计本质安全区域的现场总线网段。

4）系统实时性要求

一般情况下现场总线控制系统都能满足工业现场的实时性要求，但对一些快速连锁控制、高精度闭环控制和运动控制系统来说，就必须选择能实现高精度和高速度等时同步控制系统了，比如实时以太网控制系统。除此以外，还可以采用 CPU 处理速度快的主站、通信速度快的现场总线。另外，在系统拓扑规划、软件程序设计等环节也可以采用一定的措施和技巧来提高系统的实时性。

2. 系统控制点数确定

与任何一种控制系统设计一样，该项内容的选择是必不可少的。系统控制点的主要类型包括开关量输入点、输出点和模拟量输入点、输出点。但对现场总线控制系统来说，除要了解总的控制点数外，更重要的是要知道每个从站的控制点数，这样才能选择从站要使用的 I/O 模块的类型和数量。

3. 主站选择

一般情况下，主站有三种：一是可以插入工控机中的现场总线主站模块；二是集成有主站功能的大中型 PLC；三是集成了主站功能和商用计算机功能的一体化嵌入式超小型IPC。第一种主站一般不直接放在工业现场，而是放在控制室中，配合软 PLC 系统，可完成系统的控制功能，配上组态软件后，可以实现控制系统高性能的人机界面功能；第二种主站一般放置在工业现场，系统必须配上其他的显示装置才能完成人机界面功能；第三种主站性能更加完善，也具有较高的可靠性，但其价格稍高。这几种主站各有特点，大家可根据具体情况和经费情况选择使用。

4. 从站选择

首先是从站数量的选择，要根据控制点在现场的实际分布情况来合理地设置从站。当然除地理位置外，也可以根据需要，按控制点所属对象的不同来安排从站。

其次，根据从站 I/O 点的类型和数量来选择从站中使用的 I/O 模块的类型和数量。当然一些从站可能就是直接带总线接口的独立装置，如变频器、过程仪器仪表等。选择这些从站时，最好选择带相应总线接口、能直接接入到网络中的产品，如果经费条件有限或是一个改造项目，则对较昂贵的仪器仪表来说，就必须使用间接的方法来获取它们的信号了，比如使用 Anybus、德国赫优讯公司或国内一些公司的相应的信号转换接口产品，或使用远程 I/O 模块等方法来实现传统现场信号到总线的连接。

5. 系统软件选择

系统软件必须支持你所选择使用的现场总线，在组成系统时，使用系统软件可以进行系统、主站、从站和界面的组态，有些把控制程序设计部分也集成在了一起，这样使用起来就会更加方便。

6. 电缆选择

针对不同的使用场合和不同的性能要求要选择不同的电缆。比如 PROFIBUS DP 网段中就必须使用 DP 电缆；PROFIBUS PA 网段中就必须使用 PA 电缆；如果通信距离较远，周围环境电磁干扰严重，则要选择使用光缆。就是在同样的 DP 网段中，也有不同类型的 DP 电缆供不同的场合选择使用，如一般应用场合、腐蚀性场合、高强度的拖曳场合等。但必须记住一点，不管是什么样的使用场合，都要选择使用标准的、经过认证的现场总线电缆，不然这个系统的性能都会受到影响。

7. 系统分析、诊断工具选择

在进行现场总线系统的调试、检测、维护和分析时，必须使用有效的、方便的工程工具。这样的工程工具一般包括一个能连接到笔记本电脑的适配器，一套直观的且功能完善的工具软件。

2.4.2　系统设计与调试

前期的准备工作完成后，接下来的工作包括以下几个方面。

1. 控制系统的设计

系统设计包括硬件系统设计和软件系统设计。硬件系统设计主要包括主站控制柜、从站控制柜、电缆走线、主站和从站外围电器线路等整个现场总线控制系统硬件部分的设计和抗干扰措施的设计等。软件系统设计主要指编制主站控制程序，如果需要的话，还可能要编制从站的独立控制程序。

像设计常规的 PLC 控制系统一样，现场总线控制系统的硬件设计内容包括电气控制系统原理图的设计、电气控制元器件的选择和控制柜的设计。电气控制系统原理图包括主站、从站之间的电气元件和外围控制电路，有时还要在电气原理图中标上器件代号或另外配上安装图、端子接线图等，以方便控制柜的安装。现场电气元器件的选择主要是根据控制要求选择按钮、开关、传感器、保护电器、接触器、指示灯和电磁阀等。

系统控制程序设计和 PLC 程序设计一样，因为现场总线控制系统的程序其实就是 PLC 程序，所以有些还可使用我们原来熟悉的编程语言进行程序设计。

人机界面部分的程序设计包括各种实时画面组态、实时数据和历史数据处理、参数设置、报警处理等，该部分的程序设计要和控制程序相结合，以建立相互联系的实时数据交换通道。人机界面设计完成后可以为调试带来很多方便。

2. 控制系统的调试

系统调试包括模拟调试和现场调试。系统设计完成后，可以先在实验室进行调试，调试时使用的手段有很多，但不外乎加上一些模拟实际情况的信号，然后观察系统的输出逻辑是否正确和准确。现场调试是当现场安装完成后，在控制输出断开的情况下进行的近似于实际情况的调试。

现场总线控制系统的工作机理和过去的控制系统有天壤之别，它的智能化程度和数字化通信特点也远非过去的控制系统可比，因此借助于分析、诊断软件可以使现场总线控制系统的调试变得智能、轻松和简单。

在这里要提示读者，系统的设计与调试完成后一定要及时地整理技术资料并存档，不然日后会需要几倍的辛苦来补救。这绝对是工程技术人员的良好习惯之一。

2.5　温室监测 CAN 总线控制系统

温室监测系统充分利用了 CAN 总线的性能特点，保证了系统的实时可靠性，实现了小范围集中温室监测的自动化，并具有较高的精度，同时很好地控制了设计成本，从而提高了性价比，在此基础上可以进一步将控制机构扩展进来，将监测与控制有机地结合起来，在最大程度上改善农作物的生长环境，增值创收。温室监测 CAN 总线控制系统的设计方法如下。

2.5.1　系统总体设计

基于 CAN 总线的温室监测系统主要由上位机监控中心和各网络监测节点组成。上位机采用通用的 PC 机，它不仅可以使用许多丰富的软件，而且具有很多的保护措施，使安全性和可靠性得以保证。上位 PC 机采用 CAN/232 智能 CAN 接口卡与网络上的各个监测节点进行通信，负责对整个系统中的监测节点进行监控，发送控制命令和一些参数配置信息，并接收来自各个节点的状态信息和测量数据，监视温室的环境参数，及时地改善生长条件，同时可以将上位机接入到 Internet，以及时得到有关农业技术部分的指导意见。监测节点主要由采集模块、主控制模块和通信模块组成。监测节点通过参数传感器定时采集温室中的主要环境参数，经过微处理器的信号处理，由 CAN 控制器生成协议报文，并由 CAN 收发器将数据发送到上位机，同时接收来自上位机的控制命令和参数配置信息，及时给予反馈。系统的总体结构如图 2-28 所示。

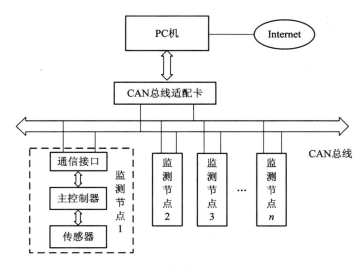

图 2 - 28　系统的总体结构

2.5.2　监测节点设计

本监测节点的设计采用德州仪器公司生产的 MSC1210Y5 作为主控制器。MSC1210Y5 集成了一个增强型 8051 内核，具有 33 MHz 的时钟周期，217～5.25 V 的工作电压，32 K 的 Flash，112 KB 的 SRAM，八通道的 24 位高精度 A/D 转换器，内置 1～128 倍可编程增益放大器和温度传感器，而且含有三个 16 位的通用定时/计数器，21 个中断源和一个串行外围接口 SPI，是一款性价比很高的芯片，大大降低了开发的成本和复杂度。通过分析，温室农作物主要受到温室环境中的温度、湿度、光照、二氧化碳浓度、土壤湿度和 pH 值等因素的影响，因此，通过传感器对温室环境中的这些参数因子定时地进行测量，并通过主控制器内置的模拟信号处理电路对采集到的信号进行调整处理，由通信接口传输到上位机。通信接口部分采用具有 SPI 接口的独立 CAN 控制器 MCP2510 和收发器 PCA82C251，实现与 CAN 总线的数据通信。监测节点的原理如图 2 - 29 所示。

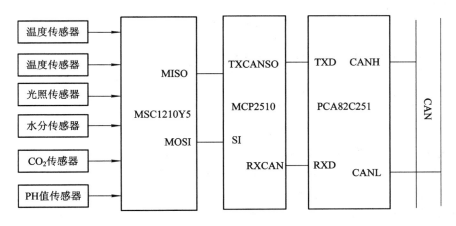

图 2 - 29　监测节点的原理

2.5.3 通信系统硬件设计

独立 CAN 控制器 MCP2510 具有灵活的中断能力、接收帧屏蔽和过滤、帧优先级设定等特点，能很好地管理信息，减轻处理器的负担和软件设计的复杂度。MCP2510 片内有三个发送缓冲器和两个接收缓冲器，可编程设定优先级，六个接收过滤器和两个屏蔽器，支持标准帧和扩展帧两种数据帧，而且还支持标准帧数据段的前两个字节单独过滤。接口硬件电路如图 2-30 所示。

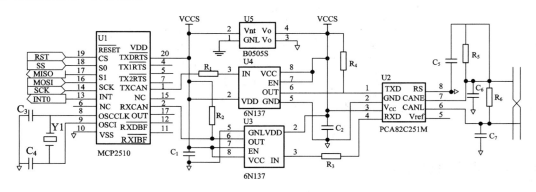

图 2-30　CAN 通信接口的电路图

本设计不使用 TXNRTS 和 RXNBF 等五个引脚，直接通过 SPI 接口对内部寄存器进行读写操作。为了实现电气隔离，增强节点的抗干扰能力，提高系统的可靠性，在控制器和收发器之间采用了 6N137 光隔，并且采用独立电源供电，利用 B0505S 进行电源隔离。在 CANH 和 CANL 引脚各接了一个小电容，用于消除总线的高频干扰，两者之间使用两个等值电阻和一个旁路电容来提高 EMC 性能，减少对系统的干扰。

2.5.4 通信系统软件设计

1. CAN 总线通信协议的制定

MCP2510 支持 CAN210B 技术规范中所定义的标准帧和扩展帧格式。考虑到本系统主要面向中小型规模，采用标准帧格式，如图 2-31 所示。

SOF	ID<10:0>	RTR	IDE	r0	DLC<3:0>	DATA	CRC	ACK	FCS
起始帧	标识符				数据字节长度	数据域(0-8字节)	奇偶校验域	应答域	帧结尾
	仲裁域			控制域					

图 2-31　标准帧格式

与其他帧相同，标准帧以起始帧(SOF)位开始，之后是仲裁域，由 12 个位组成，分别为 11 位标识符(ID<10：0>)和一个远程发送请求位(RTR)。RTR 为显性表示该报文是数据帧，为隐性则表示该报文是远程帧。接下来的六位是控制域，第一位 IDE 为扩展位，显性时表示是标准帧，第二位为保留位(r0)，后面四位 DLC<3：0>表示数据域包含字节数，最多可发送八个字节。数据域后为循环冗余码(CRC)域，用来检测报文传输错误，最后是应答域和帧结尾。

　　在 CAN210B 技术规范中只定义了帧的结构，没有定义接收和发送的相关信息，因此可以根据自身的需求，重新定义标识符的含义。这里采用标准数据帧，为了解决节点同时发送信息的冲突，采用帧优先原则，将标识符的前两位 ID10 和 ID9 定义为帧类型，分别表示控制命令、配置命令、状态信息和数据信息，把控制命令定义为最高优先级，依次数据信息的优先级最低。同时采用源/目的地址的方案，将标识符 ID<8：5>定义为源地址，ID<4：1>定义为目的地址，可以保证 15 个节点之间的正常通信（为避免标识符的前七位全为 1，源地址不能为 0x0F），当目的地址为 0x0F 时规定为广播通信，并将上位 PC 机节点的地址设为 0，作为 CAN 总线中的主节点。

　　剩下的 ID0 位还可作为多帧数据识别位，当需要传输的数据多于八个字节时，用 ID0位为 0 表示，而 ID0 为 1 时表示传输的是单帧数据。由于节点采集包括温度、湿度、光照、二氧化碳浓度、土壤湿度和 pH 值六种不同的信号，因此需要把数据域的第一个字节作为数据属性的标识符，分别定义为 0A、0B、0C、0D、0E 和 0F，剩余位可用作以后扩展。自定义的标识符如图 2-32 所示。

ID10	ID9	ID8	ID7	ID6	ID5	ID4	ID3	ID2	ID1	ID0
帧类型		源地址				目的地址				多帧标识位
DATA0(数据属性标识)						DATA1-7				

图 2-32　自定义的标识符

2. 初始化

　　正常运行之前，必须对 MCP2510 控制器初始化，然而进行初始化的提前必须要在配置模式下，只有在配置模式下，才能配置位定时寄存器，设定相同的通信波特率和位长度等。根据上面定义的 CAN 总线通信协议，初始化滤波寄存器和屏蔽寄存器，来校验待接收报文的标识符；使能中断，设置各发送缓冲器的优先级 TXP。配置完成后重新设置工作模式设定位 REQOP，进入正常的工作模式，进行数据传输。

3. 报文的发送

　　报文的发送通过查询 MCP2510 发送控制寄存器 TXBNCTRL 的 TXREQ 发送请求位是否置 1 来启动相应缓冲器的报文发送。首先，要确定 CAN 总线是否处于空闲状态，即 CAN 控制寄存器 CANCTRL 的报文发送中止设定位 CANCTRL.ABAT 是否被置 1；其次，如果不止一个缓冲器同时请求发送，还需比较优先级，具有较高优先级的发送缓冲器先发送，将发送缓冲器 0 的优先级设定为最高，依次降低；报文发送成功后，发送请求位将被清除，同时将发送中断标志位 CANINTF.TXNIF 置 1，产生一个中断表示发送成功，并将 SRAM 数据缓冲器中的数据装入到发送缓冲器，准备开始下一个报文的发送。报文的发送流程如图 2-33 所示。

4. 报文的接收

　　MCP2510 中除了两个全文接收缓冲器 RXBN，还有一个单独的报文集成缓冲器MAB。当检测到有等待接收的报文时，MAB 接收来自总线的报文并进行组合，通过接收过滤器匹配比较，将满足过滤器条件的报文传送到相应的接收缓冲器中。接收缓冲器接收到传来的报文后，会将 CAN 中断标志寄存器的接收缓冲器满中断标志位 CANINTF. RXNIF 置 1，产生中断请求，进入中断处理，将数据送到 SRAM 的数据缓冲区。中断处理完毕之后，该标志位清零，报文接收成功，返回并等待下一个报文的接收。报文的接收流程如图 2 - 34 所示。

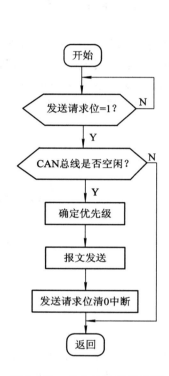

图 2 - 33 报文发送的流程图

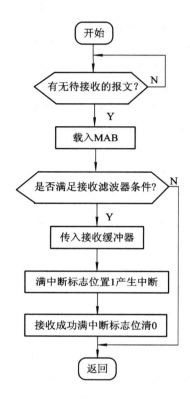

图 2 - 34 报文接收的流程图

5. 错误处理

传输过程中出现的错误原因很多，有报文错误、溢出错误等，都会产生错误中断，进入中断处理后，访问错误标志寄存器，确定错误类型并作相应的处理。

❖❖❖❖❖❖❖ 本 章 习 题 ❖❖❖❖❖❖❖

2 - 1 控制系统的发展包括哪些阶段？

2 - 2 现场总线的本质原理和技术特征表现在哪些方面？

2 - 3 现场总线控制系统的体系结构是怎样的？

2 - 4 CAN 总线具有哪些特点？

2 - 5 报文传送的四种不同类型的帧分别是什么？各具有什么功能？

2 - 6 CAN 通信控制器的硬件电路结构框图是怎样的？

参 考 文 献

[1]　凌志浩. DCS 与现场总线控制系统[M]. 上海：华东理工大学出版社，2008.

[2]　丁恩杰，马方清. 监控系统与现场总线[M]. 江苏：中国矿业大学出版社，2003.

[3]　阳宪惠. 现场总线技术及其应用[M]. 北京：清华大学出版社，2008.

[4]　杨晶. CAN 总线接口电路设计[J]. 办公自动化，2010，2.

[5]　张颖超，杨宇峰，叶小岭，等. 基于 CAN 总线的温室监测系统的通信设计[J]. 控制工程. 2009，16(1).

[6]　王永华. 现场总线技术及应用教程[M]. 北京：机械工业出版社，2012.

[7]　李正军. 现场总线与工业以太网及其技术[M]. 北京：机械工业出版社，2011.

[8]　龙志强，李迅，李晓龙. 现场总线控制网络技术[M]. 北京：机械工业出版社，2011.

第3章　控制理论与方法

3.1　控制系统的数学模型

在控制系统的分析和设计中，首先要建立系统的数学模型。控制系统的数学模型是描述系统内部物理量（或变量）之间的关系的数学表达式。在静态条件下（即变量的各阶导数为零），描述变量之间的关系的代数方程叫静态数学模型；而描述变量各阶导数之间的关系的微分方程叫动态数学模型。如果已知输入量及变量的初始条件，对微分方程求解，就可以得到系统输出量的表达式，并由此可对系统进行性能分析。因此，建立控制系统的数学模型是分析和设计控制系统的首要工作。

3.1.1　反馈原理

一般情况下，控制系统分为开环控制系统和闭环控制系统两大类。

所谓开环控制系统，是指控制器形成控制信号时不依赖于系统的输出信号，这是一种"不计后果"的主观控制方式，但对一些具有明确先验知识的系统仍然具有很好的控制效果，其结构如图3-1所示。但是，大多数控制系统的控制器在形成控制信号时要依赖于系统的输出信号，这是一种"顾及后果"的客观控制方式，称为闭环控制系统，其结构如图3-2所示。

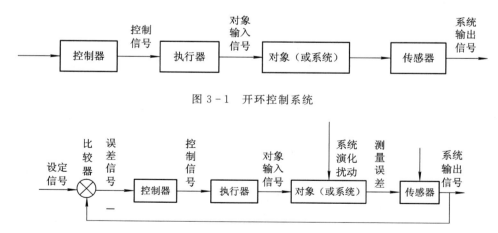

图3-1　开环控制系统

图3-2　闭环控制系统

所谓反馈原理，就是根据系统输出变化的信息来进行控制，即通过比较系统行为（输出）与期望行为之间的偏差，并消除偏差以获得预期的系统性能。所以，闭环控制系统又称为反馈控制系统。在反馈控制系统中，既存在由输入端到输出端的信号前向通路，也包含从输出端到输入端的信号反馈通路，两者组成一个闭合的回路。反馈控制是自动控制的主要形式。自动控制系统多数是反馈控制系统。在工程上常把在运行中使输出量和期望值保持一致的反馈控制系统称为自动调节系统，而把用来精确地跟随或实现某种过程的反馈控制系统称为伺服系统或随动系统。

在反馈控制系统中，不管出于什么原因（外部扰动或系统内部变化），只要被控量偏离规定值，就会产生相应的控制作用去消除偏差。因此，它具有抑制干扰的能力，对元件特性变化不敏感，并能改善系统的响应特性。但反馈回路的引入增加了系统的复杂性，而且增益选择不当时会引起系统的不稳定。为提高控制精度，在扰动变量可以测量时，也常同时采用按扰动的控制（即前馈控制）作为反馈控制的补充而构成复合控制系统。

实际上，反馈对于一切自然系统、生物系统和社会系统具有普适性。因此，也决定了它在物联网系统中的重要地位。物联网控制系统通过信息的测量（提取）、处理（加工与变换）、传输、存储及利用，最终形成控制作用（也是通过信息得以实现）。在物联网系统中，反馈的过程也就是信息传递和误差消除的过程，这是一种最为基本的控制方式。

如果反馈信息（系统实际输出）使得系统输出的误差逐渐减少，则称这种反馈为负反馈；反之，称为正反馈。负反馈是反馈的基本形式。闭合负反馈环路的几个重要的特征为：① 可以使系统稳定（最重要的特征）；② 可以使系统具有鲁棒性（Robustness），即减少系统输出对系统参数变化（系统元件老化或系统内部干扰）的敏感度，减少系统对量测误差（量测噪声）的敏感性；③可以使系统具有抗干扰能力，即减少外部干扰对系统输出的影响；④可以改善系统输出的响应性能。

3.1.2　自动控制系统的分类

自动控制系统有多种分类方法，例如，按控制方式可分为开环控制、反馈控制、复合控制等；按原件类型可分为机械系统、电气系统、机电系统、液压系统、气动系统、生物系统等；按系统功能可分为维度控制系统、压力控制系统、位置控制系统等；按系统性能可分为线性系统和非线性系统、连续系统和离散系统、定常系统和时变系统、确定性系统和不确定性系统等；按参数变化规律可分为恒指系统、随动系统和程序控制系统等；按端口关系可分为单输入单输出系统（单变量系统）、多输入多输出系统等。一般地，为了全面反映自动控制系统的特点，常常将上述各种分类方法组合应用。

1. 线性连续控制系统

线性连续控制系统可以用线性微分方程描述，其一般形式为

$$a_0 \frac{\mathrm{d}^n}{\mathrm{d}t^n}c(t) + a_1 \frac{\mathrm{d}^{n-1}}{\mathrm{d}t^{n-1}}c(t) + \cdots + a_{n-1} \frac{\mathrm{d}}{\mathrm{d}t}c(t) + a_n c(t)$$
$$= b_0 \frac{\mathrm{d}^m}{\mathrm{d}t^m}r(t) + b_1 \frac{\mathrm{d}^{m-1}}{\mathrm{d}t^{m-1}}r(t) + \cdots + a_{m-1} \frac{\mathrm{d}}{\mathrm{d}t}r(t) + b_m r(t)$$

式中，$c(t)$ 是被控量；$r(t)$ 是系统输入量。系数 $a_0, a_1, \cdots, a_n, b_0, b_1, \cdots, b_m$ 是常数时，称该系统为定常系统；系数 $a_0, a_1, \cdots, a_n, b_0, b_1, \cdots, b_m$ 随时间变化时，称该系统为时变系统。线性定常连续系统按其输入量的变化规律不同又可分为恒值控制系统、随动系统和程序控制系统。

1）恒值控制系统

恒值控制系统的参据量是一个常值，要求被控量亦等于一个常值，故又称为调节器。但由于扰动的影响，被控量可能会偏离参据量而出现偏差，控制系统便根据偏差产生控制作用，以克服扰动的影响，使被控量恢复到给定的常值。因此，恒值控制系统分析、设计的重点是研究各种扰动对被控对象的影响以及抗扰动的措施。在恒值控制系统中，参据量可以随产生条件的变化而改变，但是一经调整后，被控量就应与调整好的参据量保持一致。在工业中，如果被控量是温度、流量、压力、液位等生产过程参量时，这种控制系统则成为过程控制系统，它们大多数都属于恒值控制系统。

2）随动系统

随动系统的参据量是预先未知的随时间任意变化的函数，要求被控量以尽可能小的误差跟随参据量的变化，故又称为跟踪系统。在随动系统中，扰动的影响是次要的，系统分析、设计的重点是研究被控量跟随参据量的快速性和准确性。在随动系统中，如果被控量是机械位置或其导数时，这类系统称为伺服系统。

3）程序控制系统

程序控制系统的参据量是按预定规律随时间变化的函数，要求被控量迅速、准确地加以复现，机械加工使用的数字程序控制机床便是一例。程序控制系统和随动系统的参据量都是时间函数，不同之处在于前者是已知的时间函数，后者则是未知的任意时间函数，而恒值控制系统也可视为程序控制系统的特例。

2. 线性定常离散控制系统

离散系统是指系统的某处或多处信号为脉冲序列或数码形式，因而信号在时间上是离散的。连续信号经过采样开关的采样就可以转换成离散信号。一般在离散系统中既有连续的模拟信号，也有离散的数字信号，因此离散系统要用差分方程描述，线性定常差分方程的一般形式为

$$a_0 c(k+n) + a_1 c(k+n-1) + \cdots + a_{n-1} c(k+1) + a_n c(k)$$
$$= b_0 r(k+m) + b_1 r(k+m-1) + \cdots + b_{m-1} r(k+1) + b_m r(k)$$

式中，$m \leqslant n$，n 为差分方程的次数；a_0，a_1，$\cdots$，a_n，b_0，b_1，$\cdots$，b_m 为常系数；$r(k)$，$c(k)$ 分别为输入和输出采样序列。

工业计算机控制系统就是典型的离散系统。

3. 非线性控制系统

系统中只要有一个元部件的输入-输出特性是非线性的，这类系统就称为非线性控制系统，这时，要用非线性微分（或差分）方程描述其特性。非线性方程的特点是系数与变量有关，或者方程中含有变量及其导数的高次幂或乘积项，例如

$$\ddot{y}(t) + y(t)\dot{y}(t) + y^2(t) = r(t)$$

严格地说，实际物理系统中都含有程度不同的非线性元部件，例如放大器和电磁元件的饱和特性，运动部件的死区、间隙和摩擦特性等。由于非线性方程在数学处理上较困难，目前对不同类型的非线性控制系统的研究还没有统一的方法。但对于非线性程度不太严重的元部件，可采用在一定范围内线性化的方法，从而将非线性控制系统近似为线性控制系统。

3.1.3　拉普拉斯变换

系统的行为(即系统的运动状态)可以用微分方程或差分方程来描述,因而,求解微分方程可得到系统的响应。拉普拉斯变换可以将微分运算化为代数运算,对一类特定的用线性定常微分方程描述的系统,可用拉普拉斯变换的方法分析、求解。

1. 拉普拉斯变换及其反变换的定义

一个定义在区间$[0, \infty)$,即$0 \leqslant t < \infty$的函数$f(t)$,它的拉普拉斯变换式$F(s)$的定义为

$$F(s) = \int_0^\infty f(t) \mathrm{e}^{-st} \mathrm{d}t$$

式中,$s = \delta + \mathrm{j}\omega$为复数。$F(s)$称为$f(t)$的象函数,$f(t)$称$F(s)$的原函数。拉普拉斯变换简称拉氏变换,$F(s)$又称为$f(t)$的拉氏变换式。拉氏变换是线性变换,满足叠加性和齐次性。

如果$F(s)$已知,要求出它所对应的原函数$f(t)$,则称$F(s)$到$f(t)$的这种变换为拉普拉斯反变换。它的定义为

$$f(t) = \frac{1}{2\pi\mathrm{j}} \int_{\sigma-\mathrm{j}\infty}^{\sigma+\mathrm{j}\infty} F(s) \mathrm{e}^{st} \mathrm{d}t$$

为书写简便起见,通常可用记号"$L[\ ]$"表示对方括号里的函数作拉氏变换,即$L[f(t)] = F(s)$;用记号"$L^{-1}[\ ]$"表示对方括号里的函数作拉氏反变换,即$f(t) = L^{-1}[F(s)]$。

常见的拉式变换见表$3-1$。

表 3 - 1　常见的拉氏变换

原函数 $f(t)$	象函数 $F(s)$
$\delta(t)$	1
$1(t)$	$\dfrac{1}{s}$
t^n	$\dfrac{n!}{s^{n+1}}$
e^{-at}	$\dfrac{1}{s+a}$
$\sin\omega t$	$\dfrac{\omega}{s^2+\omega^2}$
$\cos\omega t$	$\dfrac{s}{s^2+\omega^2}$
$t^n \mathrm{e}^{-at}$	$\dfrac{n!}{(s+a)^{n+1}}$

2．拉氏变换的基本性质

性质 1　唯一性：由定义式所定义的象函数 $F(s)$ 与定义在 $[0，\infty)$ 区间上的时域函数 $f(t)$ 存在着一一对应的关系。

性质 2　线性性质（线性定理）：令 $f_1(t)$ 和 $f_2(t)$ 是两个任意的时间函数，且它们的象函数分别为 $F_1(s)$ 和 $F_2(s)$，a 和 b 是两个任意的常数，有

$$L[af_1(t)+bf_2(t)]=aL[f_1(t)]+bL[f_2(t)]=aF_1(s)+bF_2(s)$$

性质 3　（时域）导数性质（微分定理）：原函数 $f(t)$ 的象函数与其导数 $f'(t)=\dfrac{\mathrm{d}f(t)}{\mathrm{d}t}$ 的象函数之间有如下关系：

$$L[f'(t)]=sF(s)-f(0)$$

$$L\left[\frac{\mathrm{d}^2 f(t)}{\mathrm{d}t^2}\right]=s^2 F(s)-sf(0)-s^0 f'(0)$$

$$\vdots$$

$$L\left[\frac{\mathrm{d}^n f(t)}{\mathrm{d}t^n}\right]=s^n F(s)-s^{n-1}f(0)-s^{n-2}f'(0)-\cdots s^0 f^{n-1}(0)$$

式中，$f(0)$ 为原函数 $f(t)$ 在 $t=0$ 时的值。

性质 4　（时域）积分性质（积分定理）：原函数 $f(t)$ 的象函数与其积分的象函数之间有如下关系：

$$L\left[\int f(t)\mathrm{d}t\right]=\frac{F(s)}{s}+\frac{f^{-1}(0)}{s}$$

其中，$f^{-1}(0)=\int f(t)\mathrm{d}t\,|_{t=0}$。

性质 5　卷积定理：设 $f_1(t)$ 和 $f_2(t)$ 的象函数分别为 $F_1(s)$ 和 $F_2(s)$，则卷积 $\int f_1(t)f_2(t-\tau)\mathrm{d}t$ 的拉氏变换为 $F_1(s)F_2(s)$。

性质 6　延迟定理：$L[f(t-\tau)]=F(s)\mathrm{e}^{-s\tau}$。

性质 7　相似定理：$L[f(t/a)]=aF(as)$。

性质 8　初值定理：$\lim\limits_{t\to 0}f(t)=\lim\limits_{s\to\infty}sF(s)$。

性质 9　终值定理：$\lim\limits_{t\to\infty}f(t)=\lim\limits_{s\to 0}sF(s)$。

3.1.4　系统的传递函数及结构图

控制系统的微分方程是在时间域描述系统动态性能的数学模型，在给定外作用及初始条件下，求解微分方程可以得到系统的输出响应。这种方法比较直观，特别是借助于 MATLAB 软件包可以迅速而准确地求得结果。但是如果系统的结构改变或某个参数发生变化，则需要重新列写并求解微分方程，这将给系统的分析和设计带来很大不便。而用拉氏变换法求解线性系统的微分方程时，可以得到控制系统在复数域中的数学模型——传递函数。传递函数不仅可以表征系统的动态性能，而且可以用来研究系统的结构或参数变化对系统性能的影响。经典控制理论中广泛应用的频率法和根轨迹法就是以传递函数为基础建立起来的，传递函数是经典控制理论中最基本和最重要的概念之一。

1．传递函数的定义

线性定常系统在零初始条件下，系统输出量的拉氏变换与输入量的拉氏变换之比，称

为该系统的传递函数 $G(s)$。

设线性定常系统由下述 n 阶线性常微分方程描述：

$$a_0 \frac{\mathrm{d}^n c(t)}{\mathrm{d}t^n} + a_1 \frac{\mathrm{d}^{n-1} c(t)}{\mathrm{d}t^{n-1}} + \cdots + a_{n-1} \frac{\mathrm{d}c(t)}{\mathrm{d}t} + a_n c(t)$$

$$= b_0 \frac{\mathrm{d}^m r(t)}{\mathrm{d}t^m} + b_1 \frac{\mathrm{d}^{m-1} r(t)}{\mathrm{d}t^{m-1}} + \cdots + b_{m-1} \frac{\mathrm{d}r(t)}{\mathrm{d}t} + b_m r(t)$$

式中，$c(t)$ 为系统输出量；$r(t)$ 系统输入量；$a_i(i=0,1,2,\cdots,n)$ 和 $b_j(j=0,1,2,\cdots,m)$ 是与系统结构和参数有关的常系数。设 $r(t)$ 和 $c(t)$ 及其各阶导数在 $t=0$ 时的值均为零，即零初始条件，则对上式中各项分别求拉氏变换，可得

$$(a_0 s^n + a_1 s^{n-1} + \cdots + a_{n-1}s + a_n)C(s) = (b_0 s^m + b_1 s^{m-1} + \cdots + b_{m-1}s + b_m)R(s)$$

于是，由定义得系统的传递函数为

$$G(s) = \frac{C(s)}{R(s)} = \frac{b_0 s^m + b_1 s^{m-1} \cdots + b_{m-1}s + b_m}{a_0 s^n + a_1 s^{n-1} + \cdots + a_{n-1}s + a_n} = \frac{M(s)}{N(s)}$$

式中，

$$M(s) = b_0 s^m + b_1 s^{m-1} + \cdots + b_{m-1}s + b_m$$

$$N(s) = a_0 s^n + a_1 s^{n-1} + \cdots + a_{n-1}s + a_n$$

由传递函数公式可知 $C(s) = R(s)G(s)$，因此，可以用传递函数表示控制系统，如图 3-3 所示。

图 3-3　传递函数的图示

2. 传递函数的性质

（1）传递函数是复变量 s 的有理分式，式中分子 $M(s)$ 和分母 $N(s)$ 的各项系数均为实数，由系统的参数确定。当一个系统的传递函数为 n 阶时，称该系统为 n 阶系统。传递函数是物理系统的一种数学描述形式，它只取决于系统或元件的结构和参数，而与输入量无关。

（2）传递函数 $G(s)$ 的拉氏反变换是单位脉冲响应 $g(t)$。单位脉冲响应（也称脉冲过渡函数）$g(t)$ 是系统在单位脉冲 $\delta(t)$ 输入时的输出响应，因此 $R(s) = L[\delta(t)] = 1$，故有 $g(t) = L^{-1}[C(s)] = L^{-1}[G(s)R(s)] = L^{-1}[G(s)]$。

（3）服从不同物理规律的系统可以有同样的传递函数，正如一些不同的物理现象可以用形式相同的微分方程描述一样，故它不能反映系统的物理结构和性质。传递函数只描述系统的输入/输出特性，而不能表征系统内部所有状况的特性。

（4）传递函数是将线性定常系统的微分方程作拉氏变换后得到的，因此，传递函数的概念只能用于线性定常系统。

（5）确定的传递函数与确定的零极点分布相对应。传递函数分子多项式的根称为传递函数的零点；传递函数分母多项式方程，即传递函数的特征方程的根称为传递函数的极点。一般零点、极点可为实数，也可为复数，若为复数，必共轭成对出现。求出传递函数的

零点和极点，因为 $G(s)=C(s)/R(s)$，并将其分子和分母分解因式后，传递函数表达式又可表示为

$$G(s) = \frac{N(s)}{D(s)} = \frac{(s-z_1)(s-z_2)\cdots(s-z_m)}{(s-p_1)(s-p_2)\cdots(s-p_n)} = K\frac{\prod\limits_{i=1}^{m}(s-z_i)}{\prod\limits_{j=1}^{n}(s-p_j)}$$

式中，K 为放大系数；z_i 为 $G(s)$ 的零点；p_j 为 $G(s)$ 的极点。

传递函数的求取方法很多，也很灵活，我们可将其归纳为以下五种方法：

(1) 由系统的原理图求传递函数；

(2) 由系统的微分方程求传递函数；

(3) 由系统的结构图求传递函数；

(4) 由系统的频率特性曲线求传递函数；

(5) 由系统的响应曲线或响应解析式求传递函数。

3. 典型环节及其传递函数

控制系统是由若干个元件或环节组成的，一个系统的传递函数总可以分解为数个典型环节的传递函数的乘积。逐个研究和掌握这些典型环节的传递函数的特性，就不难进一步综合研究整个系统的特性。

1) 比例环节

比例环节，又称为无惯性环节，其输出量与输入量成固定的比例关系，因此，比例环节的输出可以无失真、无滞后地按一定比例复现输入量。比例环节的微分方程可表示为

$$y(t) = kx(t)$$

式中，k 为比例系数。

两边同时进行拉氏变换得

$$Y(s)=kX(s)$$

由此，得比例环节的传递函数为

$$G(s) = \frac{Y(s)}{X(s)} = k$$

2) 惯性环节

在惯性环节中，当输入量突变时，输出量不会产生突变，只是按照指数规律逐渐变化。这种环节具有一个储能元件，其微分方程为

$$\tau\frac{\mathrm{d}}{\mathrm{d}t}y(t) + y(t) = x(t)$$

式中，τ 为惯性环节的时间常数。

两边取拉氏变换得

$$(\tau s + 1)Y(s) = X(s)$$

一阶惯性环节的传递函数为

$$G(s) = \frac{Y(s)}{X(s)} = \frac{1}{\tau s + 1}$$

3) 积分环节

积分环节的输出量等于输入量对时间的积分，其动态微分方程为

$$y(t) = \int_0^t x(t)\,\mathrm{d}t$$

其传递函数为

$$G(s) = \frac{Y(s)}{X(s)} = \frac{1}{s}$$

4）微分环节

理想的微分环节是指输出量与输入量的一阶导数成正比的环节，其微分方程为

$$y(t) = \tau \frac{\mathrm{d}r(t)}{\mathrm{d}t}$$

式中，τ 为时间常数。其传递函数为

$$G(s) = \frac{Y(s)}{R(s)} = \tau s$$

5）振荡环节

振荡环节的微分方程为

$$\ddot{y} + 2\zeta w_n y + w_n^2 = w_n^2 r$$

其传递函数为

$$G(s) = \frac{w_n^2}{S^2 + 2\zeta w_n S + w_n^2}$$

式中，参数 ζ 为振荡环节的阻尼比；ω_n 为振荡环节的自然振荡角频率。

在振荡环节中，振荡的强度与阻尼比 ζ 有关，ζ 值越小，振荡越强；当 $\zeta = 0$ 时，输出量曲线为等幅振荡曲线，振荡的频率为自然振荡频率；当 $\zeta \geqslant 1$ 时，输出量曲线则为单调上升曲线；当 $0 < \zeta < 1$ 时，振荡环节的动态响应曲线具有衰减振荡特性。

6）时滞环节

时滞环节，也称为延迟环节，其输出量经过一段延迟时间后，完全复现输入量。时滞环节的数学表达式为

$$y(t) = r(t - \tau)$$

式中，τ 是纯滞后时间。

对上式求拉氏变换，可得

$$Y(s) = \int_0^\infty r(t - \tau)\mathrm{e}^{-st}\,\mathrm{d}t = \int_0^\infty r(\zeta)\mathrm{e}^{-s(\zeta + \tau)}\,\mathrm{d}\zeta = \mathrm{e}^{-\tau s}R(s)$$

式中，$\zeta = t - \tau$。

将时滞环节展开成泰勒级数，并略去高次项得到系统的传递函数为

$$G(s) = \frac{Y(s)}{R(s)} = \mathrm{e}^{-\tau s}$$

从简化后的传递函数来看，时滞环节在一定条件下可近似为惯性环节。时滞环节的动态响应的输出与输入波形相同，但延迟了一段时间。系统中有延迟环节时，可能使系统变得不稳定，且 τ 越大对系统的稳定越不利。

3.1.5　系统的方框图

1. 方框图的基本概念

建立自动控制系统的传递函数的图示方法有方框图（结构图、方块图）和信号流图。控

制系统是由一些典型环节组成的,将各环节的传递函数框图根据系统的物理原理,按信号传递的关系,依次正确地连接起来,即为系统的方框图。方框图是控制系统的又一种动态数学模型。采用方框图更便于求传递函数,同时能形象直观地表明各信号在系统或元件中的传递过程。

1)方框图的组成

信号线(物理量):带箭头的线段。表示系统中信号的流通方向,一般在线上标注信号所对应的变量。

引出点:信号引出或测量的位置,表示信号从该点取出。注意,从同一信号线上取出的信号大小和性质完全相同。

比较点:表示两个或两个以上信号在该点相加(+)或相减(-)。注意,比较点处信号的运算符号(正、负)必须标明,一般不标明则取正号。

方框:(环节)表示输入、输出信号之间的动态传递关系。

2)方框图的特点

(1)依据微分方程或经拉氏变换得到的变换方程,可以方便地画出方框图。再经过方框图的等效变换,便可求出图中任意两信号(变量)间的传递函数。

(2)方框图对研究整个控制系统的动态性能及分析各环节对系统总体性能的影响非常有帮助,该方法比较形象和直观。

(3)同一系统,可以画出不同形式的方框图,即结构图对所描述的系统来说不是唯一的。但是,经结构变换所得的结果应该是相同的,即同一系统的传递函数是唯一的。

(4)方框图只包括与系统动态特性有关的信息,并不显现系统的物理结构,不同的物理系统有可能具有相同的方框图。

3)方框图的绘制步骤

(1)按照系统的结构和工作原理,分解出各环节,并写出它们的传递函数。

(2)绘出各环节的动态框图,框图中标明它们的传递函数,并标明其输入量和输出量。

(3)将系统的输入量放在最左边,输出量放在最右边,按照信号的传递顺序把各框图依次连接起来,就构成了系统的动态方框图。

例 3-1 画出图 3-4 所示电路的方框图。

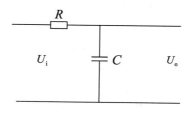

图 3-4 电路图

【解】 根据电路列出如下方程:

$$I(s) = \frac{U_i(s) - U_o(s)}{R}$$

在零初始条件下得

$$U_\circ(s) = \frac{I(s)}{Cs}$$

其相应的方框图为

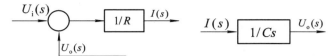

将两个单元的方框图结合在一起，就可以得到系统的完整方框图，如图 3-5 所示。

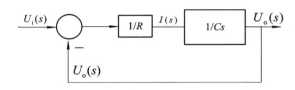

图 3-5　系统的完整方框图

2．方框图的联接方式

（1）串联：环节首尾相联的方式，如图 3-6 所示。

图 3-6 所示系统的传递函数可以表示为

$$Y(s) = G_2(s)U(s) = G_2(s)G_1(s)X(s)$$

因此，可得到等效的方框图，如图 3-7 所示。

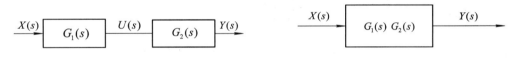

图 3-6　串联方式　　　　　　　　图 3-7　串联方式的等效图

（2）并联：几个环节的输入信号相同，输出信号相加（减）的联接方式，如图 3-8 所示。

图 3-8 的等效方框图如图 3-9 所示。

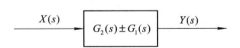

图 3-8　并联方式　　　　　　　　图 3-9　并联方式的等效图

（3）反馈联接，如图 3-10 所示。

在图 3-10 中，由输入信号开始经 $G(s)$ 到输出信号的通道称为主通道，也称前向通道；由输出信号经反馈装置到主反馈信号 $B(s)$ 的通道称为反馈通道，也称反馈通路；$E(s)=R(s)-B(s)$ 为偏差信号。

在反馈联接中，还涉及如下几个定义：

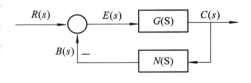

图 3-10　反馈联接

① 前向通路传递函数：输出信号 $C(s)$ 与偏差信号 $E(s)$ 之比，即 $G(s)=\dfrac{C(s)}{E(s)}$。

② 反馈回路传递函数：主反馈信号 $B(s)$ 与输出信号 $C(s)$ 之比，即 $H(s)=\dfrac{B(s)}{C(s)}$。

③ 开环传递函数：主反馈信号 $B(s)$ 与偏差信号 $E(s)$ 之比，即 $G_k(s)=\dfrac{B(s)}{E(s)}=G(s)H(s)$。

④ 闭环传递函数：输出信号 $C(s)$ 与输入信号 $R(s)$ 之比，即 $G_b(s)=\dfrac{C(s)}{R(s)}=\dfrac{G(s)}{1\pm H(s)G(s)}$。

3. 方框图的变换与化简

为了由系统的方框图方便地写出它的闭环传递函数，通常需要对方框图进行等效变换。方框图的等效变换必须遵守一个原则，即变换前后各变量之间的传递函数保持不变。在控制系统中，任何复杂系统都是由响应环节的方框经串联、并联和反馈三种基本形式联接而成的。

例 3-2 化简方框图 3-11。

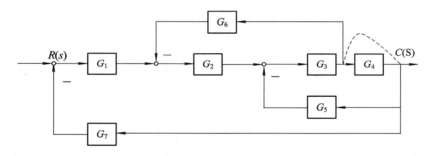

图 3-11　方框图

分析　方框图中，出现三个环且其中两环出现交叉现象。如果解除交叉，则可方便简化，可见移动 G6 分支所在引出点，则可使问题简化。

【解】　该方框图的简化过程如图 3-12～3-16 所示。

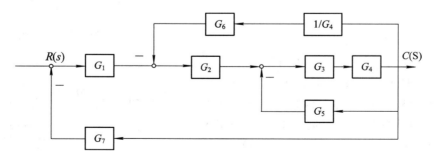

图 3-12　化简过程一

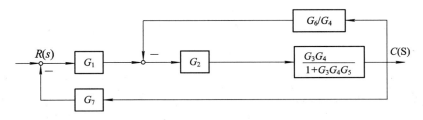

图 3 - 13　化简过程二

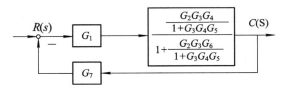

图 3 - 14　化简过程三

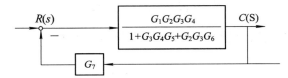

图 3 - 15　化简过程四

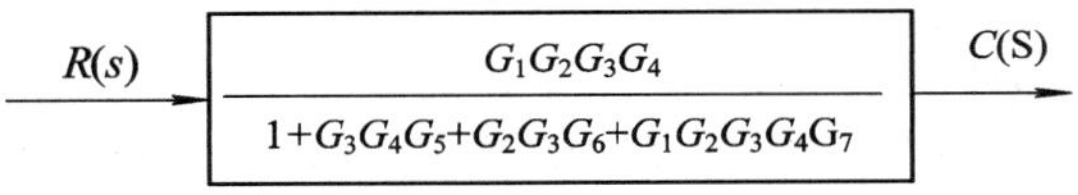

$$\frac{G_1 G_2 G_3 G_4}{1+G_3 G_4 G_5+G_2 G_3 G_6+G_1 G_2 G_3 G_4 G_7}$$

图 3 - 16　化简结果

所以：
$$C(s)=\frac{G_1 G_2 G_3 G_4}{1+G_3 G_4 G_5+G_2 G_3 G_6+G_1 G_2 G_3 G_4 G_7}R(s)$$

例 3 - 3　求解如图 3 - 17 所示的一般反馈控制系统的传递函数和误差传递函数。

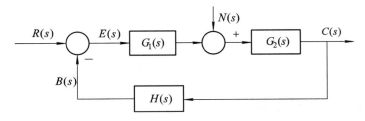

图 3 - 17　一般反馈控制系统的方框图

【解】　（1）求解系统的传递函数：

①当 $N(s)=0$ 时（无扰动），图 3 - 17 所示的系统可化简为图 3 - 18 的形式，其输出 $C_1(s)$ 为

$$C_1(s)=\frac{G_1(s)G_2(s)}{1+G_1(s)G_2(s)H(s)}R(s)$$

②当 $R(s)=0$ 时（无参数输入），图 3 - 17 所示的系统可化简为图 3 - 19 的形式，其输出 $C_2(s)$ 为

$$C_2(s) = \frac{G_2(s)}{1 + G_1(s)G_2(s)H(s)}N(s)$$

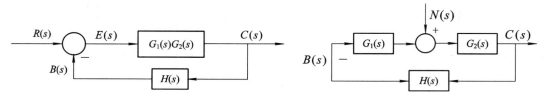

图 3-18 无干扰时的系统方框图   图 3-19 无参数输入时的系统方框图

根据线性系统的叠加原理可得：

$$C(s) = C_1(s) + C_2(s)$$

$$= \frac{G_1 G_2}{1 + G_1 G_2 H(s)}R(s) + \frac{G_2}{1 + G_1 G_2 H(s)}N(s)$$

$$= \frac{G_1(s)G_2(s)R(s) + G_2(s)N(s)}{1 + G_1(s)G_2(s)H(s)}$$

（2）求解系统的误差传递函数（误差响应，输入（扰动））：

$$G_{eR}(s) = \frac{E(s)}{R(s)}$$

$$G_{eN}(s) = \frac{E(s)}{N(s)}$$

① 当 $N(s) = 0$ 时（无扰动），由图 3-18 可得

$$E_1(s) = R(s) - B(s) = R(s) - H(s)C(s) = R(s) - H(s)G_1(s)G_2(s)E_1(s)$$

$$E_1(s) = \frac{R(s)}{1 + G_1(s)G_2(s)H(s)}$$

② 当 $R(s) = 0$ 时（无参数输入），由图 3-19 可得

$$E_2(s) = -B(s) = -H(s)C(s) = -H(s)G_2(s)[N(s) + G_1(s)E_2(s)]$$

所以，

$$E_2(s) = \frac{-H(s)G_2(s)}{1 + G_1 G_2 H(s)} \cdot N(s)$$

利用叠加原理，当 $R(s)$、$N(s)$ 同时作用时，有

$$E(s) = E_1(s) + E_2(s) = \frac{1}{1 + G_1 G_2 H}R(s) - \frac{G_2 H}{1 + G_1 G_2 H}N(s)$$

3.1.6 系统模型与信号流图

现代科学最重要的标志之一就是用数学工具来描述和分析所研究的问题。在工程控制论中，一般用以描述系统的数学工具是一阶微分方程或一阶差分方程。其中用一个变量表示时间，分别用不同的变量表示系统的状态变量、控制输入变量、系统输出变量、系统演化的随机干扰等，同时用不同的映射表示状态演化映射和输出映射。此处，所谓状态变量，是一组用来刻画系统行为的变量，一般情况下具有马尔可夫(Markov)性，即具有总结系统以往运动特性的性质，其未来的状态变化只依赖于当前的状态值和未来施加于系统的控制输入，而与系统以往运动的过程如何达到当前的状态无关，可以说，状态变量沟通了系统的控制输入和系统输出。

如果状态演化映射和输出映射都是线性的，即满足可加性和齐次性，则称这个系统是线性系统，否则称为非线性系统。如果状态演化映射和输出映射都不直接依赖于时间变量，则称其为时不变系统，否则称为时变系统。如果状态演化映射和输出映射都不受外界干扰，映射关系是精确关系，则称其为确定性系统，否则称为非确定性系统，后者在明确具有统计特性的外部干扰作用时称为随机系统。

当然，系统也可以采用高阶微分方程或差分方程来描述，但经过维数扩展仍然可以转换为一阶微分方程或一阶差分方程。

对于线性时不变系统，除了用微分方程或差分方程来描述之外，还可以用传递函数来描述。

信号流图是用来描述线性时不变系统的另外一种方法。信号流图是由梅森(S. J. Mason)提出来的，所以也称为梅森信号流图。它利用图示法来描述一个或一组线性代数方程式，表现为由节点和支路组成的一种信号传递网络。信号流图的一个示例如图 3 - 20 所示。

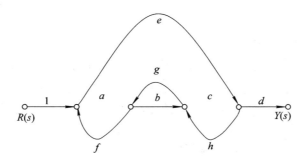

图 3 - 20　信号流图示例

1. 信号流图及其术语

信号流图是由一些定向线段将一些节点连接起来组成的。下面说明这些线段和节点的含义。

（1）节点：表示方程式中的变量或信号，其值等于所有进入该节点的信号之和。

（2）源节点（输入节点）：只有输出，没有输入的节点，也称源点，一般代表系统的输入变量。

（3）输出节点：只有输入的节点，也称汇点，一般代表系统的输出变量。

（4）混和节点：既有输入，又有输出的节点。

（5）支路：图中的定向线段，其上的箭头表明信号的流向，各支路上还标明了增益，即支路的传递函数。

（6）通路：沿支路箭头方向穿过各相连支路的路径。

（7）前向通道：信号从输入节点到输出节点的通路上通过任何节点不多于一次的通路。

（8）回路：始端与终端重合且与任何节点相交不多于一次的通道。

（9）不接触回路：没有任何公共节点的回路。

2. 梅森增益

从复杂的系统信号流图，经过简化即可求出系统的传递函数，而且方框图的等效变换规则亦适用于信号流图的简化，但这个过程毕竟还是很麻烦的。控制工程中常应用梅森增益公式直接求取从输入节点到输出节点的传递函数，而不需要简化信号流图，这就为信号流图的广泛应用提供了方便。当然，由于系统的方框图与信号流图之间有对应关系，因此，梅森增益公式也可以直接用于系统的方框图。

梅森增益公式是按克莱姆(Gramer)规则求解线性联立方程组时，将解的分子多项式及分母多项式与信号流图(即拓扑图)巧妙联系的结果，此处不进行详细的推导。在具有任意条前向通路及任意个单独回路和不接触回路的复杂信号流图中，从任意输入节点到输出节点之间传递函数的梅森增益公式为

$$P = \frac{1}{\Delta} \sum_{k=1}^{n} p_k \Delta_k$$

式中，P 为从输入节点到输出节点的传递函数(或总增益)；n 为从输入节点到输出节点的前向通路总数；p_k 为从输入节点到输出节点的第 k 条前向通路的总增益；Δ 称为信号流图的特征式，记为：$\Delta = 1 - \sum L_{(1)} + \sum L_{(2)} - \sum L_{(3)} + \cdots + (-1)^m \sum L_{(m)}$，其中：$\sum L_{(1)}$ 表示所有不同回路的增益的乘积之和；$\sum L_{(2)}$ 表示所有任意两个互不接触回路的增益的乘积之和；以此类推，$\sum L_{(m)}$ 表示所有任意 m 个不接触回路的增益的乘积之和。信号流图的特征式是信号流图所表示的方程组的系数矩阵的行列式。值得注意的是，在同一个信号流图中求图中任何一对节点之间的增益，其分母总是 Δ，变化的只是其分子；Δ_k 为不与第 k 条前向通路相接触的那一部分信号流图的 Δ 值，称为第 k 条前向通路特征式的余因子。

例 3 - 4 求图 3 - 21 所示信号流图的总增益。

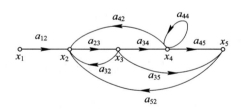

图 3 - 21 信号流图

【解】 该信号流图中存在 2 条前向通路：

第 1 条前向通路 $x_1 \rightarrow x_2 \rightarrow x_3 \rightarrow x_4 \rightarrow x_5$，总增益 $P_1 = a_{12} a_{23} a_{34} a_{45}$，特征式 $\Delta_1 = 1$；

第 2 条前向通路 $x_1 \rightarrow x_2 \rightarrow x_3 \rightarrow x_5$，总增益 $P_1 = a_{12} a_{23} a_{35}$，特征式 $\Delta_1 = 1 - a_{44}$。

该信号流图中存在 4 条单独回路：

第 1 条单独回路 $x_2 \rightarrow x_3 \rightarrow x_2$，该回路增益乘积 $L_1 = a_{23} a_{32}$；

第 2 条单独回路 $x_2 \rightarrow x_3 \rightarrow x_4 \rightarrow x_2$，该回路增益乘积 $L_2 = a_{23} a_{34} a_{42}$；

第 3 条单独回路 $x_4 \rightarrow x_4$，该回路增益乘积 $L_3 = a_{44}$；

第 4 条单独回路 $x_2 \rightarrow x_3 \rightarrow x_4 \rightarrow x_5 \rightarrow x_2$，该回路增益乘积 $L_4 = a_{23} a_{34} a_{45} a_{52}$；

第 5 条单独回路 $x_2 \rightarrow x_3 \rightarrow x_5 \rightarrow x_2$，该回路增益乘积 $L_5 = a_{23} a_{35} a_{52}$。

其中，第 1 条与第 3 条、第 3 条与第 5 条互不接触，因此，不接触回路增益乘积 $L_{12} = L_1 L_3 = a_{23} a_{32} a_{44}$，$L_{22} = L_3 L_5 = a_{23} a_{35} a_{52} a_{44}$。

从而可以得到

$$P = \frac{a_{12}a_{23}a_{34}a_{45} + (1-a_{44})a_{12}a_{23}a_{35}}{1 - (a_{23}a_{32} + a_{23}a_{34}a_{42} + a_{44} + a_{23}a_{34}a_{52} + a_{23}a_{35}a_{52}) + a_{23}a_{32}a_{44} + a_{23} + a_{35}a_{52}a_{44}}$$

3.1.7　反馈扰动补偿方法

图 3-22 为扰动补偿的复合控制系统，图中 $W_1(s)$ 和 $W_2(s)$ 为反馈控制系统的正向通道传递函数，$X_d(s)$ 为系统扰动，$W_C(s)$ 是为扰动补偿 $X_d(s)$ 的影响而引入的前馈装置传递函数。按扰动补偿的控制系统所希望达到的理想要求是通过 $W_C(s)$ 的补偿使扰动 $X_d(s)$ 不影响系统的输出 $C(s)$。从传递函数上考虑，就是使扰动输出的传递函数为零。故有

$$\frac{C(s)}{X_d(s)} = \frac{W_2(s) + W_C(s)W_1(s)W_2(s)}{1 + W_1(s)W_2(s)} = 0$$

即

$$W_2(s) + W_C(s)W_1(s)W_2(s) = 0$$

从而得到

$$W_C(s) = -\frac{1}{W_1(s)}$$

上式称为扰动补偿作用的完全补偿条件。

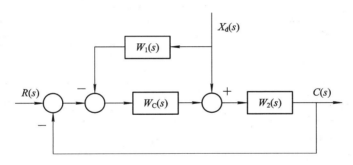

图 3-22　扰动补偿控制系统的方框图

3.2　线性系统的时域及频域分析法

在确定系统的数学模型后，便可以用几种不同的方法去分析系统的动态性能和稳态性能。在经典控制理论中，常用时域分析方法、根轨迹法或频域分析法来分析线性控制系统的性能。不同的方法有不同的特点和适用范围，但是比较而言，时域分析法是一种直接在时间域中对系统进行分析的方法，具有直观、准确的优点，并且可以提供系统时间响应的全部信息。

控制系统中的信号可以表示为不同频率正弦信号的合成。控制系统的频率特性反映正弦信号作用下系统响应的性能。应用频率特性研究线性系统的经典方法称为频域分析法。控制系统的频域设计可以兼顾动态响应和噪声抑制两方面的要求，而且频域分析法不仅适用于线性定常系统，还可以推广应用于某些非线性控制系统中。

本节主要介绍线性控制系统性能分析的时域法、频率特性的基本概念和频率特性的几何表示，以及研究频域判据和频域性能指标的估计。

3.2.1 系统的时域分析法

控制系统的性能指标分为动态性能指标和稳态性能指标两类。为了求解系统的时间响应，必须了解输入信号（即外作用）的解析表达式。

1. 典型输入信号

一般来说，控制系统是针对某一类输入信号来设计的。某些系统，例如室温调节系统或水位调节系统，其输入信号为要求的室温或水位，这是设计者所熟知的。但是在大多数情况下，控制系统的输入信号以无法预测的方式变化。例如，在防空火炮系统中，敌机的位置和速度无法预料，火炮控制系统的输入信号具有随机性，从而给规定系统的性能要求以及分析和设计工作带来了困难。为了便于进行分析和设计，同时也为了便于对各种控制系统的性能进行比较，我们需要假定一些基本的输入函数形式，称之为典型输入信号。所谓典型输入信号，是指根据系统常遇到的输入信号形式，在数学描述上加以理想化的一些基本输入函数。控制系统中常用的典型输入信号有单位阶跃函数、单位斜坡（速度）函数、单位加速度（抛物线）函数、单位脉冲函数和正弦函数，如表 3-2 所示。这些函数都是简单的时间函数，便于数学分析和实验研究。

表 3 - 2　典型输入信号

名　　称	时域表达式	频域表达式
单位阶跃函数	$1(t)$, $t \geqslant 0$	$\dfrac{1}{s}$
单位斜坡函数	t, $t \geqslant 0$	$\dfrac{1}{s^2}$
单位加速度函数	$\dfrac{1}{2}t^2$, $t \geqslant 0$	$\dfrac{1}{s^3}$
单位脉冲函数	$\delta(t)$, $t = 0$	1
正弦函数	$A \sin\omega t$	$\dfrac{A\omega}{s^2 + \omega^2}$

实际应用时究竟采用哪一种典型输入信号，取决于系统常见的工作状态；同时，在所有可能的输入信号中，往往选取最不利的信号作为系统的典型输入信号，这种处理方法在许多场合是可行的。例如，室温调节系统、水位调节系统以及工作状态突然改变或突然受到恒定输入作用的控制系统，都可以采用阶跃函数作为典型输入信号；跟踪通信卫星的天线控制系统以及输入信号随时间逐渐变化的控制系统，斜坡函数是比较合适的典型输入信号；加速度函数可作为宇宙飞船控制系统的典型输入信号；当控制系统的输入信号是冲击输入量时，采用脉冲函数作为典型输入信号最为合适；当系统的输入信号具有周期性的变化时，可选择正弦函数作为典型输入信号。同一系统中，不同形式的输入信号所对应的输出响应是不同的，但对于线性控制来说，它们所表征的系统性能是一致的。通常以单位阶跃函数作为典型输入信号，则可在一个统一的基础上对各种控制系统的特性进行比较和研究。

应当指出，有些控制系统的实际输入信号是变化无常的随机信号，例如定位雷达天线控制系统，其输入信号中既有运动目标的不规则信号，又有许多随机噪声分量，此时就不能用上述确定性的典型输入信号去代替实际输入信号，而必须采用随机过程理论进行处理。

为了评价线性系统的时域性能指标，需要研究控制系统的典型输入信号作用下的时间响应过程。

2. 动态过程与稳态过程

在典型输入信号的作用下，任何一个控制系统的时间响应都由动态过程和稳态过程两部分组成。

1）动态过程

动态过程又称为过渡过程或瞬态过程，指系统在典型输入信号的作用下，系统输出量从初始状态到最终状态的响应过程。由于实际控制系统具有惯性、摩擦以及一些其他原因，系统输出量不可能完全复现输入量的变化。根据系统的结构和参数选择情况，动态过程表现为衰减、发散或等幅振荡形式。显然，一个可以实际运行的控制系统，其动态过程必须是衰减的，换句话说，系统必须是稳定的。动态过程除提供系统稳定性的信息外，还可以提供响应速度及阻尼情况等信息。这些信息用动态性能描述。

2）稳态过程

稳态过程指系统在典型输入信号的作用下，当时间 t 趋于无穷时，系统输出量的表现方式。稳态过程又称为稳态响应，表征系统输出量最终复现输入量的程度，提供系统有关稳态误差的信息，用稳态性能描述。

由此可见，控制系统在典型输入信号的作用下的性能指标，通常由动态性能和稳态性能两部分组成。

3. 动态性能与稳态性能

稳定是控制系统能够运行的首要条件，因此只有当动态过程收敛时，研究系统的动态性能才有意义。

1）动态性能

通常在阶跃函数作用下，测定或计算系统的动态性能。一般认为，阶跃输入对系统来说是严峻的工作状态。如果系统在阶跃函数作用下的动态性能满足要求，那么系统在其他形式的函数作用下，其动态性能也是令人满意的。

描述稳定的系统在单位阶跃函数的作用下，动态过程随时间 t 的变化状况的指标称为动态性能指标。为了便于分析，假定系统在单位阶跃输入信号作用前处于静止状态，而且输出量及其各阶导数均等于零。对于大多数控制系统来说，这种假设是符合实际情况的。对于图 3 - 23 所示的单位阶跃响应 $h(t)$，其动态性能指标通常如下所述。

延迟时间 t_d：指响应曲线第一次达到终值的一半所需的时间。

上升时间 t_r：指响应从终值的 10% 上升到终值的 90% 所需的时间；对于有振荡的系统，也可以定义为响应从零第一次达到稳态值所需的时间。上升时间是系统响应速度的一种度量。上升时间越短，说明系统的响应速度越快。

峰值时间 t_p：指响应超过其终值到达第一个峰值所需的时间。

调节时间 t_s：指响应到达并停留在终值 ±5%（有时为 ±2%）误差范围内所需的最短

时间。

超调量 $\sigma\%$：指响应的最大偏离量 $h(t_\mathrm{p})$ 与终值 $h(\infty)$ 的差与终值 $h(\infty)$ 比的百分数，即

$$\sigma\% = \frac{h(t_\mathrm{p}) - h(\infty)}{h(\infty)} \times 100\%$$

若 $\sigma\% = 0$，则响应无超调。超调量也称为最大超调量，或百分比超调量。

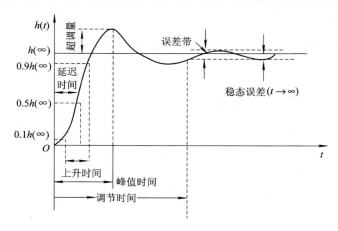

图 3-23　单位阶跃响应示例

上述五个动态性能指标，基本上可以体现系统动态过程的特征。在实际应用中，常用的动态性能指标多为上升时间、调节时间和超调量。通常用 t_r 或 t_p 评价系统的响应速度；用 $\sigma\%$ 评价系统的阻尼程度；而 t_s 是同时反映响应速度和阻尼程度的综合性指标。应当指出，除简单的一、二阶系统外，要精确地确定这些动态性能指标的解析表达式是很困难的。

2）稳态性能（静态性能）

稳态误差是稳态性能的一种性能指标，通常在阶跃函数、斜坡函数、加速度函数的作用下进行测定或计算。若时间趋于无穷时，系统的输出量不等于输入量或输入量的确定函数，则系统存在稳态误差。稳态误差是系统控制精度或抗扰动能力的一种度量。

例 3-5　设某二阶控制系统的单位阶跃响应曲线如图 3-24 所示，试确定系统中的 ξ 和 ω_n。

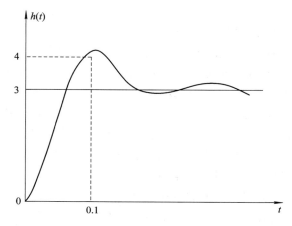

图 3-24　某二阶控制系统的单位阶跃响应

【**解**】　在单位阶跃作用下响应的稳态值为 3，故此系统的增益是 3。该系统的模型为

$$\phi(s) = \frac{3\omega_n^2}{s^2 + 2\xi\omega_n s + \omega_n^2}$$

由响应的 $\sigma\%$、t_p 及相应公式，即可换算出 ξ、ω_n。

$$\sigma\% = \frac{c(t_p) - c(\infty)}{c(\infty)} = \frac{4-3}{3} = 33\%$$

$$t_p = 0.1 \quad (s)$$

$$M_p\% = e^{-\pi\xi/\sqrt{1-\xi^2}} = 33\%$$

$$t_p = \frac{\pi}{\omega_n \sqrt{1-\xi^2}} = 0.1$$

换算求解得

$$\xi = 0.33, \quad \omega_n = 33.2$$

3.2.2　频率特性的基本概念

首先我们用一个简单的电路说明频率特性的基本概念。

图 3 - 25 为一个 RC 滤波网络电路，其微分方程为

$$T\frac{du_2}{dt} + u_2 = u_1 \qquad (3-1)$$

式中，$T = RC$ 为时间常数。

网络的传递函数为

$$G(s) = \frac{U_2(s)}{U_1(s)} = \frac{1}{Ts+1} \qquad (3-2)$$

若电路的输入为正弦电压，即

$$u_1 = A \sin\omega t$$

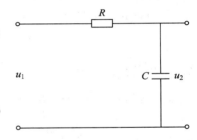

图 3 - 25　RC 滤波网络

由式(3-2)可得

$$U_2(s) = \frac{1}{Ts+1}U_1(s) = \frac{1}{Ts+1} \cdot \frac{A\omega}{s^2 + \omega^2}$$

对上式进行拉普拉斯反变换，可得电容两端的输出电压为

$$u_2 = \frac{A\omega T}{1+\omega^2 T^2}e^{-\frac{t}{T}} + \frac{A}{\sqrt{1+\omega^2 T^2}}\sin(\omega t - \arctan\omega T)$$

上式中第一项是输出电压的瞬态分量，第二项是稳态分量。当时间 $t \to \infty$ 时，第一项趋于零，所以上述网络的稳态响应可以表示为

$$\lim_{t\to\infty}u_2 = \frac{A}{\sqrt{1+\omega^2 T^2}}\sin(\omega t - \arctan\omega T)$$

$$= A\left|\frac{1}{1+j\omega T}\right|\sin\left(\omega t + \angle \frac{1}{1+j\omega T}\right) \qquad (3-3)$$

由式(3-3)可知，网络对正弦输入信号的稳态响应仍是一个同频率的正弦信号，但幅值和相角发生了变化，其变化取决于频率 ω。

若将输出的稳态响应与输入正弦信号用复数表示，并求它们的复数比，可以得到

$$G(j\omega) = \frac{1}{1+j\omega T} = A(\omega)e^{j\varphi(\omega)} \qquad (3-4)$$

式中，$A(\omega) = \dfrac{1}{\sqrt{1+\omega^2 T^2}} = \left| \dfrac{1}{1+\mathrm{j}\omega T} \right|$；$\varphi(\omega) = -\arctan \omega T = \angle \dfrac{1}{1+\mathrm{j}\omega T}$。

$G(\mathrm{j}\omega)$ 完整地描述了网络在正弦输入电压作用下，稳态输出时电压幅值和相角随正弦输入电压频率 ω 变化的规律，称为网络的频率特性。

将频率特性表达式(3-4)和传递函数表达式(3-2)比较可知，这个网络的频率特性和传递函数的表达式形式是相同的。只要用 $\mathrm{j}\omega$ 代替传递函数中的 s，便可得到其频率特性，即

$$\frac{1}{1+\mathrm{j}\omega T} = \frac{1}{1+Ts} \Big|_{s=\mathrm{j}\omega}$$

下面讨论这个结论的一般性。

对于输入为 $r(t)$，输出为 $c(t)$ 的线性定常系统，其传递函数的一般形式为

$$G(s) = \frac{C(s)}{R(s)} = \frac{b_m s^m + b_{m-1} s^{m-1} + \cdots + b_0}{a_n s^n + a_{n-1} s^{n-1} + \cdots + a_0} \quad (n \geqslant m)$$

$$= \frac{P(s)}{(s-p_1)(s-p_2)\cdots(s-p_n)}$$

式中，p_1，p_2，$\cdots$，p_n 为传递函数的极点。

设输入正弦信号 $r(t) = A_r \sin\omega t$，其拉氏变换为

$$R(s) = \frac{A_r \omega}{s^2 + \omega^2} = \frac{A_r \omega}{(s+\mathrm{j}\omega)(s-\mathrm{j}\omega)}$$

系统输出的拉氏变换为

$$C(s) = G(s) \cdot R(s) = \frac{P(s)}{(s-p_1)(s-p_2)\cdots(s-p_n)} \cdot \frac{A_r \omega}{(s+\mathrm{j}\omega)(s-\mathrm{j}\omega)}$$

$$= \sum_{i=1}^{n} \frac{a_i}{s-p_i} + \frac{b_1}{s+\mathrm{j}\omega} + \frac{b_2}{s-\mathrm{j}\omega} \qquad (3-5)$$

式中，$a_i (i=1, 2, \cdots, n)$ 和 b_1、b_2 均为待定系数。对式(3-5)进行拉氏反变换，得到系统的输出量为

$$c(t) = \sum_{i=1}^{n} a_i \mathrm{e}^{p_i t} + b_1 \mathrm{e}^{-\mathrm{j}\omega t} + b_2 \mathrm{e}^{\mathrm{j}\omega t} \qquad (3-6)$$

对于稳定系统，极点 $p_i (i=1, 2, \cdots, n)$ 都具有负实部。因此，当 $t \to \infty$ 时，$c(t)$ 的第一部分瞬态分量将衰减至零，系统输出的稳态响应为

$$c_{\mathrm{ss}}(t) = \lim_{t \to \infty} c(t) = b_1 \mathrm{e}^{-\mathrm{j}\omega t} + b_2 \mathrm{e}^{\mathrm{j}\omega t} \qquad (3-7)$$

式中，

$$b_1 = G(s) \frac{A_r \omega}{s^2 + \omega^2} (s+\mathrm{j}\omega) \Big|_{s=-\mathrm{j}\omega} = -\frac{A_r G(-\mathrm{j}\omega)}{2\mathrm{j}} \qquad (3-8)$$

$$b_2 = G(s) \frac{A_r \omega}{s^2 + \omega^2} (s-\mathrm{j}\omega) \Big|_{s=\mathrm{j}\omega} = \frac{A_r G(\mathrm{j}\omega)}{2\mathrm{j}} \qquad (3-9)$$

式中，$G(\mathrm{j}\omega)$ 是一个复数，将其用模 $|G(\mathrm{j}\omega)| = A(\omega)$ 和相角 $\angle G(\mathrm{j}\omega) = \varphi(\omega)$ 来表示，即

$$G(\mathrm{j}\omega) = A(\omega) \mathrm{e}^{\mathrm{j}\varphi(\omega)} \qquad (3-10)$$

其中，

$$\varphi(\omega) = \angle G(\mathrm{j}\omega) = \arctan \frac{\mathrm{Im}[G(\mathrm{j}\omega)]}{\mathrm{Re}[G(\mathrm{j}\omega)]} \qquad (3-11)$$

同样 $G(-j\omega)$ 可表示为

$$G(-j\omega) = A(\omega)e^{-j\varphi(\omega)} \tag{3-12}$$

将式(3-8)、(3-9)、(3-10)、(3-12)代入式(3-7)，可得

$$c_{ss}(t) = A_r A(\omega) \frac{e^{j[\omega t + \varphi(\omega)]} - e^{-j[\omega t + \varphi(\omega)]}}{2j}$$

$$= A_c \sin[\omega t + \varphi(\omega)] \tag{3-13}$$

式中，$A_c = A_r A(\omega)$ 为输出信号稳态分量的振幅。

根据式(3-13)，频率特性可定义为：对于稳定的线性定常系统，在正弦信号的作用下，系统输出的稳态分量为输入同频率的正弦信号，其振幅与输入正弦信号的振幅之比 $A(\omega)$ 称为幅频特性；其相位与输入正弦信号的相位之差 $\varphi(\omega)$ 称为相频特性。系统的频率响应与输入正弦信号的复数比称为系统的频率特性，以下式表示

$$G(j\omega) = \frac{C(j\omega)}{R(j\omega)} = A(\omega)e^{j\varphi(\omega)} \tag{3-14}$$

幅频特性 $A(\omega)$ 描述系统对于不同频率的输入信号在稳态情况下的衰减（或放大）特性；相频特性 $\varphi(\omega)$ 描述系统的稳态输出对于不同频率的正弦输入信号的相位滞后（或超前）特性。

从上述定义可以看出，频率特性与传递函数之间的关系为

$$G(j\omega) = G(s)\big|_{s=j\omega} \tag{3-15}$$

根据式(3-15)，理论上可将频率特性的概念推广到不稳定系统，但是不稳定系统的瞬态分量不会消失，瞬态分量和稳态分量始终同时存在，所以不稳定系统的频率特性是观察不到的。

频率特性和微分方程、传递函数一样也是描述系统的动态数学模型，它可以表征系统的动态和稳态特性，这就是频率响应分析法能够从频率特性出发研究系统的理论根据。

线性系统的三种数学模型之间的关系如图 3-26 所示。

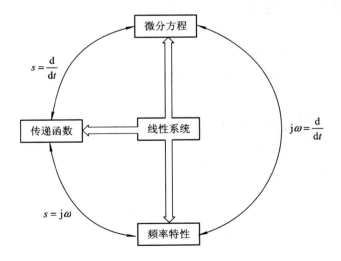

图 3-26 线性系统三种数学模型之间的关系

3.2.3 频率特性的几何表示

在工程分析与设计中，通常将频率特性绘制成一些曲线，再根据这些频率特性曲线对系统进行分析和研究。常用的频率特性曲线有幅相频率特性曲线、对数频率特性曲线和对数幅相特性曲线。

1. 幅相频率特性曲线

幅相频率特性曲线，简称幅相曲线，以频率 ω 为参变量，将频率特性的幅频特性和相频特性同时表示在复数平面上。当 ω 从 $0 \to \infty$ 变化时，向量 $G(j\omega)$ 的端点在复数平面上的运动轨迹即为 $G(j\omega)$ 的幅相频率特性曲线。绘有幅相频率特性曲线的图称为极坐标图。

频率特性除了式(3-14)所示的指数形式外，还可写成复数形式，即

$$G(j\omega) = A(\omega)e^{j\varphi(\omega)} = U(\omega) + jV(\omega) \tag{3-16}$$

这里，$U(\omega) = \text{Re}[G(j\omega)]$ 和 $V(\omega) = \text{Im}[G(j\omega)]$ 分别称为系统的实频特性和虚频特性。幅频特性、相频特性和实频特性、虚频特性之间具有下列关系：

$$U(\omega) = A(\omega)\cos\varphi(\omega) \tag{3-17}$$

$$V(\omega) = A(\omega)\sin\varphi(\omega) \tag{3-18}$$

$$A(\omega) = \sqrt{U^2(\omega) + V^2(\omega)} \tag{3-19}$$

$$\varphi(\omega) = \arctan\frac{V(\omega)}{U(\omega)} \tag{3-20}$$

绘制幅相频率特性曲线有两种方法：第一种是对每一个 ω 值计算幅值 $A(\omega)$ 和相角 $\varphi(\omega)$，然后将这些点连成光滑的曲线；第二种是对每一个 ω 值计算 $U(\omega)$ 和 $V(\omega)$，然后逐点连接描绘成光滑的曲线。

图 3-27 为惯性环节的极坐标图，不难证明，惯性环节的极坐标图是一个半圆。图中实轴的正方向为相角零度线，逆时针方向的角度为正角度，顺时针方向的角度为负角度。在幅相频率特性曲线上应标注出 ω 增大的方向。

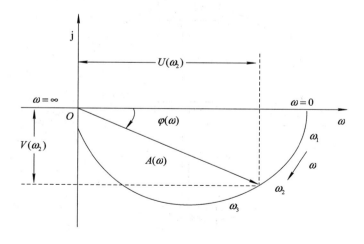

图 3-27　惯性环节的幅相频率特性

2. 对数频率特性曲线

对数频率特性曲线包括对数幅频特性和对数相频特性两条曲线，这两条曲线连同它们的坐标共同组成了对数坐标图，或称伯德图。

设系统的频率特性为 $G(j\omega) = |G(j\omega)| \angle G(j\omega)$，则可定义 $L(\omega) = 20\lg|G(j\omega)|$ 为对数幅频特性；$\varphi(\omega) = \angle G(j\omega)$ 为对数相频特性。

对数频率特性曲线的横坐标是频率 ω，采用对数分度，单位是 rad/s。对数幅频特性曲线的纵坐标表示对数幅频特性的函数值，采用均匀分度，单位是 dB。对数相频特性曲线的纵坐标表示相频特性的函数值，也采用均匀分度，单位是°。因此，绘制伯德图时需要用半对数坐标纸。

图 3-28 给出了伯德图的横坐标 ω 和 $\lg\omega$ 的对应关系。频率 ω 每变化十倍，称为一个十倍频程；频率 ω 每变化一倍，称为一个倍频程。由图 3-28 可知，十倍频程在 ω 轴的间隔距离为一个单位长度，一个倍频程的间隔距离是 0.301 个单位长度。

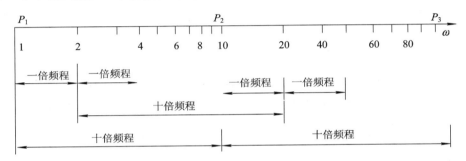

图 3-28　ω 轴的对数分度

采用伯德图的主要优点在于，利用对数运算可以将幅值的乘除运算化为加减运算，并且可以用简便的方法绘制近似的对数幅频特性曲线，从而使频率特性的绘制过程大为简化。因此，工程上常常使用伯德图来分析系统的性能。

3. 对数幅相特性曲线

对数幅相特性曲线又称为尼柯尔斯曲线或尼柯尔斯图，它是将对数幅频特性和对数相频特性合起来绘制成的一条曲线，其横坐标为 $\angle G(j\omega)$，纵坐标为 $20\lg|G(j\omega)|$，频率 ω 为参变量。

在尼克尔斯曲线对应的坐标系中，可以根据系统开环和闭环的关系，绘制关于闭环幅频特性的等 M 簇线和闭环相频特性的等 α 簇线，因而可以根据频域指标要求确定校正网络，简化系统的设计过程。

3.2.4　奈奎斯特稳定判据及其应用

奈奎斯特(Nyquist)稳定判据(简称奈氏判据)是判断系统稳定性的又一重要方法，它是将系统的开环频率特性 $G(j\omega)H(j\omega)$ 与复变函数 $F(s) = 1 + G(s)H(s)$ 位于 s 平面右半部的零、极点数目联系起来的一种判据。奈氏判据是一种图解法，它依据的是系统的开环频率特性。由于系统的开环特性可用解析法或实验法获得，因此，应用奈氏判据分析系统的稳定性兼有方便和实用的优点。奈氏判据还有助于建立相对稳定性的概念。

1. 奈氏判据的基本原理

图 3-29 所示为一个闭环系统，它的开环传递函数为 $W_K = W(s)H(s)$，闭环传递函数为 $W_B = \dfrac{W(s)}{1 + W_K(s)}$，闭环系统的特征方程为 $1 + W_K(s) = 0$。

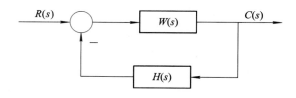

$$R(s) \quad W(s) \quad C(s)$$
$$H(s)$$

图 3-29　某闭环系统的结构图

由于系统稳定的充分必要条件是闭环传递函数的极点均在 s 左半平面。为了找出开环频率特性与闭环极点之间的关系，引入辅助函数 $F(s)$，并令 $F(s) = 1 + W_K(s)$。设 $W_K(s) = \dfrac{N(s)}{D(s)}$，则有

$$F(s) = 1 + \frac{N(s)}{D(s)} = \frac{N(s) + D(s)}{D(s)}$$

通常情况下，一个实际系统总有 $D(s)$ 的阶数高于 $N(s)$ 的阶数，所以从上式可得：$F(s)$ 的极点等于开环传递函数的极点，这些极点数用 P 表示；$F(s)$ 的零点就是闭环函数的极点，其个数通常用 Z 表示。

通过上述的推导，可以得出结论：系统的稳定条件已转化为 $F(s)$ 的在 s 右半平面零点个数 Z 为零。

2. 映射定理

在 s 平面上如果闭合路径包围 $F(s)$ 的 P 个极点、Z 个零点，则在 $F(s)$ 平面上对应有一条闭合路径绕原点逆时针旋转的圈数为 N，且有

$$N = P - Z$$

式中，P 为在 s 平面上顺时针闭合路径包围 $F(s)$ 的极点数；Z 为在 s 平面上顺时针包围 $F(s)$ 的零点数。

通过映射定理可以找出 s 平面和 $F(s)$ 平面之间的关系。

3. 奈氏路径及其映射

为了判定系统的稳定性，即检验 $F(s)$ 是否有零点在 s 平面的右半平面上，在 s 平面上所取的闭合曲线应包含 s 平面的整个右半平面。这样，如果 $F(s)$ 有零、极点在 s 平面的右半平面上，则它们必被此曲线所包围，这一闭合曲线称为奈氏路径，如图 3-30 所示。

应该指出的是，当 ω 从 0 到 ∞ 变化时，$W_K(j\omega)$ 就会在 $F(j\omega)$ 平面上画出相应的轨迹，因为 $W_K(j\omega)$ 中分母的阶数高于分子的阶数，

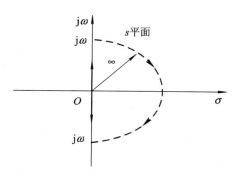

图 3-30　奈氏路径

因此有 $\lim\limits_{j\omega\to\infty}[1+W_K(j\omega)]=1$，所以当 $j\omega$ 沿半径为 ∞ 的半圆运动时，$F(j\omega)$ 保持常量。这样 $1+W_K(j\omega)$ 的轨迹包围 $F(j\omega)$ 平面上原点的情况取决于奈氏路径的 $\pm j\omega$ 轴这一部分，且只要画出 ω 从 0 到 ∞ 的奈氏路径即可，而 $\tilde\omega=-\infty\sim0$ 与 $\tilde\omega=0\sim\infty$ 的奈氏路径是对称的。

这里的映射是指 $F(j\omega)$ 平面与 $W_K(j\omega)$ 平面之间的关系。因为 $F(j\omega)=1+W_K(j\omega)$，所以 $F(j\omega)=0$，$W_K(j\omega)=-1$；$F(j\omega)=1$，$W_K(j\omega)=0$。这样，绕 $F(j\omega)$ 平面原点的奈氏路径正好绕 $W_K(j\omega)$ 平面的 $(-1, j0)$ 点，即 N 在 $F(j\omega)$ 平面上是绕原点旋转的，而在 $W_K(j\omega)$ 平面上则是绕 $(-1, j0)$ 点旋转的。$F(j\omega)$ 平面和 $W_K(j\omega)$ 平面的关系如图 3-31 所示，图中所绘的曲线不包围 $(-1, j0)$ 点。

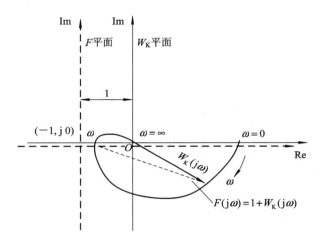

图 3-31 $W_K(j\omega)$ 曲线

4. 奈氏稳定判据

奈氏稳定判据：当 ω 从 $-\infty$ 到 ∞ 变化时，在 $W_K(j\omega)$ 平面上奈氏路径绕 $(-1, j0)$ 点逆时针旋转的周数为 N，则有

$$Z=P-N$$

如果开环系统是稳定的，即 $P=0$，则其闭环系统稳定的充分必要条件是 $W_K(j\omega)$ 曲线不包围 $(-1, j0)$ 点；如果开环系统不稳定，且已知有 P 个开环极点在 s 右半平面，则其闭环系统稳定的充要条件是 $W_K(j\omega)$ 曲线按逆时针方向围绕 $(-1, j0)$ 点旋转 P 周。

例 3-6 设单位负反馈系统的开环传递函数为

$$W_K(s)=\frac{K}{T_s-1}\quad(K>1)$$

试用奈氏稳定判据判定其对应的闭环系统的稳定性。

【解】 开环传递函数的特征方程为 $(s+p)=(T_s-1)=0$，$-p=\dfrac{1}{T}$。这是一个开环不稳定系统，开环特征方程式在 s 右半平面有个一根，即 $P=1$。闭环函数为

$$W_B=\frac{K}{T_s-1+K}$$

由于 $K>1$，闭环特征方程的根在 s 左半平面，所以闭环系统是稳定的。

现在研究开环频率特性的轨迹。由图 3-32 可以看出，当 ω 从 $-\infty$ 到 ∞ 变化时，

$W_K(j\omega)$曲线逆时针围绕$(-1,j0)$点转一圈,即$N=1$。由奈氏稳定判据,$Z=P-N=0$,所以闭环系统是稳定的。

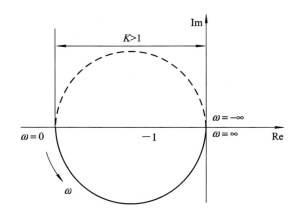

图 3 - 32 系统的$W_K(j\omega)$曲线

5. 应用奈氏稳定判据判断闭环系统稳定性举例

下面举例说明应用奈氏稳定判据判断闭环系统稳定性的方法。为使用奈氏稳定判据,先要绘出系统的开环幅频特性。这个特性可以用计算几个关键频率下的值近似绘出,或用计算机绘出。

例 3 - 7 系统的开环传递函数为

$$W_K(s) = \frac{K}{(T_1 s + 1)(T_2 s + 1)}, \ K > 0$$

试判断其闭环系统的稳定性。

【解】 系统的开环传递函数的极点全部位于s左半平面,$P=0$。

根据几个关键的ω值,可近似绘出其开环幅相频率特性,如图 3 - 33 所示。由于$W_K(j\omega)$不包围$(-1,j0)$这一点,即$N=0$,$Z=P-N=0$,所以不论K值多大,闭环系统均是稳定的。

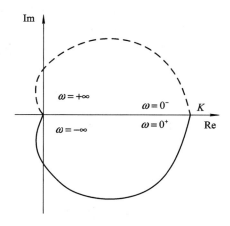

图 3 - 33 系统的开环幅相特性

例 3 - 8 系统的开环传递函数为

$$W_K(s) = \frac{K}{s(T_1 s + 1)(T_2 s + 1)}, \quad K > 0$$

试判断其闭环系统的稳定性。

【解】　系统开环传递函数没有极点位于 s 右半平面，$P=0$。

开环系统的频率特性为

$$W_K(j\omega) = P(\omega) + jQ(\omega)$$

式中，$P(\omega) = \dfrac{-K(T_1 + T_2)}{1 + \omega^2(T_1^2 + T_2^2) + \omega^4 T_1^2 T_2^2}$，$Q(\omega) = \dfrac{K(1 - \omega^2 T_1 T_2)}{\omega[1 + \omega^2(T_1^2 + T_2^2) + \omega^4 T_1^2 T_2^2]}$。

在 $\omega=0$ 时，$P(0) = -K(T_1 + T_2)$，$Q(0) = -\infty$；

在 $\omega = \dfrac{1}{\sqrt{T_1 T_2}}$ 时，$P(\omega) = -\dfrac{K T_1 T_2}{T_1 + T_2}$，$Q(\omega) = 0$。

在 K 值较大时，开环幅相频率特性绘于图 3-34。由图看出，当 ω 从 $-\infty$ 到 ∞ 时，$W_K(j\omega)$ 顺时针包围 $(-1, j0)$ 两圈，$N=-2$。故得 $Z = P - N = 2$，这时闭环系统在 s 平面的右侧有两个极点，系统是不稳定的。

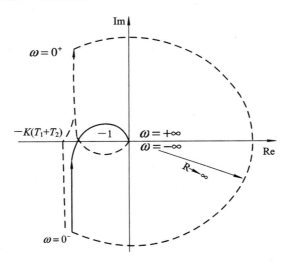

图 3-34　例 3-8 的稳定性判定

如果减小 K 值，则当 $P(\omega) = -1$ 时，达到稳定边界，这时

$$K = \frac{T_1 + T_2}{T_1 T_2}$$

当 $K < \dfrac{T_1 + T_2}{T_1 T_2}$ 时，$N=0$，$Z = P - N = 0$，闭环系统是稳定的。

例 3-9　系统的开环传递函数为

$$W_K(s) = \frac{K(T_2 s + 1)}{s^2(T_1 s + 1)}$$

没有极点位于 s 右半平面，$P=0$。试分析 $T_1 > T_2$、$T_1 < T_2$ 和 $T_1 = T_2$ 三种情况下系统的稳定性。

【解】　开环系统的频率特性为

$$W_K(j\omega) = P(\omega) + jQ(\omega)$$

其中，$P(\omega) = \dfrac{-K(1+T_1T_2\omega^2)}{\omega^2(1+T_1^2\omega^2)}$，$Q(\omega) = \dfrac{K(T_2-T_1)}{\omega(1+T_1^2\omega^2)}$。

而相频特性为

$$\varphi(\omega) = -180° - \arctan T_1\omega + \arctan T_2\omega$$

（1）$T_1 > T_2$ 的情况。这时，由于 $\arctan T_1\omega > \arctan T_2\omega$，故当 ω 由 0^+ 增加时，$\varphi(\omega)$ 总小于 $-180°$，处于第二象限；当 $\omega \to +\infty$ 时，相角位移为 $-180°$，幅相特性以 $-180°$ 趋于坐标原点，得到幅相频率特性如图 3-35(a) 所示。由图可以看出，ω 由 $-\infty$ 变到 $+\infty$ 时，特性顺时针包围 $(-1, j0)$ 两圈，$N = -2$。故得 $Z = P - N = 2$，这时闭环系统在 s 平面右侧有两个极点，是不稳定的。

（2）$T_1 < T_2$ 的情况。这时，由于 $\arctan T_1\omega < \arctan T_2\omega$，故当 ω 由 0^+ 增加时，$\varphi(\omega)$ 总大于 $-180°$，处于第三象限，如图 3-35(b) 所示。由图可以看出，特性不包围 $(-1, j0)$，$N = 0$。故得 $Z = P - N = 0$，闭环系统是稳定的。

（3）$T_1 = T_2$ 的情况。这时，$\varphi(\omega) = 180°$，故当 ω 由 0^+ 增加到 $+\infty$ 时，$W_K(j\omega)$ 沿负实轴变化，如图 3-35(c) 所示。特性正好通过 $(-1, j0)$ 这一点，闭环系统处于临界稳定状态。

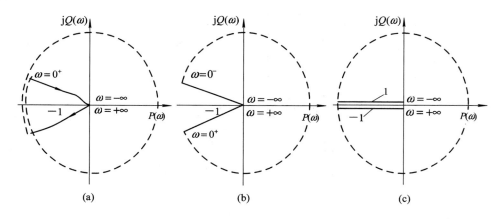

图 3-35　例 3-9 的幅相特性
（a）$T_1 > T_2$；（b）$T_1 < T_2$；（c）$T_1 = T_2$

例 3-10　系统的开环传递函数为

$$W_K(s) = \frac{K(T_2 s + 1)}{s^2(T_1 s - 1)}$$

试用奈氏判据判断其闭环系统的稳定性。

【解】　系统的开环传递函数在 s 右半平面有一个极点，$P = 1$。

其开环系统的频率特性为

$$W_K(j\omega) = P(\omega) + jQ(\omega)$$

式中，$P(\omega) = -\dfrac{K(T_1+T_2)}{T_1^2\omega^2+1}$，$Q(\omega) = \dfrac{K(T_1 T_2\omega^2 - 1)}{\omega(T_1^2\omega^2+1)}$。

而相频特性为

$$\varphi(\omega) = -90° + (-180° + \arctan T_1\omega) + \arctan T_2\omega$$

可见，当 $\omega=0^+$ 时，$\varphi(0)=-270°$，$P(0)=-K(T_1+T_2)$，$Q(0)=+\infty$；当 $\omega\rightarrow+\infty$ 时，$\varphi(\infty)=-90°$；在 $\omega=\dfrac{1}{\sqrt{T_1 T_2}}$ 时，$P(\omega)=-KT_2$，$Q(\omega)=0$。

对于某一特定的 K，其幅相特性绘于图 3-36。由图 3-36 可看出，当 $KT_2>1$ 时，轨迹逆时针包围 $(-1,j0)$ 一圈，$N=1$，这时 $Z=P-N=0$，闭环系统是稳定的；当 $KT_2<1$ 时，轨迹顺时针包围 $(-1,j0)$ 一圈，$N=-1$，这时 $Z=P-N=2$，闭环系统是不稳定的。

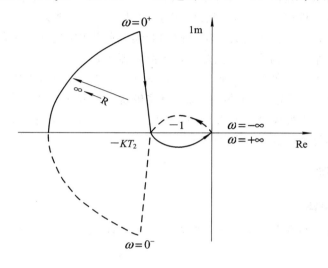

图 3-36　例 3-10 的幅相特性

3.3　PID 控制方法

3.3.1　PID 控制的基本概念

在工程实际中，应用最为广泛的调节器控制规律为比例、积分、微分控制，简称 PID 控制，又称 PID 调节。PID 控制器问世至今已有近 70 年的历史，它以结构简单、稳定性好、工作可靠、调整方便而成为工业控制的主要技术之一。当被控对象的结构和参数不能完全掌握，或得不到精确的数学模型，而控制理论的其他技术难以采用，系统控制器的结构和参数必须依靠经验和现场调试来确定时，应用 PID 控制技术最为方便。即当我们不完全了解一个系统和被控对象，或不能通过有效的测量手段来获得系统参数时，最适合用 PID 控制技术。除 PID 控制外，实际中也有 PI 和 PD 控制。PID 控制器就是根据系统的误差，利用比例、积分、微分计算出控制量来控制系统的设备。

PID 控制器由比例单元（P）、积分单元（I）和微分单元（D）组成，其输入 $e(t)$ 与输出 $u(t)$ 的关系为 $u(t)=f[e(t)]$。

比例控制是一种最简单的控制方式，其控制器的输出与输入误差信号成比例关系。当仅有比例控制时，系统的输出存在稳态误差（Steady State Error）。

在积分控制中，控制器的输出与输入误差信号的积分成正比关系。对一个自动控制系统，如果在进入稳态后存在稳态误差，则称这个控制系统是有稳态误差的或简称有差系统

(System with Steady State Error)。为了消除稳态误差，在控制器中必须引入"积分项"。积分项使误差取决于时间的积分，随着时间的增加积分项会不断增大。这样，即便误差很小，积分项也会随着时间的增加而增大，从而推动控制器的输出增大，使稳态误差进一步减小，直到等于零。因此，比例、积分(PI)控制器可以使系统在进入稳态后无稳态误差。

在微分控制中，控制器的输出与输入误差信号的微分(即误差的变化率)成正比关系。自动控制系统在克服误差的调节过程中可能会出现振荡甚至失稳现象，其原因是由于系统中存在有较大惯性组件(环节)或有滞后(Delay)组件，具有抑制误差的作用，其变化总是落后于误差的变化。解决上述问题的办法是使抑制误差的作用的变化"超前"，即在误差接近零时，抑制误差的作用就为零。这就是说，在控制器中仅引入"比例"项往往是不够的，比例项的作用仅是放大误差的幅值，而目前需要增加的是"微分项"，它能预测误差变化的趋势，这样，具有比例＋微分(PD)的控制器，就能够提前使抑制误差的控制作用等于零，甚至为负值，从而避免了被控量的严重超调。所以对有较大惯性或滞后环节的被控对象，比例＋微分控制器能够改善系统在调节过程中的动态特性。

3.3.2　比例控制

1. 比例控制原理

当控制器的输出变化量 Δu 与输入偏差 e 成比例时，就构成了比例控制规律(P)，其数学表达式为

$$\Delta u = K_{\mathrm{P}} e \qquad\qquad (3-21)$$

式中，Δu 为控制器的输出变化量；e 为控制器的输入，即偏差；K_{P} 为控制器的比例增益或比例系数。

由式(3-21)可以看出，比例控制器的输出变化量与输入偏差成正比，在时间上是没有延滞的。或者说，比例控制器的输出是与输入一一对应的，如图 3-37 所示。当输入为阶跃信号时，比例控制器的输入/输出特性如图 3-38 所示。比例放大系数 K_{P} 是可调的，所以比例控制器实际上是一个放大系数可调的放大器。K_{P} 愈大，在同样的偏差输入时，控制器的输出愈大，因此比例控制作用愈强；反之，K_{P} 值愈小，表示比例控制作用愈弱。

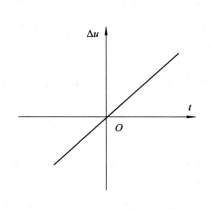

图 3-37　比例控制规律

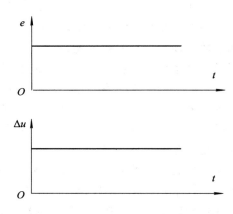

图 3-38　比例控制器的阶跃响应

2. 比例度

比例系数 K_P 值的大小可以反映比例作用的强弱。但对于使用在不同情况下的比例控制器，由于控制器的输入与输出是不同的物理量，因而 K_P 的量纲是不同的。这样，就不能直接根据 K_P 数值的大小来判断控制器比例作用的强弱。工业生产上所用的控制器，一般都用比例度（或称比例范围）δ 来表示比例作用的强弱。比例度是控制器输入的相对变化量与相应的输出相对变化量之比的百分数，用数学式可表示为

$$\delta = \frac{\dfrac{e}{(z_{max} - z_{min})}}{\dfrac{\Delta u}{u_{max} - u_{min}}} \times 100\% \tag{3-22}$$

式中，$z_{max} \sim z_{min}$ 为控制器输入的变化范围，即测量仪表的量程；$u_{max} \sim u_{min}$ 为控制器输出的变化范围。由式（3-22）看出，控制器的比例度可理解为：要使输出信号发生全范围的变化，输入信号必须改变全量程的百分数。控制器的比例度 δ 的大小与输入、输出关系示于图 3-39，从图中可以看出，比例度愈小，使输出变化全范围时所需的输入变化区间也就愈小，反之亦然。

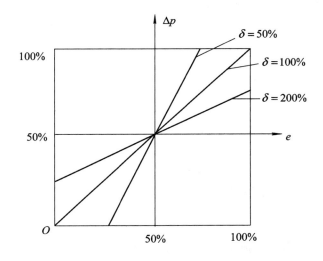

图 3-39　比例度与输入输出的关系

比例度 δ 与比例放大系数 K_P 的关系为

$$\delta = \frac{K}{K_P} \times 100\% \tag{3-23}$$

式中，$K = \dfrac{u_{max} - u_{min}}{z_{max} - z_{min}}$。

由于 K 为常数，因此控制器的比例度 δ 与比例放大系数 K_P 成反比关系。比例度 δ 越小，则放大系数 K_P 越大，比例控制作用越强；反之，当比例度 δ 越大时，表示比例控制作用越弱。

在单元组合仪表中，控制器的输入信号是由变送器产生的，而控制器和变送器的输出信号都是统一的标准信号，因此常数 $K=1$。所以在单元组合仪表中，δ 与 K_P 互为倒数关

系，即

$$\delta = \frac{1}{K_{\mathrm{P}}} \times 100\% \qquad (3-24)$$

3.3.3 积分控制

当控制器的输出变化量 Δu 与输入偏差 e 的积分成比例时，就是积分控制规律（I），其数学表达式为

$$\Delta u = K_{\mathrm{I}} \int_0^t e \, \mathrm{d}t \qquad (3-25)$$

式中，K_{I} 为积分比例系数。

积分控制作用的特性可以用阶跃输入下的输出来说明。当控制器的输入偏差是一幅值为 A 的阶跃信号时，式（3-25）就可写为

$$\Delta u = K_{\mathrm{I}} \int_0^t e \, \mathrm{d}t = K_{\mathrm{I}} A t \qquad (3-26)$$

由式（3-26）可以画出在阶跃输入作用下控制器的输出变化曲线（见图 3-40）。由图 3-40 可看出：当积分控制器的输入是常数 A 时，输出是一条直线，其斜率为 $K_{\mathrm{I}} A$，K_{I} 的大小与积分速度有关；只要偏差存在，积分控制器的输出就会随着时间的增加不断地增大或减小。

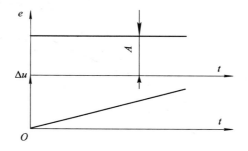

图 3-40 积分控制器的特性

从图 3-40 可以看出积分控制器输出的变化速度与偏差成正比。这就说明了积分控制规律的特点是：只要偏差存在，控制器的输出就会变化，执行器就要动作，系统就不可能稳定。只有当偏差消除（即 $e=0$）时，输出信号才不会再变化，执行器才会停止动作，系统才可能稳定下来。积分控制作用达到稳定时，偏差等于零，这是它的一个显著特点，也是它的一个主要优点。因此积分控制器构成的积分控制系统是一个无差系统。

式（3-25）也可以改写为

$$\Delta u = \frac{1}{T_{\mathrm{I}}} \int_0^t e \mathrm{d}t \qquad (3-27)$$

式中，T_{I} 为积分时间常数。

对上式求拉氏变换，可得积分控制器的传递函数 $G_{\mathrm{C}}(s)$ 为

$$G_{\mathrm{C}}(s) = \frac{U(s)}{E(s)} = \frac{1}{T_{\mathrm{I}} s} \qquad (3-28)$$

3.3.4　比例积分控制

比例积分控制规律(PI)是比例与积分两种控制规律的结合,其数学表达式为

$$\Delta u = K_{\mathrm{P}}\left(e + \frac{1}{T_{\mathrm{I}}}\int_0^t e \mathrm{d}t\right) \tag{3-29}$$

当偏差是幅值为 A 的阶跃函数时,比例积分控制器的输出是比例和积分输出两部分之和,其特性如图 3-41 所示。由图 3-41 可以看出, Δu 开始是一个阶跃信号,其值为 $K_{\mathrm{P}}A$ (比例作用),然后随时间的增加逐渐上升(积分作用)。比例作用是及时的、快速的,而积分作用是缓慢的、渐变的。

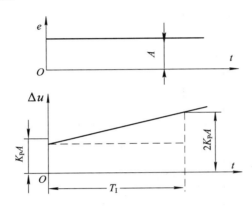

图 3-41　比例积分控制器的特性

由于比例积分控制规律是在比例控制的基础上加上积分控制,所以既具有比例控制作用及时、快速的特点,又具有积分控制能消除稳态误差的性能,因此是生产上常用的控制规律。

对式(3-29)取拉氏变换,可得比例积分控制器的传递函数为

$$G_{\mathrm{C}}(s) = \frac{U(s)}{E(s)} = K_{\mathrm{P}}\left(1 + \frac{1}{T_{\mathrm{I}}S}\right) \tag{3-30}$$

3.3.5　微分控制

具有微分控制规律(D)的控制器,其输出变化量 Δu 与偏差 e 的关系可用下式表示

$$\Delta u = T_{\mathrm{D}}\frac{\mathrm{d}e}{\mathrm{d}t} \tag{3-31}$$

式中, T_{D} 为微分时间常数。由式(3-31)可以看出,微分控制作用的输出大小与偏差变化的速度成正比。对于一个固定不变的偏差,不管这个偏差有多大,微分作用的输出总是零,这是微分作用的特点。

如果控制器的输入是阶跃信号,按式(3-31),微分控制器的输出如图 3-42(b)所示,在输入变化的瞬间,输出趋于∞,在此以后,由于输入不再变化,输出立即降到零,这种控制作用称为理想微分控制作用。

由于调节器的输出与调节器的输入信号的变化速度有关系,变化速度越快,调节器的输出就越大;如果输入信号恒定不变,则微分调节器就没有输出,因此微分调节器不能用

来消除稳态误差。而且当偏差的变化速度很慢时，输入信号即使经过时间的积累达到很大的值，微分调节器的作用也不明显。所以这种理想微分控制作用一般不能单独使用，也很难实现。

图 3-42(c)是实际的近似微分控制作用，在阶跃输入发生的时刻，输出 Δu 突然上升到一个较大的有限数值(一般为输入幅值的五倍或更大)，然后呈指数曲线衰减至某个数值(一般等于输入幅值)并保持不变。

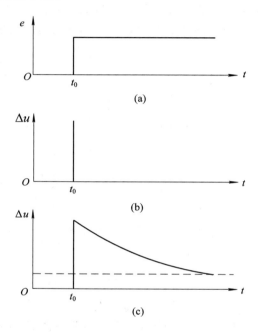

图 3-42　微分控制器的特性
(a) 阶跃信号；(b) 理想微分控制作用；(c) 近似微分控制作用

对式(3-31)进行拉氏变换，可得理想微分控制器规律的传递函数为

$$G_{\mathrm{C}}(s) = \frac{U(s)}{E(s)} = T_{\mathrm{D}}s \tag{3-32}$$

3.3.6　比例积分微分控制

比例积分微分控制规律(PID)的输入输出关系可用下列公式表示

$$\Delta u = \Delta u_{\mathrm{P}} + \Delta u_{\mathrm{I}} + \Delta u_{\mathrm{D}} = K_{\mathrm{P}}\left(e + \frac{1}{T_{\mathrm{I}}}\int e\,\mathrm{d}t + T_{\mathrm{D}}\,\frac{\mathrm{d}e}{\mathrm{d}t}\right) \tag{3-33}$$

由上式可见，PID 控制作用的输出分别是比例、积分和微分三种控制作用输出的叠加。

当输入偏差 e 为一幅值为 A 的阶跃信号时，实际 PID 控制器的输出特性如图 3-43 所示。实际 PID 控制器在阶跃信号输入的作用下，开始时，微分作用的输出变化最大，使总的输出大幅度的变化，产生强烈的"超前"控制作用，这种控制作用可看成为"预调"。然后微分作用逐渐消失，积分作用的输出逐渐占主导地位，只要偏差存在，积分输出就不断增加，这种控制作用可看成为"细调"，一直到偏差完全消失，积分作用才有可能停止。而在 PID 控制器的输出中，比例作用的输出是自始至终与偏差相对应的，它一直是一种最基本的控制作用。在实际 PID 控制器中，微分环节和积分环节都具有饱和特性。

PID 控制器可以调整的参数是 K_P、T_I、T_D。适当选取这三个参数的数值，可以获得较好的控制质量。

对式(3-33)进行拉氏变换，可得 PID 控制规律的传递函数为

$$G_C(s) = K_P\left(1 + \frac{1}{T_I s} + T_D s\right) \tag{3-34}$$

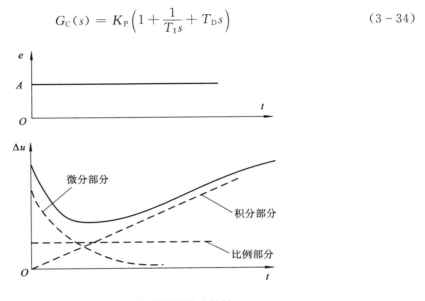

图 3-43　PID 控制器的输出特性

3.4　智能控制方法

3.4.1　智能控制的基本概念

控制理论学科经历了从经典控制理论到现代控制理论，再到目前的智能控制理论的发展过程，其主要研究对象也从单输入单输出的常系数线性系统发展为多输入多输出的复杂控制系统。对现代复杂系统的研究，涉及非线性、鲁棒性、具有柔性结构的系统和离散事件动态系统等。对这些复杂系统的控制理论的研究，长期以来虽取得了一些进展，但其研究成果十分有限，有的问题还难以解决，特别是对于那些难以用数学模型描述的问题。显然，对于这些复杂控制系统的研究必须另辟蹊径。

人们在长期的生产实践中发现，对于许多复杂的生产过程，难以用自动控制系统实现，但在熟练的操作工、技术人员或专家的操作下却控制自如，可以获得满意的控制效果。这就使研究人员受到启发，若能把这些熟练的操作工、技术人员或专家的经验知识与控制理论相结合，把它作为控制理论解决复杂生产过程的一个补充手段，那将会使控制理论解决复杂生产过程的难题有一个突破性的进展。现代的计算机控制技术的发展也为这种设想提供了有效的工具。计算机在处理逻辑运算、模糊信息、模式识别、知识与经验的积累等方面，完全可以取代人的操作。当把这种计算机控制技术应用到上述复杂的生产过程中，使之达到或超过人的操作水平时，这种由计算机实现的控制系统就具有了某些人的智能，

因此，把这样的自动控制系统称为智能控制系统。

智能控制系统主要有两层含义：

（1）智能控制系统是智能机自动地完成其目标的控制系统；

（2）由智能机参与生产过程自动控制的系统称为智能控制系统。

智能控制的概念和原理主要是针对被控对象、环境、控制目标或任务的复杂性而提出来的，而计算机科学、人工智能、信息科学、思维科学、认知科学和人工神经网络的连接机制等方面的新进展和智能机器人的工程实践，从不同的角度为智能控制的诞生奠定了必要的理论和技术基础。被控对象的复杂性表现为模型的不确定性、高度非线性、分布式的传感器和执行器、动态突变、多时间标度、信息模式复杂、数据量庞大以及特性指标严格等。

环境的复杂性是以其变化的不确定和难以辨识为特征的。在传统的控制中，往往只考虑控制系统和被控对象所组成的"独立"体系，忽略了环境所施予的影响，而现在的大规模复杂的控制和决策问题，必须把外界环境和对象，以及控制系统作为一个整体来进行分析和设计。

对控制任务或控制目标，以往都着眼于用数学语言进行描述，这种描述经常是不精确的。实际上，控制任务和目标有多重性（多目标）和时变性，一个复杂任务的确定，需要多次的反复，而且还包括任务所含信息的处理过程，即任务集合的处理。与传统控制理论相比，智能控制对于环境和任务的复杂性有更大的适配程度，它不仅着眼于数学语言描述，而且可以针对环境和任务抽取多级的描述精度，进而发展了自学习、自适应和自组织等概念，所以能在更广泛的领域中获得应用。

由上面的含义可知，由模糊系统、人工神经网络或专家系统所构成的自动控制系统都可以称为智能控制系统。

3.4.2　模糊控制系统

模糊理论是在美国伯克利加州大学电气工程系 L. A. Zadeh 教授于 1965 年创立的模糊集合理论的数学基础上发展起来的，主要包括模糊集合理论、模糊逻辑、模糊推理和模糊控制等方面的内容。

自从 L. A. Zadeh 提出模糊集合论以来，一种应用模糊集合论来建立系统数学模型、控制器的新型控制理论——模糊控制也相应诞生了。模糊控制理论的核心是利用模糊集合论，把人的控制策略的自然语言转化为计算机能够接受的算法语言所描述的算法。但它的控制输出却是确定的，它不仅能成功地实现控制，而且能模拟人的思维方式，对一些无法构成数学模型的对象进行控制。

1974 年，英国的 E. H. Mamdani 首次用模糊逻辑和模糊推理实现了世界上第一个试验性的蒸汽机控制，并取得了比传统的直接数字控制算法更好的效果。它的成功宣告了模糊控制的问世。第一个有较大进展的商业化模糊控制器是在丹麦诞生的。1980 年，工程师 L. P. Holmblad 和 Ostergard 在水泥窑炉上安装了模糊控制器并获得成功。此后，模糊控制发展主要经过以下几个阶段：

（1）基本模糊控制器的应用阶段。模糊控制的主要工作建立在人工手动控制的基础上，操作人员往往并没有从精确的数学模型出发去了解被控系统，但他们却能根据在实践中积累的经验，采取适当的对策，对被控过程进行定量的控制。这便是设计基本模糊控制器的指导思想。这类模糊控制器的特点是：

　　① 控制器的核心是根据某一特定过程制定的模糊控制规则表；

　　② 一个控制器一般只适用于某一类特定的过程，而不是像常规仪表那样具有可调参数，可以适用于不同的过程。

　　（2）自组织模糊控制器应用阶段。为了克服基本模糊控制器的缺陷，人们基于模糊控制器研制出一种能在运行中自动修改、完善和调整的模糊控制规则，使被控过程的控制效果不断提高，甚至达到预定的理想效果。具有这种自调整功能的模糊控制器称为自组织模糊控制器。这类模糊控制器的特点是：

　　① 控制算法不是固定的，它可以通过在线修改控制规则或改变某几个参数而变化；

　　② 控制器的适应性往往不局限于某一类对象，而是通过自组织可以适应几类对象；

　　③ 可以生产具有通用性、仪表化的模糊控制器。

　　（3）智能模糊控制器。在不断了解掌握过程机理的同时，结合操作经验，利用模糊语言及模糊条件语句构成原始的人工智能专家系统。再通过产生式学习系统，对照实际生产过程不断修改、完善、扩充，从而构造机理、操作经验型专家系统，利用产生式学习系统较快决定处理问题的过程，并对原有知识进行反馈修正。如此不断地进行，这便是所谓智能模糊控制系统。

　　最近几年，模糊集成控制、模糊自适应控制、专家模糊控制与多变量模糊控制的研究，特别是针对复杂系统的自学习与参数（或规则）自调整模糊系统方面的研究，受到了各国学者的重视。

　　现今，模糊控制已应用于家电行业、各种工业自动化、冶金和化工过程控制等领域，相继出现了模糊控制器、模糊推理等专用芯片及"模糊控制通用系统"。可以预料，随着模糊控制理论的不断完善，其应用领域将会更加广泛。

　　以下为大家简要介绍模糊控制。论域 X 上的模糊子集 A 由隶属度函数（Membership Function）$\mu_A: X|\rightarrow[0, 1]$ 来表征，这里 $\mu_A(x)$ 表示了 $x\in X$ 隶属于模糊子集 A 的程度。模糊子集也称为模糊集合，或简称为模糊集。μ_A 越接近 1，则表明 $x\in X$ 隶属于模糊子集 A 的程度越高；反之，$\mu_A(x)$ 越接近 0，则表明 $x\in X$ 隶属于模糊子集 A 的程度越低。传统的集合也可以引入隶属度函数的概念，此时的隶属度函数仅取 0 或 1，因此模糊集合是传统集合的推广。

　　例如，可以在炉温集 T 中取值：T（温度）＝{超高，很高，较高，中等，较低，很低，过低}。

　　一个模糊变量（如炉温）可以在一个论域内取值，模糊函数可能在这个论域内取所有数，并以取某一确定值的"属于的程度"来作为该点的隶属度。譬如说，所说温度集 T 的模糊函数"中等"温度不是以一个确定的量"1500℃"来表示的，而是以一个 1375℃～1625℃ 的温度区间的三角形分布来描述的，即 1500℃ 一定属于"中等"温度，其隶属度等于 1。整个温度集的隶属度函数如图 3-44 所示，由七个三角形隶属度函数组成。隶属度函数的纵坐标为隶属度，最大为 1，表示"一定属于"，最小为 0，表示"一定不属于"。图中"超高"和"过低"两个语言变量的隶属度函数呈半个梯形。

　　模糊控制器的原理：模糊控制器主要是将控制者的经验加以整理和处理，归纳成一组模糊条件语句；并根据模糊数学工具加以量化，用模糊逻辑、模糊语句给出模糊算法，使模糊控制器能够模仿人的操作策略，使计算机能接收模糊算法语言给出的控制指令，实现对系统的控制。

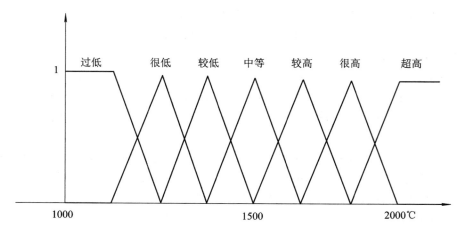

图 3-44 温度的隶属度函数

模糊控制器的设计可以归纳为三个方面：

（1）将各种语言变量模糊化。一般是通过计算控制系统的现时误差及误差的变化率，并将它们分类定级，确定论域，给出在各种组合情况下的隶属度，使各种变量模糊化。

（2）设计模糊控制算法，计算出模糊控制量。模糊控制算法通常是应用模糊条件语句或近似推理来表述的。例如：

IF…，THEN…（若 P 则 Q）；

IF…OR…，THEN…（若 P 或 Q 则 S）；

IF…OR…，ELSE…（若 P 或 Q，否则 C）；

IF…AND…，THEN…（若 AF 且 BF 则 CF）等。

（3）去模糊器（即模糊判决）的设计。模糊判决方法主要有三种：① 最大隶属度法；② 中位数判决法；③ 加权平均法。每种方法各有其优缺点，它们的功能是将所有模糊控制算法的模糊条件语句转化成被控对象所能接收的一个控制作用确定的值。

3.4.3　人工神经网络控制系统

人工神经网络是基于模仿生物大脑的结构和功能而构成的一种信息处理系统，它是一种由简单的计算处理单元（神经元）通过采用某种网络拓扑结构而构成的功能强大的活性网络。人工神经网络不同于当前人工智能领域研究中普遍采用的基于逻辑与符号处理的理论和方法，而是依靠其状态对外部输入信息的动态响应来处理信息的。因此，它为智能理论的研究开辟了一条崭新的途径。

人工神经网络的研究经历了由兴起到萧条，又由萧条到兴盛的曲折发展的过程。理论研究的不断完善和现代技术（如 VLSI 技术和光电技术）水平的不断发展，为人工神经网络的研究和应用提供了理论和物质基础。研究显示，人工神经网络的很多特点和人类的智能特点类似，具有人脑的基本特征：学习、记忆和归纳，它解决了人工智能领域研究中的某些局限性问题。人工神经网络与其他科学理论或技术（如专家系统）的结合，将产生较好的模拟思维、记忆和学习这样一些人脑的基本功能，尽管这还只是对人脑的低水平的模仿，但却在图像识别、语音识别、记忆、预测和优化等方面表现出了很好的智能特性和极好的应用前景；它的分布与并行处理、离散与连续时间计算和全局信息的作用等特性与光电技术的结合，将解决串行操作和信息存储模式的传统计算机难于解决的高速、实时的复杂问题。这两点正是当前新一代计算机所要追求的目标。

随着理论研究工作的进展，人工神经网络的研究、开发和应用不只是推动新一代计算机的设计原理、计算机科学的发展，而且将影响其他学科，诸如脑神经科学、认知科学、心理学、微电子学、控制论、信息技术、数学、物理、力学等学科的发展。目前神经网络的应用研究领域有计算机视觉、语音识别、理解与合成、优化计算、智能控制、复杂系统分析、模式识别、知识处理、专家系统和人工智能等。

由于人工神经网络是源于对脑神经的模拟，具有很强的适应于复杂环境和多目标控制要求的自学习能力，并具有以任意精度逼近任意非线性连续函数的特性，把它应用于控制领域，正好可以解决控制领域难以解决的两大难题：一是被控对象存在不确定性和非线性特性；另一个是对被控系统的要求愈来愈高，迫切要求提高被控系统的智能化水平。因此，人工神经网络引起了广大自动控制工作者的极大关注。从目前的研究成果来看，人工神经网络在自动控制系统中的应用几乎已经涉及了各个方面，包括系统辨识、非线性系统控制、智能控制、优化计算及控制系统的故障诊断与容错控制等。其中，较为成熟的应用主要有以下几个方面：

（1）监督控制。对于需要人参与的控制，用传统控制技术设计的控制器替代人的作用几乎是不可能的。由于神经网络具有逼近任意非线性函数的能力，因此通过训练神经网络使其逼近从人的感官到人的决策输出的映射，就可获得能替代人的神经网络控制器，如Grant 的倒立摆控制系统、Naidu 的化工过程控制系统中传感器的神经网络故障诊断系统和 Narendra 的 AI 控制中的决策系统等。

（2）逆动态控制系统。把被控对象的逆动态神经网络模型作为控制器，将其串联在被控对象之前，那么神经网络的输入就等于被控对象的输出，这就是神经网络逆动态控制系统。此类控制结构要求对象动态可逆，而对非线性系统可逆性的研究仍是当前的一个难点。逆动态控制系统在机器人控制方面应用较多。

（3）自适应神经网络控制系统。自适应控制中常用的模型参考自适应控制（MRAC）和自校正控制（STC）适用于线性对象的情况，当被控对象为非线性的情况时，可以采用神经网络模型参考自适应控制（NNMRAC）和神经网络自校正控制系统（NNSTC）。

神经网络模型参考自适应控制通常由参考模型和神经网络控制器（NNC）等组成。NNC 的作用是通过在线训练使被控对象的输出与参考模型的输出之差尽量小。由于对象的特性未知，会给 NNC 训练造成困难。一般的做法是增加神经网络辨识器（NNI），在线获得对象的动态特性。

在神经网络自校正控制中，控制系统的结构一般分成直接控制与间接控制两大类。间接控制一般包括神经网络控制器（NNC）和神经网络辨识器（NNI），其关键问题是解决非线性对象的动态建模问题。直接控制结构采用神经网络作为控制器，控制器参数按某种规则在线学习以达到最优。直接控制一般只需一个神经网络，其结构比间接控制简单，更适合于实时控制的需要。

（4）由神经网络单独构成的控制系统。这一方法的特点是与传统的控制理论和控制结构无关，完全从神经网络的特点出发，构成控制系统。其控制形式包括神经网络学习控制、自适应评判控制、单神经元自适应控制等。这些神经网络控制具体采用哪种方案，应根据具体的应用领域进行分析。

（5）基于常规控制原理的神经网络控制。神经网络可以很方便地与其他类型的控制原理相结合，产生性能更为优异的控制系统。这一方法的特点是采用常规的控制理论设计控制器的结构，用神经网络取代其中部分内容或进行决策处理，其实现方法有神经网络控制、神经网络预测控制、神经网络内模控制、神经网络直接逆模型控制等。

（6）神经网络智能控制。神经网络具有学习功能，为实现各种已知的智能控制提供了可能性。将神经网络与人工智能、模糊逻辑相结合，就形成了神经网络智能控制，如神经网络专家控制系统、神经网络模糊控制及各种含有神经网络的智能控制系统。

（7）神经网络优化控制。由于神经网络可以表达任何非线性函数，因此使用神经网络能完成各种复杂的优化计算，其中包括矩阵求逆、分解、方程和 Riccati 方程的求解等。采用神经网络进行控制、优化运算的主要优点有计算速度快、结构简单、适用于混合系统（连续量与离散量共存的系统）。具体实现方案有利用 Hopfield 网络求解广义预测控制中的矩阵求逆问题、在线辨识对象的数学模型、设计控制器等。

神经网络通常与其他控制思想结合在一起，形成各种较复杂的控制结构。神经网络经过学习以后单独用作控制器的方案，优点不多，也较少采用。本节介绍的水净化混凝投药的神经网络控制系统，应用神经网络的内模控制方法，具有较好的抗干扰性和鲁棒性（见图 3-45）。

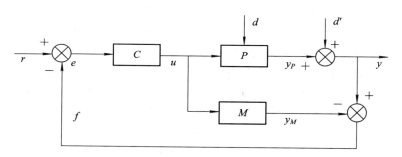

图 3-45　混凝投药的神经网络内模控制系统

混凝投药是水质净化的重要环节，准确地投加混凝剂可以有效地减轻过滤、消毒设备的负担，是提高水质、取得良好混凝效果及经济效益的关键。但该混凝投药是一个非线性和大滞后的动态过程，采用传统的控制方法，其效果受到限制。图 3-45 所示的系统通过对原水水质的参数分析，在线实时控制药剂的投加量。图中 P 为被控对象（如水处理厂）的模型；d 为系统的内部扰动；d' 为输出的测量噪声；M 为被控对象的神经网络出水质量模型；C 为神经网络控制器。由于控制系统内部存在一个模型 M，故称为内模控制。r 为出水浊度的参考输入；y 为被控出水浊度，是混凝的控制指标；u 为投药量；y_P 为被控对象的出水浊度；y_M 为模型 M 的输出（浊度）；f 为对象与模型的输出误差，$f=y_P-y_M$；f 反馈到输入端，形成闭环控制系统；e 为整个控制系统的误差，$e=r-f$。

模型 M 由三层前馈神经网络组成，模拟在原水水质的情况下加药量对出水浊度的非线性函数关系——混凝过程。神经网络的输入层为六个神经元，除混凝剂投加量外，其他五个为原水参数，取原水的浊度、TOC（或 CDD_{Mn}）、温度、流量及 pH 值，取其对应的出水浊度作为输出层参数，模型结构见图 3-46。中间隐层为 13 个以上的神经元，由神经元网络训练时选定。这称为混凝过程出水质量模型，其中 TOC 为总有机碳，CDD_{Mn} 为还原性物质耗氧化剂量。

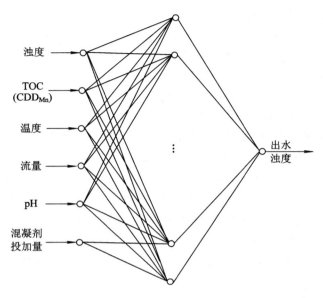

图 3-46　混凝过程出水质量模型

　　神经网络控制器 C 由上述神经网络的逆模型组成。逆模型是以待定的系统的输出（出水浊度）作为网络的输入，将网络的输出与系统的输入（给定）作比较，相应的输入误差用来进行训练，间接地学习对象的逆动态特性，使网络通过学习建立系统的逆出水质量模型。

　　在逆模型中，仍取原水浊度、TOC（或 CDD_{Mn}）、温度、流量、pH 值作为网络的输入层参数，同时也取出水浊度作为输入层参数，而取混凝剂的投加量作为网络输出层参数，模型结构见图 3-47。

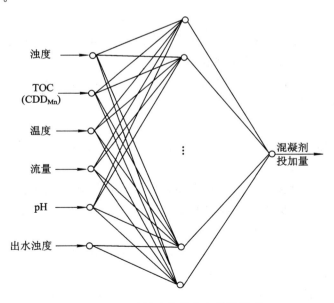

图 3-47　混凝过程逆出水质量模型

水处理工厂进行现场实测得到各项水质参数。选取的水处理厂数据应有代表性，数据应该是在满足出水水质指标前提下的准确、可靠的测量结果。样本数据应从实际工程中得到，用来"训练"水质量模型和逆出水质量模型。

上述混凝投药的神经网络控制系统是一个决定投药量的系统，并且可以借此闭环来修正由于扰动 d 和 d' 对稳态水质造成的影响。但是，它不是一个在线真正进行投药量自动控制的系统。被控对象的模型 P 仅是一个静态模型即可。

由于混凝过程是一个经过絮凝、沉淀、过滤需有 40 分钟以上的大滞后的过程，因此，在图 3-45 中应该在神经网络控制器 C 的后面连接常规的(或计算机控制的)、克服大滞后用的 PD 控制器，或基于其他控制器方法如 Smith 预估控制器方法的控制器。被控对象的模型 P 是一个带有纯滞后的传递函数。这时，系统可以用来研究水质变化的动态过程。

从众多应用研究领域取得的成果来看，人工神经网络的发展具有强大的生命力。当前的问题是智能化水平还不够高，许多应用方面的要求还不能得到很好的满足，网络分析与综合的一些理论性问题，诸如网络的稳定性问题、网络的收敛性问题、网络的结构综合问题等，还未得到很好的解决。随着人们对大脑信息处理机理认识的深化以及人工神经网络智能水平的提高，人工神经网络必将在科学技术领域发挥更大的作用。

3.4.4 专家控制系统

专家控制系统简称专家系统，是人工智能的一个重要分支。专家系统产生于 20 世纪 60 年代中期，在短短的 40 余年里获得了长足的进步和发展。特别是 20 世纪 80 年代中期以后，随着知识工程技术的日渐丰富和成熟，专家系统技术也获得了迅速的发展，广泛用于医疗诊断、化学工程、语音识别、图像处理、金融决策、信号解释、地质勘探、石油、军事等领域中，并产生了巨大的经济效益和社会影响，同时也促进了人工智能基本理论和基本技术的研究与发展。

专家系统是一个智能计算机程序系统，其内容包含大量的某个领域专家水平的知识与经验，能够利用人类专家的知识和解决问题的方法来处理该领域的问题。也就是说，专家系统是一个具有大量的专门知识与经验的程序系统，它应用人工智能技术和计算机技术，根据某领域一个或多个专家提供的知识和经验进行推理和判断，模拟人类专家解决该领域问题的计算机程序系统。

专家系统具有下列特点：

(1) 善于解决那些不确定性的、非结构化的、没有算法解或虽有算法解但在现有的机器上无法实施的困难问题。

(2) 汇集了某个领域多位专家的知识和经验及他们协作解决重大问题的能力，因此，它表现出更渊博的知识、更丰富的经验和更强的工作能力，而且能够高效率、准确、迅速和不知疲倦地工作。

(3) 使人类专家的领域知识突破了时间和空间的限制，其程序可永久保存，并复制任意多的副本，以在不同地区和部门使用。

(4) 具有解释功能，即在运行过程中一方面能回答用户提出的问题，另一方面还能对最后的结论或处理问题的过程做出解释。

（5）能够不断地获取知识，增加新的知识，修改原有知识。机器学习就是专家系统积累知识以改善其性能的重要方法。

著名的自动控制理论专家瑞典学者 K. J. Astorm 于 1983 年明确地提出将专家系统技术引入自动控制领域，于 1986 年正式提出了专家控制系统的理论。目前，虽然专家控制技术尚无一个完善的科学理论体系，但在实际应用中，特别是对一些复杂的生产过程控制，取得了令人瞩目的成绩，得到了社会各方面的认可。

自从美国数学家维纳 19 世纪 40 年代创立了控制理论以来，自动控制理论经历了经典控制理论和现代控制理论两个重要阶段，而传统的自动控制技术就是以经典的控制理论或现代控制理论，以及大系统理论等控制理论为基础，完成对工业生产过程的自动化控制，并在生产实际生产中应用广泛，取得了巨大的社会效益和经济效益。但随着科学技术的迅速发展，现代化生产过程的复杂性日益增加，对控制性能的要求也越来越高，一些传统的控制方式不能很好地满足生产过程的控制要求，主要原因在于，这些传统的控制技术一般是以生产过程中被控对象的数学模型为基础的。它首先通过某种机理方式建立被控对象的数学模型，然后根据其数学模型进行控制系统的设计，确定控制器的结构和控制算法，实现自动化控制的目的和要求。但是，当被控对象具有时变性或非线性，而且其结构或结构参数受一些不确定的因素影响而改变时，传统的控制器的缺点就被暴露出来，不能随被控对象的数学模型改变而改变，不能达到生产过程的控制要求。甚至在一些复杂的控制系统中，我们对被控对象的机理知之甚少，根本无法建立被控对象的准确数学模型。传统的对复杂的生产过程的控制方法是对复杂系统进行简化，但又由于数学模型的过于简化，也有可能达不到实际的控制要求。

智能控制技术通过计算机模拟人类的思想过程，将其应用于自动控制领域之中。由于智能控制可以抛开被控对象的数学模型，能够很好地解决传统控制技术所面临的难题。专家控制技术是智能控制技术的一个重要组成部分，是自动控制理论与人工智能以及计算机技术等多学科、多专业的相结合的产物。专家控制是基于被控对象和控制规律的各种知识，并以智能的方式应用这些知识，使被控系统和被控过程尽可能优化的过程。

❖❖❖❖❖❖❖❖❖❖　**本 章 习 题**　❖❖❖❖❖❖❖❖❖❖

3-1　RC 无源网络电路如图 3-48 所示，试采用复数阻抗法画出系统的结构图，并求其传递函数 $U_c(s)/U_r(s)$。

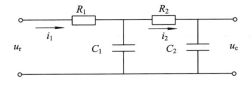

图 3-48　RC 无源网络

3-2　有源网络如图 3-49 所示，试用复阻抗法求网络的传递函数，并将求得的结果直接用于图 3-50 所示的 PI 调节器，写出其传递函数。

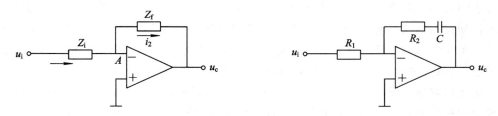

图 3-49　有源网络　　　　　　　　　　　　图 3-50　PI 调节器

3-3　求下列微分方程的时域解 $x(t)$，已知 $x(0)=0$，$\dot{x}(0)=3$。

$$\frac{\mathrm{d}^2 x}{\mathrm{d}t^2} + 3\frac{\mathrm{d}x}{\mathrm{d}t} + 6x = 0$$

3-4　已知系统的结构如图 3-51 所示，试用化简法求其传递函数 $C(s)/R(s)$。

3-5　已知系统的结构如图 3-52 所示，试用化简法求其传递函数 $C(s)/R(s)$。

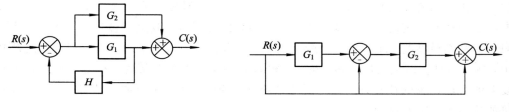

图 3-51　系统的结构图　　　　　　　　　　图 3-52　系统的结构图

3-6　RC 网络如图 3-53 所示，其中 u_1 为网络输入量，u_2 为网络输出量。(1) 画出网络结构图；(2) 求传递函数 $U_2(s)/U_1(s)$。

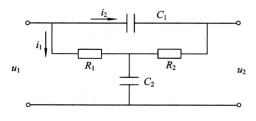

图 3-53　RC 网络

3-7　已知系统的信号流图如图 3-54 所示，试求其传递函数 $C(s)/R(s)$。

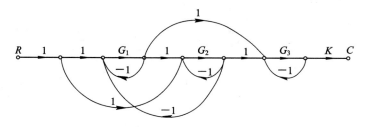

图 3-54　信号流图

3-8 系统的结构如图 3-55 所示。如果要求系统的超调量等于 15%，峰值时间等于 0.8 s，试确定增益 K_1 和速度反馈系数 K_t。同时，确定在此 K_1 和 K_t 数值下系统的延迟时间、上升时间和调节时间。

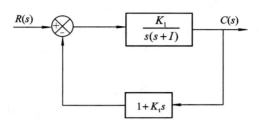

图 3-55 系统的结构图

3-9 已知一控制系统的结构如图 3-56 所示，当输入 $r(t)=2\sin t$ 时，测得输出 $c(t)=4\sin(t-45°)$，试确定系统的参数 ξ、ω_n。

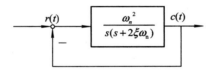

图 3-56 系统的结构图

3-10 系统的开环传递函数为

$$G(s)=\frac{10}{s(-0.2s^2-0.8s+1)}$$

试用奈氏判据判断系统的稳定性。

3-11 系统的开环频率特性分别如图 3-57 的(a)和(b)所示，试判断闭环系统的稳定性。

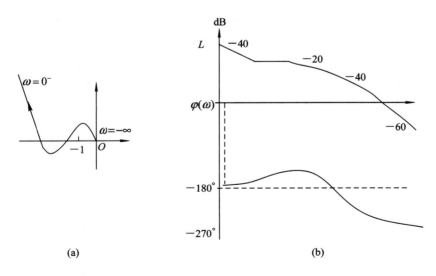

(a)   (b)

图 3-57 系统的开环频率特性曲线

参 考 文 献

[1] 胡寿松. 自动控制原理[M]. 5 版. 北京：科学出版社，2007.

[2] 高国燊，等. 自动控制原理[M]. 3 版. 广州：华南理工大学出版社，2009.

[3] 万百五，韩崇昭，蔡远利. 控制论：概念、方法与应用[M]. 北京：清华大学出版社，2009.

[4] 李国勇. 自动控制原理[M]. 北京：电子工业出版社，2010.

[5] 王建辉，顾树生. 自动控制原理[M]. 4 版. 北京：冶金工业出版社，2005.

第4章　PID 控制的实现技术

4.1　PID 控制原理回顾

在模拟控制系统中，控制器最常用的控制规律是 PID 控制。模拟 PID 控制系统的原理框图如图 4-1 所示，系统由模拟 PID 控制器和被控对象组成。

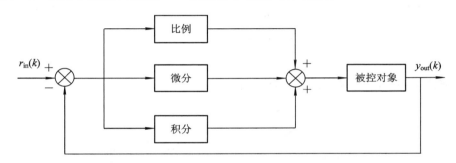

图 4-1　模拟 PID 控制系统的原理框图

PID 是一种线性控制器，它根据给定值 $r_{in}(t)$ 与实际输出值 $y_{out}(t)$ 构成控制方案，它们的偏差为

$$e(t) = r_{in}(t) - y_{out}(t) \tag{4-1}$$

PID 的控制规律为

$$u(t) = k_p \left(e(t) + \frac{1}{T_I} \int_0^t e(t)\,dt + T_D \frac{de(t)}{dt} \right) \tag{4-2}$$

写成传递函数的形式，即

$$G(s) = \frac{U(s)}{E(s)} = k_p \left(1 + \frac{1}{T_I s} + T_D s \right) \tag{4-3}$$

式中，k_p 为比例系数；T_I 为积分时间常数；T_D 为微分时间常数。

简单来说，PID 控制器各环节的作用如下：

（1）比例环节：成比例地反映控制系统的偏差信号 $e(t)$，偏差一旦产生，控制器就立即产生控制作用，以减少偏差。

（2）积分环节：主要用于消除静差，提高系统的无差度。积分作用的强弱取决于积分时间常数 T_I，T_I 越大，积分作用越弱，反之则越强。

（3）微分环节：反映偏差信号的变化趋势（变化速率），并能在偏差信号变得太大之前，在系统中引入一个有效的早期修正信号，从而加快系统的动作速度，减少调节时间。

4.2　连续系统的模拟 PID 控制仿真

仿真实例　Simulink 仿真图如图 4-2 所示，参考程序见附表 1 chap 4_0。

以三阶线性传递函数为被控对象，进行模拟 PID 控制。仿真时，在信号发生器中选择正弦信号，取 $A=1.0$，$F=0.20$ Hz，则输入指令为 $r_{in}(t)=A\sin(2\pi Ft)$，PID 控制的参数取 $k_p=60$，$k_i=1$，$k_d=3$，采用 ODE45（MATLAB 的功能函数）迭代方法，仿真时间为 10 s。

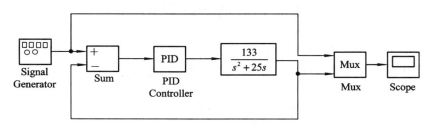

图 4-2　连续系统 PID 的 Simulink 仿真

PID 控制器采用的封装形式的内部结构如图 4-3 所示。

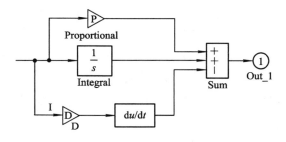

图 4-3　模拟 PID 控制器的内部结构

连续系统的模拟 PID 控制的正弦响应波形如图 4-4 所示。

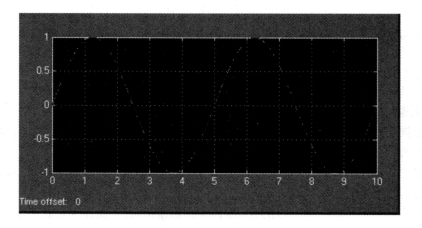

图 4-4　连续系统的模拟 PID 控制的正弦响应

4.3　连续系统的数字 PID 控制仿真

计算机控制是一种采样控制，它只能根据采样时刻的偏差值计算控制量。因此，连续 PID 控制算法不能直接用于计算机控制，需要采用离散化的方法。在计算机控制中，使用的是数字 PID 控制器。

仿真实例一　采用 MATLAB 编程形式进行仿真，参考程序见 chap 4_1 和 chap 4_2，被控对象为一个电机模型的传递函数，其表达式为

$$G(s) = \frac{1}{Js^2 + Bs}$$

式中，$J = 0.0067$，$B = 0.10$。仿真结果如图 4 - 5 所示。

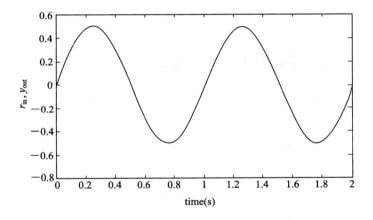

图 4 - 5　连续 PID 控制的正弦响应

仿真实例二　采用 Simulink 形式进行仿真，参考程序见附录 1 chap 4_3 和 chap 4_4。被控对象为三阶传递函数，采用 Simulink 模块与 M 函数相结合的形式，利用 ODE45 的方法求解连续对象方程。主程序由 Simulink 模块实现，控制器由 M 函数实现。输入指令信号为一个采样周期为 1 ms 的正弦信号。采用 PID 控制方法设计控制器，其中，$k_p = 1.5$，$k_i = 2.0$，$k_d = 0.05$。误差的初始化是通过时钟功能实现的，从而在 M 函数中实现了误差的积分和微分。Simulink 仿真图如图 4 - 6 所示，仿真结果如图 4 - 7 所示。

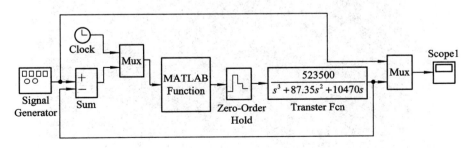

图 4 - 6　Simulink 仿真图

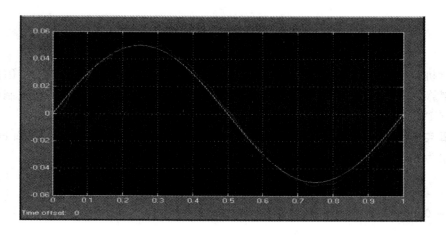

图 4 - 7　连续 PID 控制的正弦响应

4.4　离散系统的数字 PID 控制仿真

仿真实例　Simulink 仿真图如图 4 - 8 所示，参考程序见附录 1 chap 4_5，其仿真结果如图 4 - 9 所示。

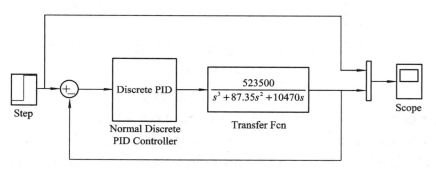

图 4 - 8　Simulink 仿真图

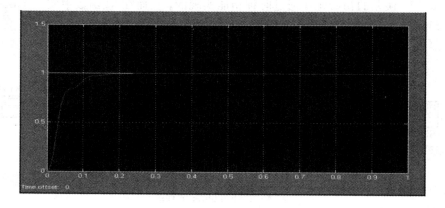

图 4 - 9　数字 PID 控制的阶跃响应

被控制对象为

$$G(s) = \frac{523500}{s^3 + 87.35s^2 + 10470s}$$

采样时间为 1 ms，采用 Z 变换进行离散化，经过 Z 变换后的离散化对象为

$$y_{\mathrm{out}}(k) = -a(2)y_{\mathrm{out}}(k-1) - a(3)y_{\mathrm{out}}(k-2) - a(4)y_{\mathrm{out}}(k-3)$$
$$+ b(2)u(k-1) + b(3)u(k-2) + b(4)u(k-3)$$

上述 PID 控制算法的缺点是由于采用全量输出，所以每次的输出均与过去的状态有关，计算式要对偏差量进行累加，计算机输出控制量对应的是执行机构的实际位置偏差，如果位置传感器出现故障，控制量可能出现大幅度的变化，这种大幅度的变化可能会引起执行机构位置的大幅度的变化，这种情况在实际生产中是不允许发生的，在某些重要场合还有可能造成重大事故。为避免这种情况的发生，采用增量式 PID 控制算法。

4.5　增量式 PID 控制算法及仿真

当执行机构需要的是控制量的增量（例如驱动步进电机）时，应采用增量式 PID 控制。根据递推原理可得

$$u(k-1) = k_{\mathrm{p}}\left(e(k-1) + k_{\mathrm{i}}\sum_{j=0}^{k-1}e(j) + k_{\mathrm{d}}(e(k-1) - e(k-2))\right)$$

增量式 PID 的算法为

$$\Delta u(k) = u(k) - u(k-1)$$
$$\Delta u(k) = k_{\mathrm{p}}(e(k) - e(k-1)) + k_{\mathrm{i}}e(k) + k_{\mathrm{d}}(e(k) - 2e(k-1) + e(k-2))$$

根据增量式 PID 控制算法，设计仿真程序，参考程序见 chap 4_6。设被控对象的传递函数为

$$G(s) = \frac{400}{s^2 + 50s}$$

PID 控制参数为：$k_{\mathrm{p}} = 8$，$k_{\mathrm{i}} = 0.10$，$k_{\mathrm{d}} = 10$。仿真结果如图 4 - 10 所示。

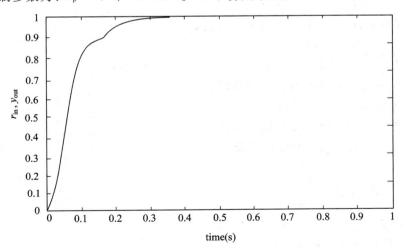

图 4 - 10　增量式 PID 控制的阶跃响应

由于控制算法中不需要累加偏差量，控制增量 $\Delta u(k)$ 仅与最近 k 次的采样有关，所以误动作时影响小，而且较容易通过加权处理获得比较好的控制效果。

在计算机控制系统中，PID 控制是通过计算机程序实现的，因此它的灵活性很大。一些原来的模拟 PID 控制器中无法实现的问题，在引入计算机以后就可以得到解决，于是产生了一系列的改进算法，形成非标准的控制算法，以改善系统品质，满足不同控制系统的需要。

4.6　积分分离 PID 控制算法及仿真

在普通 PID 控制中，引入积分环节的目的主要是为了消除稳态误差，提高控制精度。但在过程的启动、结束或大幅度增减设定时，短时间内系统的输出有很大的偏差，会造成 PID 运算的积分积累，致使控制量超过执行机构可能允许的最大动作范围对应的极限控制量，引起系统较大的振荡，这在生产中是绝对不允许出现的。

积分分离控制基本思路是，当被控量与设定值偏差较大时，取消积分作用，以免由于积分作用使系统的稳定性降低，超调量增大；当被控量接近给定量时，引入积分控制，以便消除稳态误差，提高控制精度。

积分分离控制具体的实现步骤是：

（1）根据实际情况，人为设定阈值 $\varepsilon > 0$；

（2）当 $|e(k)| > \varepsilon$ 时，采用 PID 控制，可避免产生过大的超调，又使系统有较快的响应；

（3）当 $|e(k)| \leqslant \varepsilon$ 时，采用 PID 控制，以保证系统的控制精度。

积分分离控制算法可表示为

$$u(k) = k_p e(k) + \beta k_i \sum_{j=0}^{k} e(j) T + k_d (e(k) - e(k-1))/T$$

式中，T 为采样时间，β 为积分项的开关系数：

$$\beta = \begin{cases} 1, & |e(k)| > \varepsilon \\ 0, & |e(k)| \leqslant \varepsilon \end{cases}$$

根据积分分离式 PID 控制算法的步骤得到其程序的流程图如图 4-11 所示。

仿真实例　采用 MATLAB 编程方式，参考程序见附录 1 chap 4_7，设被控对象为一个延迟对象

$$G(s) = \frac{e^{-80s}}{60s + 1}$$

采样时间为 20 s，延迟时间为四个采样时间，即 80 s，被控对象可离散化为

$$y(k) = -den(2)y(k-1) + num(2)u(k-5)$$

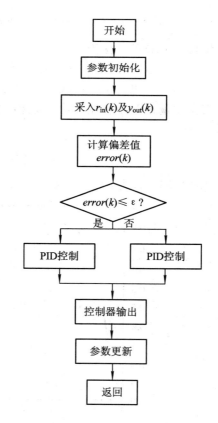

图 4-11　积分分离式 PID 控制的程序流程图

取 M＝1，采用积分分离式 PID 控制器进行阶跃响应仿真，对积分分离式 PID 控制算法进行改进，采用分段积分分离方式，即根据误差绝对值的不同采用不同的积分分离强度，其阶跃响应结果如图 4-12。取 M＝2，采用普通 PID 控制，其阶跃响应结果如图 4-13 所示。

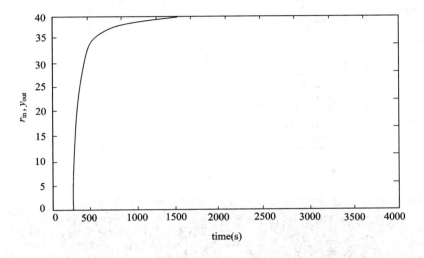

图 4-12　积分分离式 PID 的阶跃响应

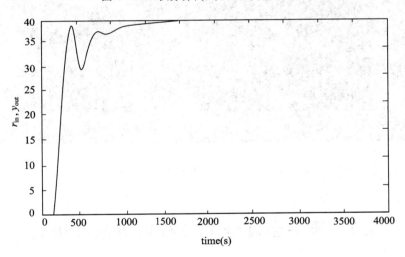

图 4-13　普通 PID 的阶跃响应

积分分离式 PID 控制的 Simulink 仿真如图 4-14 所示，仿真结果如图 4-15 所示。

由仿真结果图 4-15 可以看出，采用积分分离方法控制的效果有很大的改善。值得注意的是，为保证引入积分作用后系统的稳定性不变，在输入积分作用时比例系数 k_p 可进行相应的变化。此外，β 值应根据具体对象及要求而定，若 β 过大，则达不到积分分离的目的；若 β 过小，则会导致无法进入积分区。如果只进行 PD 控制，会使控制系统出现稳态误差。

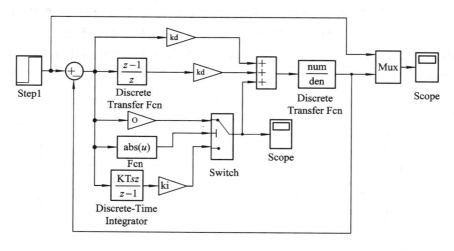

图 4-14 积分分离式 PID 控制的 Simulink 仿真

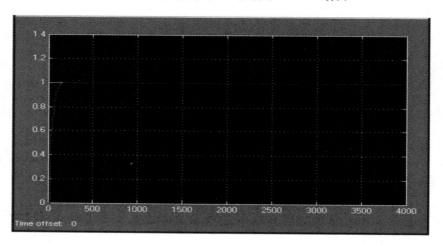

图 4-15 积分分离式 PID 控制的阶跃响应

4.7 不完全微分 PID 控制算法及仿真

在 PID 控制中,微分信号的引入可以改善系统的动态特性,但也容易引进高频干扰,在误差扰动突变时更能显出微分项的不足。若在控制算法中加入一个一阶惯性环节(低通滤波器),则可使系统的性能得到改善。不完全微分 PID 的结构如图 4-16 所示。图 4-16(a)是将低通滤波器直接加在微分环节上,(b)是将低通滤波器加在整个 PID 控制器之后。

对图(a)所示的不完全微分结构,经整理可得不完全微分的算法为

$$u_D(k) = K_D(1-a)(e(k) - e(k-1)) + \alpha u_D(k-1)$$

其中,$K_D = k_p \cdot T_D / T_s$,$\alpha = \dfrac{T_f}{T_s + T_f}$,$T_s$ 为采样时间,T_I 和 T_D 为积分时间常数和微分时间常数,T_f 为滤波器系数。

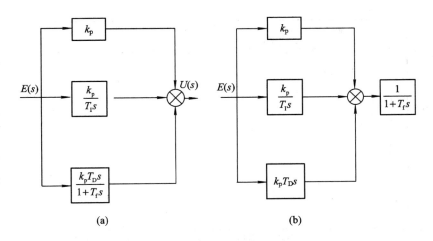

图 4 - 16　不完全微分算法的结构图

（a）低通滤波器直接加在微分环节上；（b）低通滤波器加在 PID 控制器之后

仿真实例　采用 MATLAB 编程方式，参考程序见附录 1 chap 4_8。采用第一种不完全微分方法，被控对象为时滞系统传递函数

$$G(s) = \frac{\mathrm{e}^{-80s}}{60s + 1}$$

在对象的输出端加幅值为 0.01 的随机信号，采样时间为 20 ms。

低通滤波器为

$$Q(s) = \frac{1}{180s + 1}$$

采用不完全微分 PID 控制方法，其控制的阶跃响应如图 4 - 17 所示。采用普通 PID 控制方法，阶跃响应如图 4 - 18 所示。由仿真结果可以看出，引入不完全微分后，能有效地克服普通 PID 的不足。尽管不完全微分 PID 控制算法比普通 PID 控制算法要复杂些，但由于其具有良好的控制性能，近年来得到越来越广泛的应用。

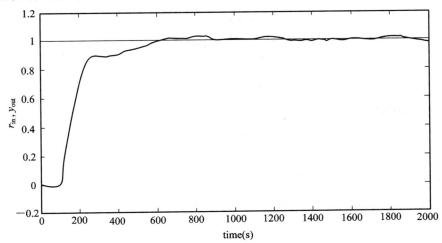

图 4 - 17　不完全微分 PID 控制的阶跃响应

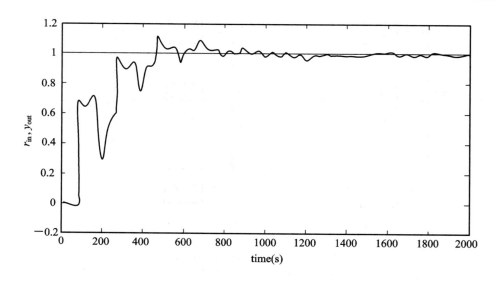

图 4 - 18　普通 PID 控制的阶跃响应

4.8　微分先行 PID 控制算法及仿真

微分先行 PID 控制如图 4 - 19 所示，其特点是只对输出量 $y_{out}(k)$ 进行微分，而对给定值 $r_{in}(k)$ 不进行微分。这样，在改变给定值的时候，输出不会改变，而被控量的变化通常是比较缓和的。这种输出量先行微分控制适用于给定值 $r_{in}(k)$ 频繁升降的场合，可以避免给定值升降时引起的系统振荡，从而明显地改善系统的动态特性。

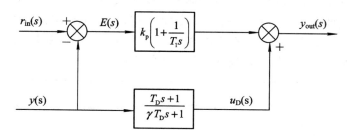

图 4 - 19　微分先行 PID 控制的结构图

微分部分的传递函数为

$$\frac{u_{D}(s)}{y(s)} = \frac{T_{D}s+1}{\gamma T_{D}s+1} \qquad \gamma < 1$$

式中，$\dfrac{1}{\gamma T_{D}s+1}$ 相当于低通滤波器。

仿真实例　采用 MATLAB 编程方式，参考程序见附录 1 chap 4_9。设被控对象为一个延迟对象

$$G(s) = \frac{e^{-80s}}{60s+1}$$

采样时间 $T=20$ s，延迟时间为 4T。输入信号为带有高频干扰的方波信号
$$R_{in}(t) = 1.0\,\mathrm{sgn}(\sin(0.0005At)) + 0.05\,\sin(0.03At)$$

　　取 M＝1，采用微分先行 PID 控制方法，其方波响应结果如图 4-20 和图 4-21 所示。取 M＝2，采用普通 PID 控制方法，其方波响应结果如图 4-22 和图 4-23 所示。由仿真结果可以看出，对于给定值 $r_{in}(k)$ 频繁升降的场合，引入微分先行环节后，可以避免给定值升降时所引起的系统振荡，明显地改善了系统的动态特性。

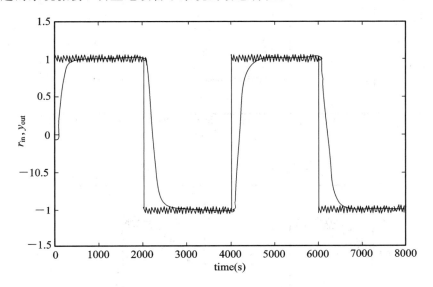

图 4-20　微分先行 PID 控制的方波响应

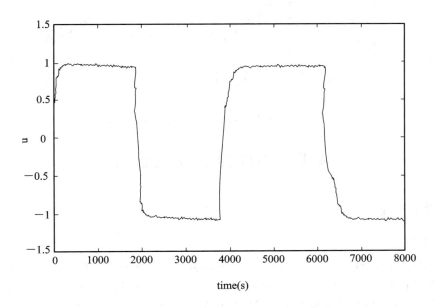

图 4-21　微分先行 PID 控制方波响应的控制器输出

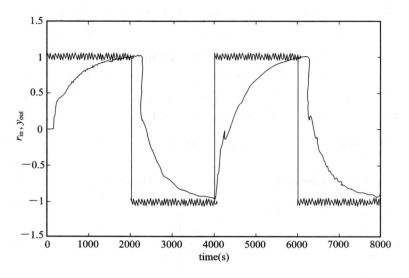

图 4 - 22　普通 PID 控制的方波响应

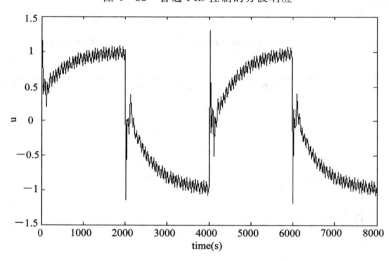

图 4 - 23　普通 PID 控制方波响应的控制器输出

4.9　PID 控制器的设计

4.9.1　系统辨识

1. 系统辨识简介

所谓系统辨识，即是在不知道系统的传递函数时，根据系统的特性辨识出系统的模型的方法。若被控对象的数学模型是简单线性的(linear)，且各项参数都可知道，则可用控制理论来设计 PID 控制器的系数大小。但实际的被控对象往往是非线性系统，且系统复杂，难以精确地用数学式表达。所以工业上设计 PID 控制器时，常常使用实验方法而较少用理论方法来设计。在调整 PID 控制器的方法中，最有名的是 Ziegler-Nichols 调整法则，它是

基于带有延迟的一阶传递函数模型提出的，这种对象模型可以表示为

$$G(s) = \frac{Ke^{-Ls}}{Ts + 1}$$

　　在实际的过程控制系统中，有大量的对象模型可以近似的由这样的一阶模型来表示，如果不能从物理上建立起系统的模型，我们还可以由实验提取相应的模型参数。将幅值为 1 的阶跃信号加到被控对象上，如图 4 - 24 所示。

　　对于大多数的被控对象，若其输入为阶跃信号，则输出 $c(t)$ 大多为 S 状曲线，如图 4 - 25 所示。这个 S 状曲线称为过程反应曲线（Process Reaction Curve）。

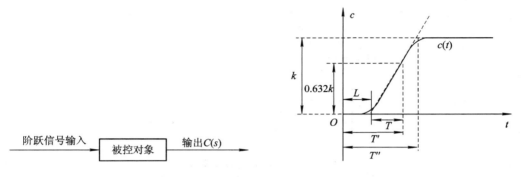

图 4 - 24　将阶跃信号加到被控对象上　　　　　　图 4 - 25　被控对象的阶跃响应

　　以空调系统为例，求解系统的传递函数。空调系统的示意图如图 4 - 26 所示，其方块图如图 4 - 27 所示，传递函数未知。

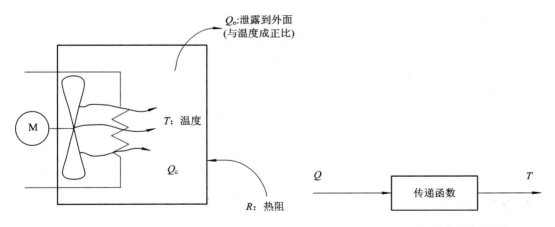

图 4 - 26　空调系统的示意图　　　　　　　　　图 4 - 27　空调系统的方块图

　　由图 4 - 26 及图 4 - 27 可得知，此系统的传递函数推导如下（推导过程仅作了解）：

$$Q = Q_o + Q_c$$

$$Q = \frac{T}{R} + C\frac{dT}{dt}$$

$$Q = \frac{T}{R} + CsT$$

$$\frac{T}{Q} = \frac{R}{RCs + 1} = \frac{R}{\tau s + 1}$$

2. 系统特性分析

继续以空调系统为例,当系统为制热状态时,使用最大信号去控制系统,直到稳定之后,也就是温度无法再上升时,系统特性就会出现,如图 4-28 所示。

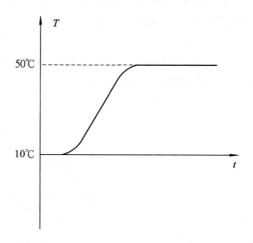

图 4-28 系统制热的特性图

当系统为制冷状态时,使用最大信号去控制系统,直到稳定之后,也就是温度无法再下降时,系统特性就会出现,如图 4-29 所示。

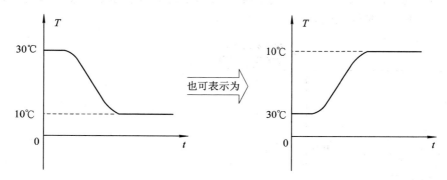

图 4-29 系统制冷的特性图

3. 系统辨识方法

1)传递函数的确定

一阶系统 $\dfrac{K}{Ts+1}$ 加一个延迟 e^{-Ls} 来近似被控对象,则其近似传递函数公式为

$$G(s) = \frac{Ke^{-Ls}}{Ts+1}$$

其中,K、T、L 可由图 4-30 求得。K 是稳态值;T 是时间常数(注:系统越大,时间常数越大);L 是延迟时间。

2)K、T、L 的求法

K 值相当于 $c(t)$ 的稳态值。T 及 L 值与 $c(t)$ 及切线的关系如图 4-30 所示。在 S 形状曲线上划一条斜率最大的切线，T 及 L 值可以直接从图上得知。

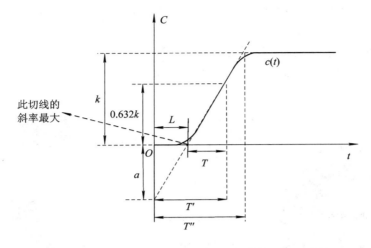

图 4 - 30　一阶系统带有延迟特性图

4.9.2　PID 控制器参数的计算

　　用波德图及跟轨迹法求取 PID 值需要先确定系统的传递函数。以此，首先通过转移函数系统辨识方法辨识出系统的传递函数，如图 4 - 31 所示，再用 MATLAB 里的 Simulink 画出反馈方块图，最后调节出 PID 控制器的参数。具体方法可参考《PID 控制器——理论、调整与实现》一书。

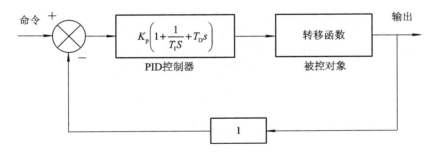

图 4 - 31　系统辨识方法求转移函数

4.10　WINPC32 PID 控制模块简介

4.10.1　控制模块的结构

　　WINPC32 PID 控制模块的结构组成如图 4 - 32 所示，包括以下部分：
　　（1）控制人机界面：提供给使用者操作的控制画面。
　　（2）控制参数设定：使用者在编辑模式下，可通过系统 ON/OFF、PID 闭回路输入/出环境模块接口，设定过程控制卡硬件驱动设置和过程控制平台的控制参数、报警极限值、量测补偿、输出饱和等过程控制参数。

（3）PLC 逻辑程式：过程控制动作流程的程序，使用者可设计过程控制应用程序的逻辑。例如，在某种情况下，为保护控制平台的输出过载或安全保护机制，可由 PLC 逻辑程式来达成。

（4）使用者自定控制逻辑：使用者可利用呼叫标准 C 语言撰写控制演算式逻辑，来进行复杂的控制演算式运算，创建客户本身的专业技术。

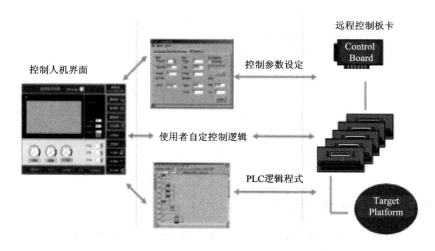

图 4 - 32　PID 控制模块的结构图

（5）过程控制板卡的方框图如图 4 - 33 所示。

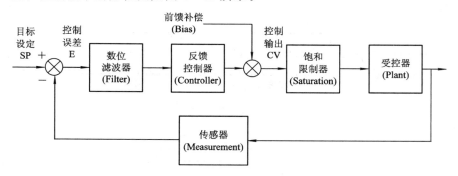

图 4 - 33　过程控制板卡方框图

4.10.2　控制模块的功能

WINPC32 PID 控制模块提供的过程控制软件模块的主要功能包括：

（1）控制机制：提供 32 个独立的 PID 循环过程控制机制，供使用者应用于温度控制、压力控制、流量控制以及一般常用的连续制程程控。

（2）控制模式：ON/OFF 控制、P 控制、PI 控制、PID 控制以及使用者自定逻辑控制。

（3）设定方式：为使用者提供良好的 PID 参数输入/出设定环境，控制回路具有优先层次，可设定控制回路的优先级、控制周期以及控制参数。

（4）调谐功能：具有 Zingler-Nichols PID 自我调谐（Self-Tuning）功能，以产生最佳初始化的控制参数；动态自动调谐（Auto-Tuning）功能，调节出过程控制系统最佳 P、I、D

参数。

(5) 使用者自定逻辑：客户可自定控制演算式逻辑，利用呼叫标准 C 语言的使用者自定逻辑程序撰写控制算法，以符合使用者的实际应用要求。

(6) 正逆向动作控制：系统默认值为逆动作控制模式(E＝SP－PV)，例如加热控制，当测量温度(PV)比目标设定值(SP)低时，提高控制输出量；反之，正动作控制模式(E＝PV－SP)应用于冷却控制的场合。

(7) 自动/手动控制模式：支持自动/手动控制的切换模式，默认值为自动模式，控制器进行标准的反馈控制(ON/OFF 或是 PID 控制逻辑)。使用者亦可强制切换至手动控制的模式，在线上进行强制输出操作。其中手动/自动模式切换为连续的输出控制值(CV)，防止在瞬间切换的过程时发生很大的输出变化，称之为无扰动切换。

(8) 值无效频带(Deadband)：被控系统常因量测输入值受环境影响的持续变动，造成控制输出频繁地震荡，系统可通过设定量测输入值的值无效频带，抑制量测输入值有效的变动幅度，避免太频繁的控制输出变化。

(9) 数字滤波：提供一到十层级数位的三阶低通滤波器(Low Pass Filter)的设计。

(10) 警报模式：提供上限警报、超高上限警报、下限警报以及超低下限警报。

(11) 输出饱和：提供输出饱和上限以及输出饱和下限的范围设定。

(12) 输入补正：量测值通过输入补正设定值进行调整，PV 为 PV_{actual} 输入补正值之和。

(13) 前馈补偿：控制器通过前馈补偿值的设计，进行控制输出的调整。

(14) 硬件支持：应用于温度、压力、流量以及一般常用的连续制程程控。

(15) 断线侦测：具有输入感测线(热电偶)断线自动侦测功能，以及输出负载组件(加热器)断线自动侦测功能。输出负载断线侦测针对负载组件的通电电流，利用电流检测器 CT(Current Transformer)将其电流信号转换成电压值加以检测。

❖❖❖❖❖❖❖❖❖❖ **本 章 习 题** ❖❖❖❖❖❖❖❖❖❖

4－1　画出 PID 控制系统的原理框图。

4－2　简述 PID 控制器中各校正环节的作用。

4－3　本章课程设计：

1. 课程设计的目的

课程设计的目的是为了加深对所学内容的理解，以及应用所学理论去指导实际问题，培养学生能够用所学的理论和方法，从对象机理建模开始，设计并分析一个实际系统的能力。

2. 课程设计的内容

(1) 获得一个被控对象的模型。

(2) 分析被控对象的特性，如稳定性、稳态误差和动态性能指标。

(3) 设计一个 PID 控制器，使控制系统满足特定的要求。

(4) 编写设计报告。

3. 课程设计的要求

(1) 选定一个被控对象(如电机、水位系统、倒立摆等)，采用机理方法获得其模型。

（2）采用 MATLAB 分析被控对象的特性（如稳定性、稳态误差和动态性能指标），记录分析结果。

（3）设计一个控制器，可以是 PID 控制器或其他控制器，使控制系统满足特定的要求。

（4）采用 MATLAB 分析系统的特性（如稳定性、稳态误差和动态性能指标），记录分析结果。

（5）编写设计报告。

参 考 文 献

［1］ 薛定宇. 反馈控制系统设计与分析：MATLAB 语言应用［M］. 北京：清华大学出版社，2000.

［2］ 陶永华，尹怡欣，葛芦生. 新型 PID 控制及其应用［M］. 北京：机械工业出版社，1998.

［3］ 王耀南. 智能控制系统：模糊逻辑·专家系统·神经网络［M］. 长沙：湖南大学出版社，1996.

［4］ 黄文梅，杨勇，熊桂林. 系统分析与仿真：MATLAB 语言及应用［M］. 长沙：国防科技大学出版社，1999.

第 5 章　网络控制系统及其仿真

通过本章的学习，我们将深入地了解网络控制系统，包括系统的概念、组成、结构、特点以及基本问题，并希望日后可以将它们应用到物联网的研究与开发过程中去。

5.1　网络控制系统

5.1.1　网络控制系统的概念

网络控制系统(Networked Control System，NCS)又被称为基于网络的控制系统、网络化控制系统，是一种完全网络化、分布化的控制系统，是通过网络构成闭环的反馈控制系统。具体来说，网络控制系统以网络作为传输介质，实现传感器、控制器和执行器等系统各部件之间的信息交换，从而实现资源共享、远程监测与控制。例如，基于工业以太网和现场总线技术的网络控制系统都可以看成是一种狭义的网络控制系统。广义的网络控制系统不但包括狭义的网络控制系统，还包括通过 Internet、企业信息网络以及企业内部网路，实现对工厂车间、生产线以及工程现场设备的远程控制、信息传输、信息管理以及信息分析等。

NCS 的概念最早于 1999 年出现在马里兰大学 G. C. Walsh 的论著中，文中指出，在该系统中控制器与传感器通过串行通信形成闭环。人们对以网络为通信介质的控制系统的研究最早可以追溯到 1988 年由 Y. Halevi 与 A. Ray 两位学者一起发表的一篇名为《Integrated communication and control systems》的论文。他们首次将控制系统与通信网络的研究结合起来，将这种系统命名为集成通信控制系统，并讨论了带有随机时延的线性控制系统的建模问题。

网络控制系统是计算机网络技术、通信技术、传感器技术和控制科学日益发展与交叉融合的产物，是计算机网络技术在控制领域的延伸和应用，是计算机控制系统的更高发展。

5.1.2　网络控制系统的组成与结构

网络控制系统一般由三部分组成：控制器、被控对象以及通信网络。被控对象一般为连续系统，而控制器一般采用离散系统。被控对象的输出通过传感器采样的方式离散化并通过通信网络发送到控制器的输入端。控制器进行运算后，将输出通过网络发送到被控对象的输入端，并由零阶保持器生成分段连续函数作为连续系统的输入。

在一个网络控制系统中，被控对象、传感器、执行器和控制器可以分布在不同的物理位置上。控制器可以不止一个，被控对象也可以不止一个，一个控制器可以控制多个对象，同时一个被控对象也可以通过控制器信息融合的方式或者分时的方式被多个控制器控制。

网络控制系统的典型简单结构如图 5-1 所示。

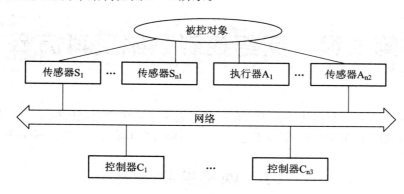

图 5-1　网络控制系统的典型结构

　　一般来说，网络控制系统有两种结构：直接结构和分层结构。其中，直接结构又称径直结构，在实际应用中，多个控制器可能封装在一个主控制单元中来管理多个 NCS 控制回路。直接结构的典型应用有远程学习实验室和直流电机的速度控制等。直接结构的网络控制系统如图 5-2 所示。

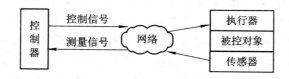

图 5-2　直接结构的网络控制系统

　　在分层结构中，主控制器综合各方面的信息通过网络将计算好的参考信号发送给远程控制系统，远程控制器根据参考信号执行本地闭环控制，并将传感器测量的数据传给主控制器。

　　一般情况下，网络控制回路具有比本地控制回路更长的采样周期，这是因为，远程控制器在处理新到达的信息之前假定已经满足参考信号。与直接结构相比，由于远程控制器的存在，分层结构有更好的实时性。当然，分层结构中多个控制器也可以封装在一个控制单元中来管理多个 NCS 控制回路。分层结构的典型应用包括遥操作系统、移动机器人、汽车及航天器等。分层结构的网络控制系统如图 5-3 所示。

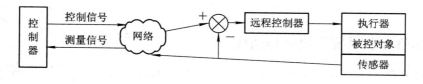

图 5-3　分层结构的网络控制系统

　　实际应用中，网络控制系统采用哪种结构取决于应用的需求和设计方案的选择。例如，在机器人应用中，机械手往往要求多个电机在其关节处同时平滑地旋转，这种情况下，采用机器人现有的控制器和分层结构更方便，系统的鲁棒性也更好。而在直流电机的控制中，由于要求网络控制的性能具有快速反应性，这个情况就偏向于采用直接结构。在大规模的 NCS 中，也有可能同时采用两种控制结构，这是由 NCS 的网络结构所决定的。如果把远程闭环系统建模成类似于被控对象的状态空间模型或者传递函数，则分层结构实际上也可以转化成直接结构。

5.1.3　网络控制系统的特点

与传统的点对点控制系统相比，网络控制系统具有共享信息资源、远程监测与控制、减少系统布线、易于扩展和维护、增加系统的灵活性和可靠性等优点，具体来说有以下几点：

（1）信号数字化。网络控制系统能以较小的信息传输代价实现远程操作和远程控制，用数字信号取代模拟信号在数字网络上传输，实现控制设备间的数字化互连。

（2）互操作性。不同厂商的产品在同一网络中可以相互兼容，相互通信。不同程度地减少了中间环节的信息处理设备，降低了控制成本。

（3）开放性。系统容易扩展，增加或减少节点比较简单，可维护性强；可以实现决策管理层、调度层到现场控制设备的全系统控制和全过程优化。

（4）节点智能化。很多节点都是带有 CPU 的智能终端，能够记录、处理数据，节点之间通过网络实现信息传输和功能协调，每个节点都是组成网络控制系统的一个细胞，且具有各自相对独立的功能。

（5）控制现场化和功能分散化。网络化结构使原先由中央控制器实现的任务下放到智能化现场设备上执行，这使危险因素得到分散，从而提高了系统的可靠性和安全性。

此外，基于无线网络技术还可以利用广泛散布的传感器与远距离的控制器和执行器构成一些特殊用途的无线网络控制系统，这是传统的控制系统所不能实现的。正是由于这些显著特点，网络控制系统在汽车控制系统、航天航空系统、电力系统和工业过程控制系统等工业领域获得了广泛的关注和应用。

5.1.4　网络控制系统的基本问题

网络控制系统具有可以实现资源共享、远程操作与控制、安装与维护简便、增加系统的灵活性和可靠性等优点，但由于通信网络的引入，不可避免地产生了一些新的问题，如通信协议、采样周期、网络时延、丢包、网络调度、节点的驱动方式、时钟同步等。

1. 通信协议

在网络控制系统中，通信网络是控制系统的"中枢神经"，是传感器、控制器和执行器等各节点所共享的公共网络。通信网络可以是有线网络、无线网络或混合网络，按网络类型和媒体访问控制（Medium Access Control，MAC）方式划分，有随机访问（Random Access）和轮询服务（Cyclic Service）两大类。在随机访问网络中，节点间的通信采用载波监听多路访问（Carrier Sense Multiple Access，CSMA）协议。在轮询服务网络中，节点间的通信一般采用令牌传递（Token Passing，TP）方式。采用不同通信协议的网络有着不同的通信特征，从而使 NCS 具有不同的特性，这些特性将影响到系统的分析与设计，进而影响整个控制系统的性能。

2. 采样周期

对于一般的离散系统，采样频率越快越好，采样频率的提高能使一般的非连续系统接近于连续系统。然而,对于网络控制系统,采样频率加快相当于加重了网络的负荷,负荷加重就会加大信号的时延,从而影响系统的控制性能。

3. 网络时延

在网络控制系统中,当传感器、控制器和执行器等节点通过网络交换数据时,由于网络带宽有限且网络中的数据流量变化不规则,不可避免地会造成数据碰撞、多路传输、连接中断和网络拥塞等现象,因此会产生时延。这种由于网络的引入而使控制系统的信息传输产生的时延,称为网络诱导时延或网络时延。网络时延会造成系统控制品质的降低、性能恶化,甚至会导致系统不稳定。在网络控制系统中,时延的组成如图 5-4 所示。

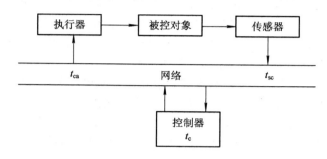

图 5-4 网络控制系统的时延组成

网络控制系统的时延 t 主要由三部分组成:传感器到控制器时延 t_{sc}、控制器计算时延 t_c 和控制器到执行器时延 t_{ca},即 $t = t_{sc} + t_c + t_{ca}$。在网络控制系统的研究中,可以通过选择合适的硬件和进行高效率的编码使控制器计算时延减小到相当小的程度,因而控制器计算时延通常可以忽略,即 $t = t_{sc} + t_{ca}$。

4. 丢包

由于网络节点会发生通信故障、通信冲突、信道干扰等原因,网络控制系统不可避免地会发生数据丢包现象。一般而言,网络控制系统的被控对象只能忍受一定比例的丢包,当丢包率达到一定值时,系统将变得不稳定。但是,在一些网络的拥塞控制算法中,有时会有目的地丢掉一些数据包来防止网络拥塞,这些数据包往往是一些非实时数据,在实时控制系统中,一般是将一定时间内未到达的数据包主动丢弃,接着发送新数据包,以确保信号的及时更新和数据的有效性。

5. 网络调度

在网络控制系统中,调度是指各节点在共享网络中发送数据出现碰撞时,规定节点的优先发送次序、发送时刻和时间间隔。按实现方法调度可分为三类:静态调度策略、动态调度策略、动静态混合调度策略。静态调度策略离线分配好各节点的网络带宽或者优先级,在系统运行过程中保持不变,所以灵活性较差。动态调度策略考虑信息流的时变性,根据系统的需求在线调整各节点的网络带宽或者优先级。动静态混合调度策略针对实时性要求不同的数据采用分别对待的方针,实时数据采用动态调度,非实时数据采用静态调度,以提高网络资源的可调度性。

6. 节点的驱动方式

在网络控制系统中,节点的驱动方式是指传感器节点、控制器节点和执行器节点的启动方式，有时间驱动和事件驱动两类。时间驱动是指网络节点在预定的时间启动工作，可以使节点周期地工作；而事件驱动是指网络节点在特定的事件发生时启动工作。在 NCS 中，传感器一般采用时间驱动，控制器和执行器一般采用事件驱动。

7. 节点的时钟同步

当传感器、控制器和执行器均采用时间驱动时，则各节点间必须保持时钟同步。时钟同步的方式有硬件同步和软件同步两类。硬件同步一般是通过实际介质传递同步时钟信号，对于分布在不同地理位置的各节点，硬件同步难以实现且造价高。软件同步一般通过网络广播具有高优先级的同步时钟信号，是较常用的时钟同步方式。

5.2　基于 TrueTime 的网络控制系统仿真平台

仿真是研究网络控制系统及验证控制和调度算法的必要手段，目前大家较为熟悉的仿真软件是 Matlab/Simulink，它可以实现控制系统与实时调度的仿真研究。但是控制系统与实时调度的仿真分别集中在各自的领域中进行，很少有工具能够同时实现。

TrueTime 是瑞典隆德（Lund）大学自动化系的 Martin Ohlin、Dan Henriksson 和 Anton Cervin 于 2002 年推出的网络控制系统仿真工具箱，它是一种基于 Matlab 图形化仿真环境 Simulink 的一种联合仿真工具箱，能够同时支持控制系统与实时调度的仿真，利用它可以对网络时延、数据丢包、干扰、控制方法、网络调度等多方面进行综合仿真研究。因此，常选用 TrueTime 工具箱作为仿真工具，对网络控制系统进行仿真研究。

5.2.1　TrueTime 工具箱的结构及功能模块

TrueTime 是以 Visual C++ 6.0 及以上版本和 Matlab/Simulink 为平台的仿真工具箱。此工具箱的优点在于它能和 MATLAB 软件包中的其他控制模块相结合，简便而又快速地搭建实时控制系统或实时网络控制系统。TrueTime 仿真工具箱可以提供多种通信网络模式，如 CSMA/CD（以太网）、CSMA/AMP（CAN 网络）、Round Robin（令牌总线）、FDMA（频分多路复用）、TDMA（时分多路复用）、Switched Ethernet（交换式以太网）和 Wireless Network（无线网络）等；在网络模块中还能模拟丢包、数据传输率等网络参数，这对分析各类参数对 NCS 性能的影响非常重要。TrueTime 可以用于研究时间不确定性（如扰动、网络传输时延）对控制性能的影响；可以对具有时变系统的控制器进行设计，对系统进行补偿；可以进行灵活的动态调度方法仿真实验。

TrueTime 由实时内核模块（TrueTime Kemel）、有线网络模块（TrueTime Network）、无线网络模块（TrueTime Wireless Network）、电池模块（TrueTime Batter）、发送消息模块（ttSendMsg）和接收消息模块（ttGetMsg）六个功能模块组成，如图 5-5 所示。

1. 实时内核模块

实时内核模块（TrueTime Kemel）或称计算机模块，可被用作网络控制系统的网络节点，如传感器、控制器、执行器和干扰节点等。它具有比较灵活的实时内核，内嵌网络接口、A/D 和 D/A 转换器接口、外部中断通道以及多任务调度和监控输出接口。调度器与监控器的输出用于显示仿真过程中公共资源的分配情况。实时内核模块按照用户定义的任务

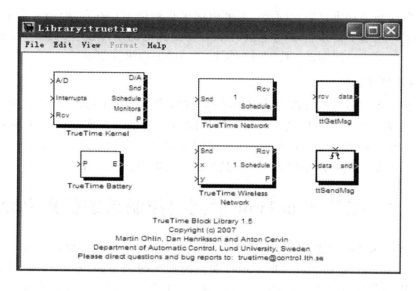

图 5 - 5 TrueTime 功能模块图

工作，任务由用户编写的代码函数实现，代码的编写可以采用 Matlab 或 C++语言。实时内核模块及其参数设置界面如图 5 - 6 所示。

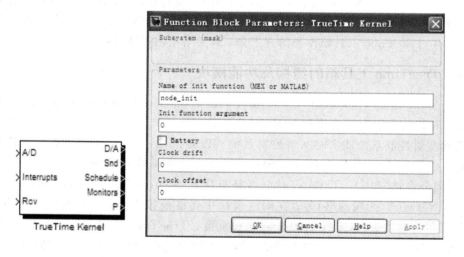

图 5 - 6 实时内核模块及其参数设置界面

Name of init function(MEX or MATLAB)：初始化函数，可用 Matlab 或 C++语言编写，用于初始化实时内核模块。

Init function argument：可选项，初始化函数的参数。

Battery：可选项，若选中该项，则表示模块需要电源，要与电源模块配合使用。

Clock drift：时钟漂移，例如取值为 0.1，表示本地时钟与标称时钟相比快 10%。

Clock offset：时钟偏移，与标称时钟相差一个固定的常数值。

2. 有线网络模块

有线网络模块(TrueTime Network)可被用作 NCS 的通信网络。TrueTime Network

提供了多种网络参数和网络模式，如媒体访问控制协议（MAC）、节点数、传输速率、丢包率等。其中，网络模式与 MAC 有 CSMA/CD（如 Ethernet）、CSMA/AMP（如 CAN）、Round Robin（如 Token Bus）、FDMA、TDMA 和 Switched Ethernet 等六种。TrueTime Network 采用事件驱动方式，当有消息进出网络时启动工作。TrueTime Network 中定义了四种调度策略，分别是固定优先级（Fixed Priority，FP）、单调速率（Rate Monotonic，RM）、截止期单调（Deadline Monotonic，DM）和最小截止期优先（Earliest Deadline First，EDF）。有线网络模块及其参数设置界面如图 5－7 所示。

图 5－7　有线网络模块及其参数设置界面

Network type：网络类型，通过该项设置介质访问控制协议。

Network number：网络模块编号，必须从 1 开始按升序编号。

Number of nodes：连接到网络的节点数目。

Data rate(bits/s)：网络的速率。

Minimum frame size(bits)：最小帧长度。

Loss probability(0－1)：数据包丢包率。

Slot size(bits)：槽的大小，仅在网络为 TDMA 时使用。

Cyclic Schedule：由发送节点网络号组成的向量参数，不能用于和无线循环发送间的调度，它表示相应发送节点在对应时间槽内发送信息，仅在网络为 TDMA 时使用。

3. 无线网络模块

无线网络模块（TrueTime Wireless Network）可被用作 WiNCS 的通信网络，与 TrueTime Network 类似，也是采用事件驱动方式工作，同样也可以在该模块的对话框中方便地定义网络参数，如 MAC、传输速率、重传次数等。考虑到无线电信号路径丢失的情况，无线网络模块通过两个输入通道参数 x 与 y 来详细描述节点的实际位置。TrueTime 1.5 支持 IEEE 802.11 b/g（WLAN）和 IEEE 802.15.4（ZigBee）两种无线网络协议。无线网络模块及其参数设置界面如图 5-8 所示。

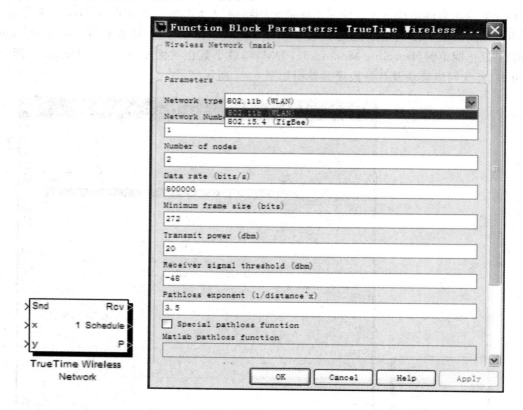

图 5-8　无线网络模块及其参数设置界面

Network type：网络类型，可以设置为 WLAN 或 ZigBee。

Network number：网络模块编号，必须从 1 开始按升序编号，且不能和有线网络有相同的编号。

Transmit power(dbm)：发射功率，决定无线信号强度及信号的覆盖范围。

Receiver signal threshold(dbm)：接收信号功率门限，当接收能量超过此门限值时，标记为"忙"。

Pathloss exponent(1/distancex)：信号衰减指数，典型值在 2～4 之间。

ACK timeout：节点确定消息丢失或重传前等待 ACK 信号的时间。

Retry limit：节点重传次数的上限。

Error coding threshold：错误编码门限，设置在 0～1 之间，表示当消息的编码发生错误时，仍能被模块处理的百分比上限。例如，在某些编码方案下，当错误率低于 0.03 时消息能够被完全恢复。

4. 电池模块

电池模块（TrueTime Batter）为内核模块提供电源功率。电池模块及其参数设置界面如图 5-9 所示，只有一个参数——初始能量。当使用 TrueTime Batter 时，需要在实时内核模块参数设置时选中 Battery 复选框,并且将实时内核模块与电源模块的 P 端口互连。

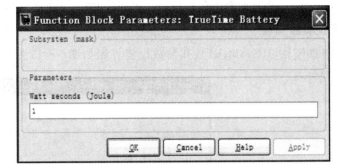

图 5 - 9　电池模块及其参数设置界面

5. 发送消息模块

在 TrueTime - 1.5 中,有两个独立的网络模块,分别是发送消息模块(ttSendMsg)和接收消息模块(ttGetMsg),它们可以不使用 Kernel 模块,独立地向网络发送消息与接收来自网络的消息。发送消息模块及其参数设置界面如图 5 - 10 所示。

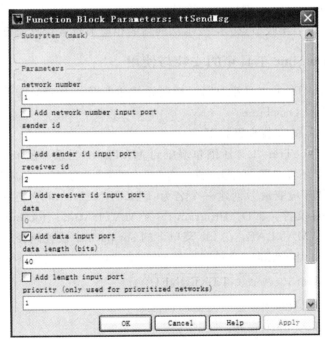

图 5 - 10　发送消息模块及其参数设置界面

network number:网络模块编号。

receiver id:接收节点号,允许自发自收,0 表示向所有节点广播信息。

data:代表消息内容的任意数据结构。

data length(bits):数据长度。

Priority(only used for prioritized networks):优先级,仅适用于优先级网络,默认为

发送节点号。

trigger type：触发类型，有上升沿、下降沿和边沿触发三种类型。

6. 接收消息模块

接收消息模块(ttGetMsg)及其参数设置界面如图 5-11 所示。

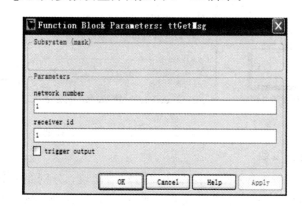

图 5-11　接收消息模块及其参数设置界面

network number：网络模块编号。

receiver id：接收节点号，表示从网络的相应节点号接收信息。

5.2.2　TrueTime 工具箱的安装与使用

利用 TrueTime 工具箱对网络控制系统进行仿真研究，需要先安装 Matlab，然后在 Matlab 下安装 TrueTime。

TrueTime 的安装步骤如下：

（1）将 TrueTime 1.5 压缩包解压到 MATLAB 目录下的 toolbox 文件夹中。

（2）设置环境变量。右击"我的电脑"-"属性"-"高级"-"环境变量"（或"控制面板"-"系统"-"高级"-"环境变量"）创建一个名为 TTKERNEL 的环境变量，值为 TrueTime 所在目录下的 kernel 文件，如 D:\Program Files\MATLAB7.1\toolbox\TrueTime-1.5\kernel。

（3）进入 MATLAB，在 file 菜单下的 set path 中设置路径，指向 TrueTime。

（4）将 toolbox\local 文件夹中的 startsav.m 文件中的内容修改为

```
addpath(getenv('TTKERNEL'))
init_TrueTime;
```

并将文件保存为 startup.m。

（5）启动 Matlab 后，第一次运行 TrueTime 前，必须为 TrueTime 命令编译 TrueTime 模块和 MEX-function，即在 Matlab 提示符下输入

```
mak_truetime
```

（6）在 Matlab 提示符下输入

```
truetime
```

即可打开 TrueTime 模块库，随后，可创建需要的系统模型，进行仿真研究。

5.3　无线网络控制系统的分析与设计实例

网络控制系统按照数据的传输方式可分为两种类型：有线网络控制系统和无线网络控制系统。

5.3.1　无线网络控制系统的结构

无线网络控制系统主要包括传感器/执行器节点、控制器节点、无线网络和被控对象，其结构如图 5 - 12 所示。

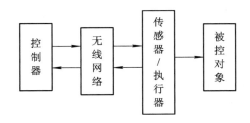

图 5 - 12　无线网络控制系统的结构

5.3.2　无线网络控制系统中存在的问题

无线网络控制系统中依然存在时延、丢包、多包、乱序等问题，这些问题的出现在一定程度上都会降低系统的性能，使系统的稳定范围变小，严重时甚至会导致系统失稳。需要注意的是，无线网络中功率消耗是连续的，这可能会导致 Truetime 中的电池能源耗光，从而失去控制效果，因此在无线网络控制系统中采用功率控制策略是必须的。

5.3.3　无线网络控制系统的仿真实例

1. 系统结构图

Truetime 1.5 说明书中包含一个无线网络控制系统仿真实例，我们通过剖析该仿真实例，说明基于 Truetime 工具箱的无线网络控制系统仿真模型的搭建方法。仿真模型的文件名为 wireless.mdl，仿真模式如图 5 - 13 所示，其基本原理是时间驱动的传感器/执行器节点周期性地对过程采样并将采样值经网络发送到计算机节点。该节点的任务是计算控制信号并将结果发送回传感器/执行器节点，执行控制信号。无线通信连接同时属于一种简单的功率控制策略。功率控制任务同时在传感器/执行器节点和控制器节点中执行，周期性地发送 ping 消息到其他节点，检测信道传输，如果收到答复，就假设信道是完好的且传输功率是最小的；反之如果没有收到，就认为传输功率一直增加直到饱和或再次收到答复。

2. 无线网络

按照图 5 - 14 所示的方法连接无线网络模型，然后将连接图全部选中，右击选择 Create subsystem 创建子系统，生成图 5 - 13 中的 Wireless Network（无线网络模块）。双击图 5 - 14 中的 TrueTime Wireless Network，会弹出无线网络参数设置对话框，它提供多种网络参数和网络模式，我们可以针对需要对媒体访问控制协议、网络节点数目、传输速率、数据丢失率等参数进行设置。

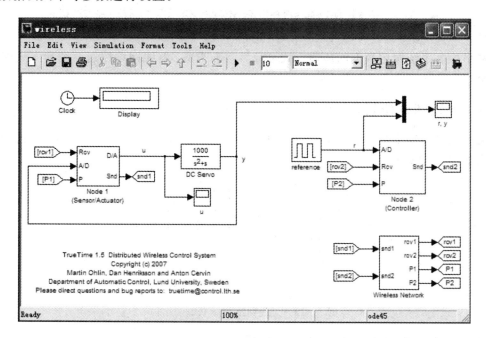

图 5 – 13   无线网络控制系统仿真模型

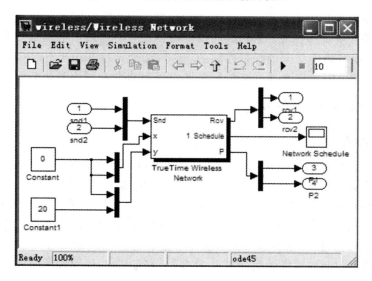

图 5 – 14   无线网络模型

3. 传感器/执行器节点

按照图 5 – 15 所示的方法连接传感器/执行器模型，然后将连接图全部选中，右击选择 Create subsystem 创建子系统，生成如图 5 – 13 中的 Node 1(Sensor/Actuator)（传感器/执行器模块）。然后通过对传感器/执行器节点的初始化与节点任务和网络中断程序的编写，分别建立对应的 M 文件，具体操作如下。

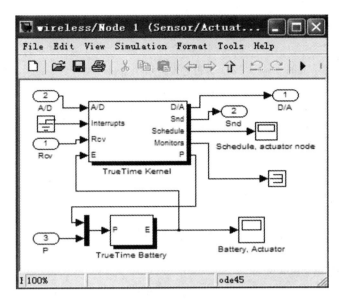

图 5-15 传感器/执行器节点模型

1）传感器/执行器节点初始化程序（actuator_init. m）

```
function actuator_init

%分布式控制系统中的执行器节点：接收控制器传过来的信号，并执行任务
%初始化 TrueTime 中的核
ttInitKernel(1，1，′prioFP′)；%定义模拟输入与输出，以及节点任务的优先级
ttSetKernelParameter(′energyconsumption′，0. 0100)；%设置能耗为 10 mW

%创建缓存器
ttCreateMailbox(′control_signal′，10)
ttCreateMailbox(′power_ping′，10)
ttCreateMailbox(′power_response′，10)

%创建传感器任务
data. y = 0；
offset = 0；
period = 0. 010；
prio = 1；
ttCreatePeriodicTask(′sens_task′，offset，period，prio，′senscode′，data)；

%创建执行器任务
deadline = 100；
prio = 2；
ttCreateTask(′act_task′，deadline，prio，′actcode′)；

%创建功率控制任务
```

```
        offset = 2.07；
        period = 0.025；
        prio = 3；
        power_data. transmitPower = 20；%设置发射功率为 20 mW
        power_data. name = 1；%定义此节点为网络中的 1 号节点
        power_data. receiver = 2；%定义此节点与网络中的 2 号节点进行通信
        power_data. haverun = 0；%不工作的情形
        ttCreatePeriodicTask('power_controller_task', offset, period, prio, 'powctrlcode', power_data)；

        %创建功率响应任务
        deadline = 100；
        prio = 4；
        ttCreateTask('power_response_task', deadline, prio, 'powrespcode')；

        %初始化网络
        ttCreateInterruptHandler('nw_handler', prio, 'msgRcvActuator')；
        ttInitNetwork(1, 'nw_handler')；%定义此节点为网络中的 1 号节点
```

2）传感器节点任务程序（senscode. m）

```
        function [exectime, data] = senscode(seg, data)

        switch seg,
    case 1,
        data. msg. msg = ttAnalogIn(1)；
        exectime = 0.0005；
    case 2,
        data. msg. type = 'sensor_signal'；
        ttSendMsg(2, data. msg, 80)；%发送 80 bits 的信号给节点 2(控制器)
        exectime = 0.0004；
    case 3,
        exectime = -1；%结束任务
        end
```

3）执行器节点任务程序（actcode. m）

```
        function [exectime, data] = actcode(seg, data)

        switch seg,
    case 1,
        %读取所有缓存信号
        temp = ttTryFetch('control_signal')；%获取控制信号并存储在中间变量 temp
        while ~isempty(temp),
        data. u = temp；%若 temp 不为空，则把其信号传给 data. u
        temp = ttTryFetch('control_signal')；%继续获取控制信号
    end
        exectime = 0.0005；
```

```
case 2,
        ttAnalogOut(1, data.u) %将存储在 data.u 的信号输出到 1 号节点
        exectime = -1; %结束任务
        end
```

4) 传感器/执行器节点网络中断程序(msgRcvActuator.m)

```
function [exectime, data] = msgRcvActuator(seg, data)
temp = ttGetMsg;
ttTryPost(temp.type, temp.msg);

if strcmp('control_signal', temp.type)
        ttCreateJob('act_task'); %若 temp.type 为控制信号,则执行创建执行器任务
elseif strcmp('power_ping', temp.type)
        ttCreateJob('power_response_task'); %若 temp.type 为确认信号,则执行功率响应任务
end
exectime = -1;
```

5) 功率控制程序(powctrlcode.m)

```
        function [exectime, data] = powctrlcode(seg, data)

        switch seg,
case 1,
        %读取所有缓存信号
        msg = ttTryFetch('power_response'); %获取功率确认信号
        temp = msg;
        while ~isempty(temp),
        y = temp;
        temp = ttTryFetch('power_response'); %获取功率确认信号
        end

        if isempty(msg) & data.haverun ~= 0
        %如果没有收到确认信号,可能是不能到达其他节点
        data.transmitPower = data.transmitPower + 10;
        %把发射功率限制在 30 dBm 以下
        data.transmitPower = min(30, data.transmitPower);
        ttSetNetworkParameter('transmitpower', data.transmitPower);
        else
        %如果有一个确认信号,证明有可到达的节点
        %可试图减小发射功率
        data.transmitPower = data.transmitPower-1;
        ttSetNetworkParameter('transmitpower', data.transmitPower);
        end
        exectime = 0.00002;
case 2,
```

```
        data. haverun = 1;
        msg. msg. sender = data. name;
        msg. type = 'power_ping';
        time = ttCurrentTime;
        disp(['setting transmitpower to: ' num2str(data. transmitPower) ' in node: '
        num2str(msg. msg. sender) ' at time ' num2str(time)]);
        ttSendMsg(data. receiver, msg, 80); %发送 80 bits 给 data. receiver
        exectime = -1; %结束任务
    end
```

6) **功率响应程序**(powrespcode. m)

```
        function [exectime, data] = powrespcode(seg, data)
        switch seg,
    case 1,
        data. msg. msg = ttTryFetch('power_ping');
        data. msg. type = 'power_response';
        exectime = 0.00002;
    case 2,
        disp(['power ping received from node: ' num2str(data. msg. msg. sender) ', sending re-
sponse'])
        ttSendMsg(data. msg. msg. sender, data. msg, 80); %回复 80 bits 的信号给发送者
        exectime = -1; %结束任务
    end
```

4. 控制器节点

按照图 5-16 所示的方法连接控制器模型，然后将连接图全部选中，右击选择 Create subsystem 创建子系统，生成如图 5-13 中的 Node 2(Controller)(控制器模块)。然后通过对控制器节点的初始化与节点任务和网络中断程序的编辑，分别建立对应的 M 文件，具体操作如下。

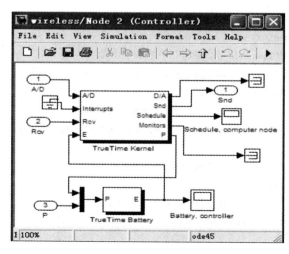

图 5-16 控制器模型

1) 控制器节点初始化程序(controller_init . m)

```
function controller_init

% 分布式控制系统中的控制器节点：主要任务是接收传感器传过来的信号，对控制信号进行
% 处理后发送到执行器
%初始化 TrueTime 中的核
ttInitKernel(1, 0, 'prioFP')；%定义模拟输入与输出，以及节点任务的优先级
ttSetKernelParameter('energyconsumption', 0.010)；%设置能耗为 10 mW

%创建缓存器
ttCreateMailbox('sensor_signal', 10)
ttCreateMailbox('power_ping', 10)
ttCreateMailbox('power_response', 10)

%控制器参数设置
h = 0.010；
N = 100000；
Td = 0.035；
K = 1.5；

%创建任务数据（当地存储器）
data.u = 0.0；
data.K = K；
data.ad = Td/(N * h+Td)；
data.bd = N * K * Td/(N * h+Td)；
data.Dold = 0.0；
data.yold = 0.0；

%创建控制器任务
deadline = h；
prio = 1；
ttCreateTask('pid_task', deadline, prio, 'ctrlcode', data)；

%创建功率控制任务
offset = 2；
period = 0.025；
prio = 2；
power_data.transmitPower = 20；
power_data.name = 2；%定义此节点为网络中的 2 号节点
power_data.receiver = 1；%定义此节点与网络中的 1 号节点进行通信
power_data.haverun = 0；%不工作的情形
ttCreatePeriodicTask('power_controller_task', offset, period, prio, 'powctrlcode', power_data)；
```

```
%创建功率响应任务
deadline = 100;
prio = 3;
ttCreateTask('power_response_task', deadline, prio, 'powrespcode');

%初始化网络
ttCreateInterruptHandler('nw_handler', prio, 'msgRcvCtrl');
ttInitNetwork(2, 'nw_handler'); %定义此节点为网络中的 2 号节点
```

2) 控制器节点任务程序(ctrlcode. m)

```
function [exectime, data] = ctrlcode(seg, data)
switch seg,
case 1,
    %读取所有的缓存数据
    temp = ttTryFetch('sensor_signal'); %将传感器传过来的信号存储到 temp
    while ~isempty(temp),
    y = temp; %若 temp 不为空，则把其值输出到 y
    temp = ttTryFetch('sensor_signal'); %继续获取传感器传过来的信号
end

    r = ttAnalogIn(1); %读取参考值
    P = data. K * (r-y);
    D = data. ad * data. Dold + data. bd * (data. yold-y);
    data. u = P + D;
    data. Dold = D;
    data. yold = y;
    exectime = 0.0005;
case 2,
    msg. msg = data. u;
    msg. type = 'control_signal';
    ttSendMsg(1, msg, 80); %发送 80 bits 的数据到节点 1(执行器)
    exectime = -1; %结束任务
end
```

3) 控制器节点网络中断程序(msgRcvCtrl. m)

```
function [exectime, data] = msgRcvCtrl(seg, data)

temp = ttGetMsg;
ttTryPost(temp. type, temp. msg);

if strcmp('sensor_signal', temp. type)
    ttCreateJob('pid_task') %若 temp. type 为传感器传过来的信号，则创建任务，执行 pid 控制
elseif strcmp('power_ping', temp. type)
    ttCreateJob('power_response_task'); %若 temp. type 为确认信号，则执行功率响应任务
end
```

exectime = −1;

5. 仿真结果

运行仿真模型之后，观察测量值 y 与给定值 r 之间的偏差变化。图 5 − 17 为带功率控制的无线网络控制系统性能曲线，由图可见，对象输出 y 经无线网络传输后，能够跟踪参考输入 r 的变化曲线，而且系统的控制效果较好。

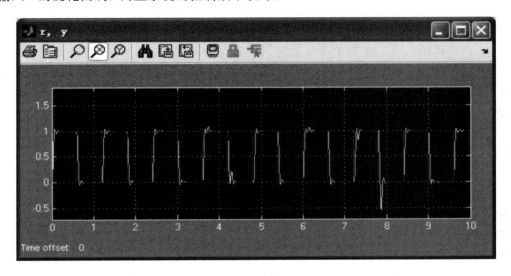

图 5 − 17　带功率控制的无线网络控制系统性能曲线

然而在控制器节点中切断功率控制策略之后（通过在控制器初始化程序 controller_init 中将 power_controller_task 任务注释掉来完成），重新运行仿真模型，系统的性能曲线如图 5 − 18 所示，从图中可见功率消耗是连续的。这样会导致 TrueTime 中的电池能源耗光，从而失去控制效果，因此在无线网络控制系统中采用功率控制策略是必须的。

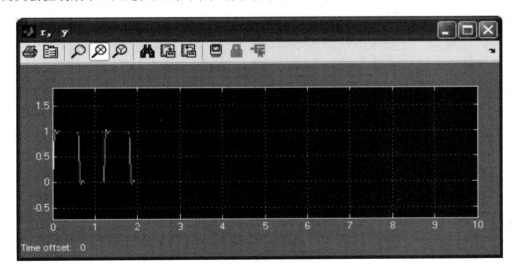

图 5 − 18　不带功率控制的无线网络控制系统性能曲线

5.4 NS2 网络模拟器

5.4.1 NS2 概述

NS2（Network Simulator version 2，网络仿真软件第二版）是一种面向对象的网络仿真器，它本质上是一个离散事件模拟器，可用于仿真各种不同的通信网络，已经实现的仿真模块有：网络传输协议，如 TCP 和 UDP；业务源流量产生器，如 FTP、Telnet、Web CBR 和 VBR；路由队列管理机制，如 Droptai、RED 和 CBQ；路由算法，如 Dijkstra、无线网络的 WLAN、Ad hoc 路由、移动 IP 和卫星通信网络等。NS2 也为局域网的仿真实现了多播以及一些 MAC 子层协议。

NS2 使用 C++ 和 OTcl 作为开发语言。NS2 可以说是 OTcl 的脚本解释器，它包含仿真事件调度器、网络组件对象库以及网络构建模型库等。事件调度器用于计算仿真时间、激活事件队列中的当前事件和执行一些相关的事件。网络组件通过传递分组来相互通信，但这并不耗费仿真时间。所有需要花费仿真时间来处理分组的网络组件都必须使用事件调度器，它首先为这个分组发出一个事件，然后等待这个事件被调度回来之后，才能做下一步的处理工作。事件调度器的另一个作用就是计时。由于效率的原因，NS2 将数据通道和控制通道的实现相分离，为了减少分组和事件的处理时间，事件调度器和数据通道上的基本网络组件对象都使用 C++ 编写并编译的，这些对象通过映射对 OTcl 解释器可见。NS2 的结构如图 5-19 所示。

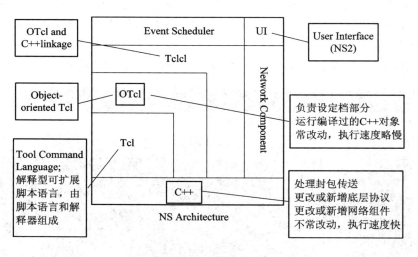

图 5-19　NS2 的结构

5.4.2 Tcl 和 OTcl 语言

Tcl 的全称是 Tool Command Language，属于脚本语言，具有可以依照原型进行快速开发、脚本编程、GUI 编写和测试方面应用广泛等特点。NS2 中为网络进行参数配置的脚本都是用 Tcl 编写而成的。Tcl 主要由语言部分和解释器部分组成，相对其他脚本语言而言，它不但编程能力强劲而且能够方便地向应用程序中添加 Tcl 解释器，从而大幅提高编程效率。Tcl 只支持"字符串"一种数据类型和空格一种分割符。

Tcl 本身并不提供面向对象的支持，但是语言本身很容易扩展到支持面向对象。OTcl 便是面向对象的 Tcl，它是在 Tcl 的基础上做了面向对象的封装后所延伸出来的脚本语言，增加了对象的支持，如类的定义、继承与封装、构造和析构函数等。此外，Tcl 的许多 C 语言扩展都提供面向对象能力，如 XOTcl、Incr Tcl 等。目前，使用最广泛的 Tcl 扩展包是 TK 和 Expect。TK 提供了各种 OS 平台下的图形用户界面 GUI；Expect 提供了通过终端自动执行命令的能力，例如 passwd、ftp、telnet 等命令驱动的外壳。

5.4.3　NS2 的功能模块

NS2 模拟器封装了很多功能模块，最基本的有节点、链路、代理、数据包等，下面对各个模块进行简单的介绍：

（1）事件调度器。目前 NS2 提供了四种具有不同数据结构的调度器，分别是链表、堆、日历表和实时调度器。

（2）节点（Node）。节点是由 Tcl Object 对象组成的复合组件，在 NS2 中可以表示端节点和路由器。

（3）链路（Link）。链路由多个组件复合而成，用来连接网络节点。所有的链路都是以队列的形式来管理分组的到达、离开和丢弃的。

（4）代理（Agent）。代理负责网络层分组的产生和接收，也可以用在各个层次的协议实现中。每个 Agent 连接到一个网络节点上，由该节点给它分配一个端口号。

（5）数据包（Packet）。数据包由头部和数据两部分组成。一般情况下，Packet 只有头部部分，没有数据部分。

（6）应用层（Application）。流量产生器（Traffic generators）创建了各种不同的概率模型来模拟产生实际网络中的业务流，它建立在 UDP 代理之上；应用模拟器（Simulated application）产生建立在 TCP 代理之上的业务流。

（7）数据记录。在 NS2 中有两种不同的数据监视器对象 Trace 和 Monitor。其中，Trace 的功能是能够详细地记录模拟过程，同时，用户也可以根据自己的需要记录模拟过程中的任何一个细节，模拟结束后会产生一个名为 out.tr 的文件；Monitor 的功能则是用来记录各种有用的数据，如到达、离开链路或队列的数据分组数、字节数等。Monitor 有两种监测形式：队列监测（Queue Monitoring）和流量监测（Per-Flow Monitoring）。

（8）动画演示（Nam）。动画演示是基于 Tcl/Tk 的动画演示工具，用来把模拟的过程用可视化的方式呈现出来，模拟结束后会产生一个名为 out.man 的文件。

（9）数据分析（Gawk）。awk 是一种程序语言，它具有一般程序语言常见的功能。因 awk 语言具有使用直译器（Interpreter）编译、变量无类型之分（Typeless）、可使用文字作为数组的下标（Associatice Array）等特点，使用 awk 撰写程序比起使用其他语言更简洁、便利且节省时间。Gawk 是 GNU 所开发的 awk，最初在 1986 年完成，之后不断改进和更新，它包含 awk 的所有功能。

（10）绘图工具。Xgraph 是 NS2 自带的绘图工具，是一个根据两列数据生成平面图形的绘图工具，它还可以根据数据文件里的数据绘制出相应的图形；gnuplot 是由 Colin KellY

和 Thomas Williams 于 1986 年开发的科学绘图工具,支持多种平台,支持二维和三维图形,用户可以在其命令提示符下键入命令实时观察输出,也可以将命令写成脚本用gnuplot filename 命令运行。

5.4.4　NS2 的仿真过程

进行网络仿真前,首先需要分析仿真涉及哪个层次。NS2 仿真分两个层次:一个是基于 OTcl 编程的层次,利用 NS2 已有的网络元素实现仿真,无需修改 NS2,只需编写 OTcl 脚本;另一个是基于 C++和 OTcl 编程的层次,如果 NS2 中没有所需的网络元素,则需要对 NS2 进行扩展,添加所需网络元素,即添加新的 C++和 OTcl 类,编写新的 OTcl 脚本。NS2 的仿真流程如图 5 - 20 所示。

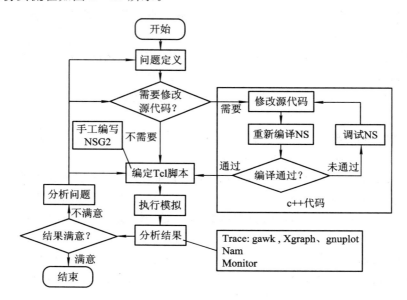

图 5 - 20　NS2 的仿真流程图

NS2 采用两级体系结构,为了提高代码的执行效率,它将数据操作与控制部分的实现相分离。事件调度器和大部分基本的网络组件对象后台使用 C++实现和编译,称为编译层,主要功能是实现对数据包的处理;NS2 的前端是一个 OTcl 解释器,称为解释层,主要功能是对模拟环境的配置、建立。从用户的角度看,NS2 是一个具有仿真事件驱动、网络构件对象库和网络配置模块库的 OTcl 脚本解释器。NS2 中编译类对象通过 OTcl 连接建立了与之对应的解释类对象,这样用户间能够方便地对 C++对象的函数进行修改与配置,充分体现了仿真器的一致性和灵活性。

❖❖❖ 本 章 习 题 ❖❖❖

5 - 1　简述网络控制系统的概念。

5 - 2　简述网络控制系统的基本结构。

5 - 3　简述网络控制系统中存在的问题。

5 - 4　简述 truetime 1.5 工具箱的各模块及其功能。

5 - 5　如何在 Matlab 中安装 Truetime 工具箱。

5 - 6　简述无线网络控制系统的结构以及存在问题。

5 - 7　简述 NS2 的功能及其仿真过程。

参 考 文 献

[1]　邱占方，张庆灵，杨春雨. 网络控制系统分析与控制[M]. 北京：科学出版社，2009.

[2]　迈恩. 复杂网络控制基础[M]. 北京：高等教育出版社，2009.

[3]　敖志刚. 智能家庭网络及其控制技术[M]. 北京：人民邮电出版社，2011.

[4]　关守平，周玮，尤富强. 网络控制系统与应用[M]. 电子工业出版社，2008.

[5]　张庆灵，邱占芝. 网络控制系统[M]. 北京：科学出版社，2007.

[6]　岳东，彭晨. 网络控制系统的分析与综合[M]. 北京：科学出版社，2007.

[7]　王岩，孙增圻. 网络控制系统分析与设计[M]. 北京：清华大学出版社，2009.

[8]　周又玲，杜锋，汤全武，等. MATLAB 在电气信息类专业中的应用[M]. 北京：清华大学出版社，2011.

[9]　方路平，刘世华，陈盼，等. NS - 2 网络模拟基础与应用[M]. 北京：国防工业出版社，2008.

第6章 智能家居

6.1 智能家居概述

6.1.1 智能家居的概念

1984 年，美国联合技术建筑系统公司（United Technologies Building System）将建筑设备信息化、整合化概念应用于美国康涅狄格州（Conneticut）哈特福德市（Hartford）的"都市办公大楼（City Place Building）"，通过对该座旧式大楼进行一定程度的改造后，再采用计算机系统对大楼的空调、电梯、照明等设备进行监测和控制，并提供语音通信、电子邮件和情报资料等方面的信息服务。通过改造，这座大楼成为世界上首栋"智能大厦"。此后，加拿大、欧洲、澳大利亚和一些经济比较发达的国家先后提出了各种智能家居的方案，其中，德国弗劳恩霍研究会与 11 家公司联手合作，建成世界上第一座智能家居样板房，向人们揭示了未来住宅的前景和计算机技术新的发展趋势。最著名的智能家居是比尔·盖茨的豪宅。1990 年，比尔·盖茨在他的《未来之路》一书中以很大的篇幅描绘了他正在华盛顿湖建造的私人豪宅。他描绘的住宅是"由硅片和软件建成的"，并且要"采纳不断变化的尖端技术"。经过七年的建设，1997 年，比尔盖茨的豪宅终于建成。他的这个豪宅完全按照智能住宅的概念建造，不仅具备高速上网的专线，所有的门窗、灯具、电器都能够通过计算机控制，而且有一个高性能的服务器作为管理整个系统的后台。

智能家居也叫数字家庭，或称智能住宅，在英文中常写作 Smart Home，在香港、台湾等地区还有数码家庭、数码家居等称法。通俗地说，智能家居利用先进的计算机、嵌入式系统和网络通信技术，将家庭中的各种设备（如照明系统、环境控制、安防系统、网络家电）通过家庭网络连接到一起。一方面，智能家居使用户有更方便的手段来管理家庭设备，比如，通过无线遥控器、电话、互联网或者语音识别方式控制家用设备，并可以执行场景操作，使多个设备形成联动；另一方面，智能家居内的各种设备相互间可以通信，不需要用户指挥也能根据不同的状态互动运行，从而给用户带来最大程度的高效、便利、舒适与安全。此外，智能家居还是以住宅为平台，兼备建筑、网络通信、信息家电、设备自动化，集系统、结构、服务、管理为一体的高效、舒适、安全、便利、环保的居住环境。

智能家居可以定义为一个过程或者一个系统，它利用先进的计算机技术、网络通信技术、综合布线技术，将与家居生活有关的各种子系统有机地结合在一起，通过统筹管理，让家居生活更加舒适、安全、有效。与普通家居相比，智能家居不仅具有传统的居住功能，可提供舒适、安全、高品位且宜人的家庭生活空间，而且由原来的被动静止结构转变为具有能动智慧的工具，可提供全方位的信息交换功能，帮助家庭与外部保持信息交流畅通，优化人们的生活方式，并帮助人们有效地安排时间，增强家居生活的安全性，节约能源。

在国家宏观发展需求（即建设节能型社会和创新型社会的目标）、信息技术应用需求（即信息化已成为当今人们生活的重要部分）、公共安全保障需求（即安全保证是衡量社区住宅环境的标准）和建筑品牌提升需求（即智能化是现代建筑灵魂核心的充分体现）以及其他主客观因素的作用下，智能家居的产生和发展是必然的。

6.1.2　智能家居的发展现状

1. 智能家居的国外发展现状

随着家居控制技术的逐渐成熟，智能家居在国外越来越普及。不同国家的国情不同，因此智能家居的风格也不一样。

美国的智能家居偏重于豪华感，追求舒适和享受，但其能耗很大，不符合现阶段世界范围内低碳、环保和开源节流的理念。

德国的智能家居则继承了其一贯思想，注重基本的功能性，追求专项功能的开发与应用。

澳大利亚的智能家居的特点是房屋百分之百自动化，而且不会看到任何手动的开关。安全问题也是考验智能家居的标准之一，澳大利亚的智能家居保安系统里的传感器数量更多，即使飞过一只小虫，系统都可以探测出来。

日本的智能家居以人为本，注重功能，兼顾未来发展与环境保护，比较讲究充分利用空间和节省能源，大量采用新材料、新技术，充分利用信息、网络、控制与人工智能技术，实现住宅技术现代化。此外，日本除了实现室内的家用电器自动化联网之外，还通过生物认证实现了自动门识别系统，来访人员站在安装于入口处的摄像机前，用大约 1 秒钟的时间，如果确认来人为公寓居民，大门就会打开。

韩国的智能家居提倡实用主义，政府对智能小区和智能家居采取多项政策扶持，规定在汉城等大城市的新建小区必须装有智能家居系统。目前韩国全国 80％以上的新建项目采用智能家居系统。比如，韩国电信用 4A 描述他们的数字化家庭系统（HDS）的特征，即 Any Device、Any Service、Any Where 和 Any Time，以此表示这套系统能让主人在任何时间、任何地点操作家里的任何用具、获得任何服务。智能化的家用电器，配上监视系统，人们使用手机通过通信网络即可远程监视和遥控，这就是韩国 IT 产业所描绘的未来数字化家庭生活。

目前，比较有代表性的国外智能家居系统有 NEYWELL 公司的智能家庭产品、HAL 公司的 NI 智能家居系统、HAL 公司的 ALdeluxe、Vantage（旺帝）公司的 Vantage 家居自动化系统、LG 公司的 LG HomNet 智能家居系统、三星公司的 homevita 家电控制解决方案、MavHome 智能家居、美国杜克大学的 Home Depot 智能家居、科罗拉多大学计算机系和认知科学学院的"Neural Network House"数字家庭模型、美国的佛罗里达大学的移动和普适计算实验室的"GatorTech Smart House"数字家庭模型。图 6-1 所示为 MavHome 系统的架构图与传感器分布图。图 6-2 为 MavHome 系统的终端 PC 和交互界面。

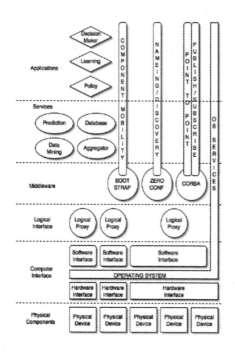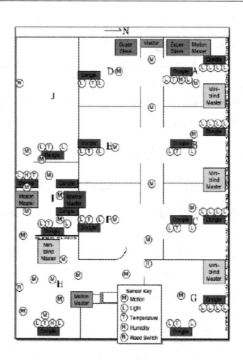

图 6-1 MavHome 系统的架构图和传感器分布图

图 6-2 MavHome 系统的终端 PC 和交互界面

2. 智能家居国内发展现状

国内的智能化住宅和智能化家居虽然起步比较晚，但发展速度很快。1999 年，建设部勘察设计司、建设部住宅产业化办公室联合组织实施全国住宅小区智能化技术示范工程，该示范工程的启动标志着我国智能化家居的建设掀开了历史的一页，随后有部分厂家加入到智能家居的开发和应用行业中来。2003～2009 年逐步有中国自主研发生产的智能家居产品小规模应用于市场，但也形成了很多不同的标准，以下是目前国内的几种智能家居系统。

1）海信集团的 DNet-home

DNet-home 是新一代数字家庭网络设计方案，它是基于 IPV4/IPv6 网络协议的。这款数字家庭产品是对高速电力线多媒体主干网络、ZigBee 低速率网络和 WiFi 无线信息网络的有机融合，实现了媒体流、信息流和控制流的完美组合。在整个研发过程中，海信还进行了技术创新和产品创新，开发了媒体中心、网络机顶盒、网络空调、网络冰箱、智能管家和视频监控报警系统等一系列产品。DNet-home 数字家庭系统让家庭中所有的电器设备既能够实现它们的自身功能，而且联入家居网络之后系统的整体功能也有所提升。由于该款设计方案采用无线、电力线混合组合的方式，客户不需要自己另行布线就可以入住新家。

2）海尔集团的 U-home

U-home 是海尔集团在物联网时代推出的美好居住生活解决方案。它采用有线与无线网络相结合的方式，把所有设备通过信息传感设备与网络连接，从而实现"家庭小网"、"社区中网"、"世界大网"的物物互联。通过物联网技术可以将各类 3C 产品联通起来，进行统一的智能化识别与管理，从而构建数字媒体信息共享的智能家居系统、安防系统等，如图 6-3 所示。

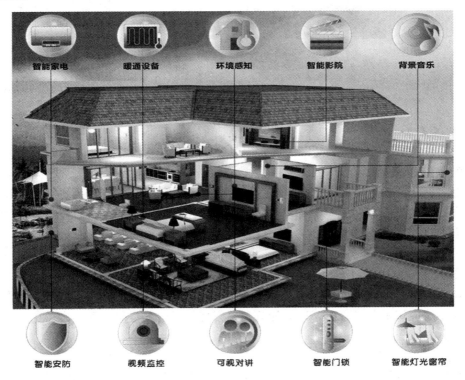

图 6-3　U-home 系统结构图

3）美的公司的智能家居系统

如图 6-4 所示，美的公司的智能家居系统是以住宅为平台，以网络为基础，综合应用通信、信息等技术，实现对家居设备的控制和管理，并构成与外界信息交互的通道，满足人们安全、舒适、便捷的生活需求的居住环境。该系统主要包括控制设备、安防门禁、家居应用、娱乐信息和社区管理五部分。控制设备将智能家电、灯光、窗帘及其他自动化设备进行联网，使主人在家里、家外都能便捷地操作这些设备，其控制方式有集中控制、多点控制、预约控制、情景控制和远程控制五种；安防门禁将各种探测器联网，对火灾、煤气泄露、门窗非法进入等进行监测，为主人提供一个安全的家；家电应用是综合应用各种电器，提供新鲜的空气、干净的水、明亮的光线、健康的食物和流畅的音乐，给主人带来更多的舒适感。娱乐信息是通过手机、电脑、智能电视等设备向用户定时推送娱乐信息，使用户及时了解最新的娱乐动态。社区管理是指包括电子监控、电子巡更、门禁管理、停车场管理等的一系列社区服务，以此为业主提供方便安全的社区生活环境。

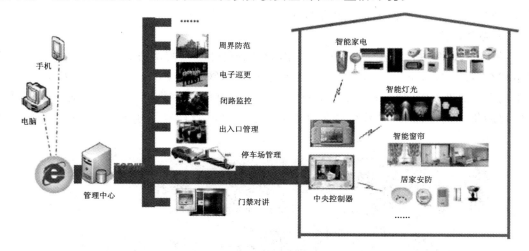

图 6-4　美的公司的智能家居系统

4）智能生活专家——KOTI

KOTI 智能家居系统是一套对家居常用电器设备、各类照明灯具以及电动窗帘进行集中控制的完整解决方案，用户可以利用壁挂、桌面或手持的控制器、遥控器等设备非常方便地对电器、灯具进行操作和控制。KOTI 智能家居系统与远程控制系统结合使用，用户还可以在回家的路上利用手机开启家中的空调、饮水机等，回到家中即可马上享受高科技带来的方便。

KOTI 智能家居系统如图 6-5 所示，包括家居控制系统、家居安防系统、可视对讲系统、家居监控系统、背景音乐系统、影音娱乐系统、数字服务系统和远程控制系统、端到端设备管理及控制平台（M2M）、数字家庭互动应用接入及管理平台（S-HOME）和数字家庭远程监控系统应用平台（E-HOME），为数字家庭提供了全方位的服务，其交互终端有 PC、手机、PDA 等。

5）鹭岛国际别墅

鹭岛国际别墅智能家居是由天津市泰益通科技有限公司为鹭岛国际定制的一套智能家居解决方案，其整体结构如图 6-6 所示。

该方案主要有八个功能，介绍如下：

（1）遥控控制功能。用户可以使用遥控器来控制家中灯光、热水器、电动窗帘、饮水机、空调等设备的开启和关闭，并且可以在一楼（或客厅）来查询二楼（或卧室）灯光、电器的开启、关闭状态；同时遥控器还可以学习控制家中诸如电视、DVD、音响等红外电器设备。

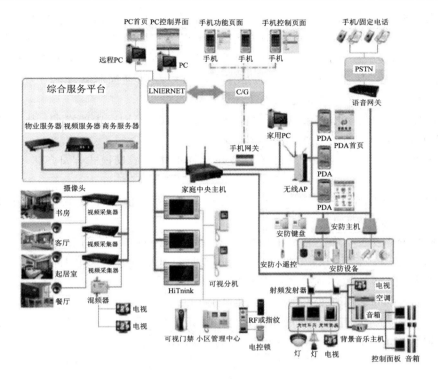

图 6-5　KOTI 智能家居系统示意图

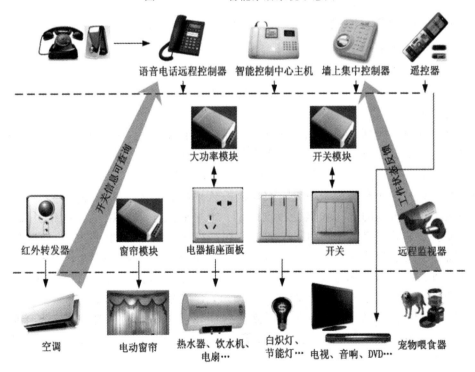

图 6-6　鹭岛国际别墅的结构图

（2）定时控制功能。用户可以提前设定某些产品的自动开启、关闭时间，如电动窗帘每天早晨 08:30 自动开启，18:30 自动关闭。其他电器和灯光的自动开启、关闭也是如此。

（3）集中控制功能。用户在进入家门或是离开家门时，在玄关处就可以同时打开客厅、餐厅和厨房的灯光与厨宝等电器，尤其是在夜晚可以在卧室控制客厅和卫生间的灯光电器，既方便又安全，还可以查询它们的工作状态。

（4）远程控制功能。用户可以利用手机和固定电话来控制家中的空调、热水器和灯光，使之提前制冷、制热或进行灯光的开启和关闭。

（5）场景功能。用户可以依据自己的喜好设置不同的场景模式，如会客场景、就餐场景、休息场景等。

（6）网络总控功能。不管在什么时间、什么地点，用户只要上网就可以轻松地控制家里的灯光电器、电动窗帘等。

（7）指纹密码功能。用户再也不用因为没有带钥匙而进不去家门了，只要用密码、指纹就可以打开房门；亲戚和朋友来访也可以用电话打开房门，如果主人很忙而无法起身给亲戚和朋友开门，也可以用遥控器打开房门。

（8）电动天蓬帘。用户能够用遥控器对天蓬帘进行控制。

以上介绍的几种具有代表性的我国智能家居系统是不同企业和科研单位从不同的角度和立场理解智能家居的结果。各大企业厂商在推出概念性产品的同时，也在寻求更为合理的家居系统解决方案。一个具有良好应用前景的家居系统必须具有开放性和可扩展性，以及使用和维护的简单方便性，这是由普通家庭的实际情况所决定的。

6.1.3 智能家居的发展特点和发展方向

随着智能化家居产品和产业的逐渐成熟，智能化家居系统在国内呈现出以下的发展特点：

（1）市场潜力大。房地产业在全国的发展都很迅速，作为其下游产业，智能家居市场的前景非常乐观。

（2）智能家居产业处于引导期，没有统帅品牌和领军企业，市场处于无序竞争期。各个产业各自为政，没有统一的标准，各种技术力量重复投入，致使在这个基础上的家庭网络产品五花八门，但多数产品大同小异，行业内各企业的竞争处于无序状态。

（3）智能家居行业市场远未成熟，大规模的价格战、广告战和服务战还没有爆发，市场份额较为分散，市场的认知和接受程度较低，市场尚处于需要逐步培育和引导的阶段。与产品的服务供应商的争先恐后相比，智能家居产品进入用户终端的步伐略显迟缓。

（4）面对巨大的智能家居市场的需求，市场区域存在不均衡的状态，华东、华南等经济较发达的地区为主要的市场需求区域，而西南、西北地区的市场份额相对较小。

基于目前科技的发展现状和人们的消费理念，智能家居系统有以下五个发展方向：

（1）向"一体化系统集成"方向发展。家居智能化需满足自动化管理、三表计量、安全防范监控、火灾报警、对讲呼叫、设备监控等六项内容。将这六项内容的智能化功能集成，从而降低成本，是其未来发展的一个方向。

（2）向节能环保方向发展。智能化的本质之一是降低成本和提高效率，节能是降低成本的关键技术，环保是全球的要求，智能家居如何结合现有技术降低功耗、减少对家庭和小区的污染、提高生活环境的质量也是其未来发展必须考虑的因素。

（3）向智能化、网络化、人性化方向发展。智能化是智能控制发展的必然趋势，它是当代高科技技术和生物学技术的高度综合和升华，因此家居业必然会向智能化方向发展；网络化是信息技术、通信技术和计算机技术发展的必然趋势，是智能化的一个重要条件；人性化体现了"以人为本"的思想，是科学技术发展的最终目的，因此也是智能家居未来的一个发展方向。

（4）向规范化、标准化方向发展。我国智能家居发展起步较晚，新技术、新产品层出不穷，标注和规范还在制定之中。产品的规范化、标准化方面仍存在着许多问题，还需与国际接轨。规范化、标准化是智能家居快速发展、走入国际市场的必由之路。

（5）向具有"中国特色"的家居智能化方向发展。家居智能化系统需要大量的适合中国国情的产品和运行软件，目前开发的软、硬件产品的种类较少、水平较低。因此，这一方面的研究开发急需加强。

6.2　智能家居的功能与结构

6.2.1　智能家居的功能

智能家居系统致力于为用户营造一个更为安全、灵智、简便、时尚的数字化居家空间，带来全新的、高尚的、智能的生活体验，其总体功能如下。

（1）系统基于 TCP/IP 通信协议，以家庭智能网关为控制核心，将对讲、家电、照明、安保、娱乐等设备通过网络集成于一体，实现可视对讲、实时监视控制、灯光控制、电动窗帘控制、智能插座控制、红外电器控制、远程电脑控制、电话控制、门禁控制、安防报警、信息发布、背景音乐及多媒体娱乐等强大的功能，且综合布线简单，有效地降低了成本。

（2）系统采用红外无线遥控、GPRS 技术，引入人性化理念，赋予用户更多、更智能的操控方式，外观设计典雅、精致、大方。系统可以实现实时监控，通过实时监控楼梯口、门口的状况，保证房产周界的安全。

（3）系统具有远程监视功能，确保时时获悉家中的安全状况，并可监视小区其他活动区域，即一键布防、守护全家；具有创新的防区智能化算法，有效地减少误报；提供多防区的安防报警方案，允许用户根据自身需要连接红外、烟感、紧急按钮、门磁、窗磁等设备。此方案有警号、短信、电话、管理中心呼叫等多种报警输出方式，报警记录可自动生成，方便查看。

（4）智在生活，随心而控，系统带有实际状态反馈的家电控制技术，能通过家庭控制终端或远程控制网页，真实地反馈当前家电的工作状态。

（5）系统具有人性化的 GUI 界面设计、独特的图形化报警与家电控制用户界面设计，支持多层户型图，支持多种控制操作界面，所有控制状态为闭环反馈，确保控制指令的有效执行。

（6）场景幻化，随心而动，系统允许设置多种场景模式。在每一个场景模式中包含连接到系统的各个灯光家电设备，用户可以通过调节不同的亮度状态并将状态组合，形成一个场景模式。用户可以通过触摸屏、遥控器、电话远程控制等方式自由切换不同场景。

从技术上讲，智能家居所要实现的主要功能有：

（1）对家用电器和其他设备的控制、调节和监测，比如微波炉、洗衣机、灯光、电动窗帘、防盗报警器、自动门烟雾探测器、有害气体检测装置、温度和湿度控制器、风量调节器、各种手动的开关和遥控器等。

（2）沟通家电和其他视频设备之间以及与外部世界之间的信息通道，其中包括台式/手持计算机、电视、录像机、VCD/DVD 和数码照相机等。

（3）通过对外的接口实现远程控制和信息交换，如电话线、有线电视电缆、市电电源线、双绞线和无线通信方式等。

6.2.2　智能家居的体系结构

实现智能家居必须满足三个条件：具有家庭网络总线系统；能够通过这种网络（总线）系统提供各种服务功能；能与住宅外部相连接。通过总结各类智能家居系统，可以得出智能家居的体系结构如图 6-7 所示。由图可见，整个系统由两网连接三层，其中的三层指家庭设备层、本地服务平台层和远程服务层，两网是指数字家庭网络和外部网络。下面将重点介绍家庭网关和家庭网络。

1. 家庭网关概述

目前研究家庭网关的公司众多，但家庭网关的定义还不统一。

Residential Gateway Group(RG)是一个在 1995 年建立的正式的工业论坛组织，它率先采用家庭网关来代表一个集中式智能接口，将家庭外部的接入网络和家庭内部网络联系起来。RG 将家庭网关定义为一种简单的、智能的、标准化的、灵活的整个家庭网络接口单元，它可以从不同的外部网络接收通信信号，并通过家庭网络将信号传递给某个消费设备。借助引入家庭网关的概念，希望它能够为集成不同的外部网络和丰富新的应用提供一个有效的途径。

Cisco System 公司的家庭网关定义是：一个在家庭内的网络化信息设备与智能宽带接入网之间的智能化网关。2Wire 公司的家庭网关定义是：一种将家庭网络无缝连接到宽带网络，使所有家庭内连网设备同时享有高速连接的设备。

上面这几种定义都认为家庭网关是一种将外部宽带网络与家庭内部网络连接的设备。而 Parks Associates 认为家庭网关应是连接一个外部网络或多个接入网络，通过某种类型的家庭网络分配服务给一个或多个设备的设备，即一个集中式整个家庭的网关才能视为一个真正的网关。但由于现有一些产品已具备其中的某些功能，而且目前存在许多不同的观点，因此家庭网关应有一个比较广义或普遍意义上的定义。

1）家庭网关的功能

利用信息技术，家庭网关可以实现以下功能：

（1）信息网络化。通过家庭网关，主人可以方便地接收电子邮件、浏览各种网上信息和订阅各种电子期刊或杂志等。

（2）管理智能化。家庭网关可以对家庭内各种通信设备的运行进行管理，包括网络通信协议的执行和网络资源的分配，以保证家庭网络系统的正常运行。

（3）节能环保化。通过网络管理系统，监控家庭内各种设备的运行，如灯光控制、家电设备的远程控制、室内环境的优化调节等；同时还能够提供一些经济方面的优化决策控

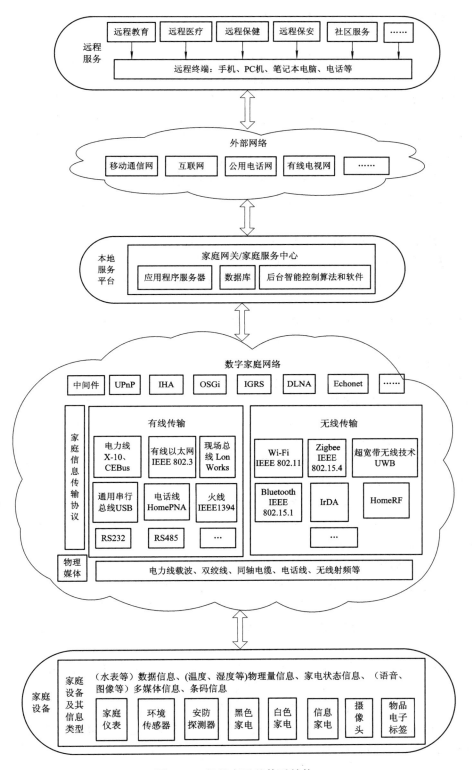

图 6-7　智能家居的体系结构

制，如能够根据不同用电时段和峰谷电费差价，合理控制家电的运行，以达到节能环保的目的。

（4）居住安全化。通过安装各种检测报警装置实现家庭的保安、消防以及其他需求，如通过烟气传感器、温度传感器、特殊气体传感器，预防房间失火和有害气体过量；通过加装红外传感器、门磁、振动感应器、无线微波等报警装置，防止窃贼入侵等。

（5）运行自动化。家庭内各种设备都连接到网络上，通过网络上的管理软件可以实现对设备的监测和故障诊断功能。一旦出现故障，家庭管理系统会给出提示，并自动通过家庭内的网间接口设备向设定的相应维修单位报修，无需主人亲自动手。

（6）操作简单化。该网络系统是在千家万户中使用的，考虑到使用者的年龄、职业、经历以及受教育程度等的差异，所以该系统操作简单、方便、可靠，适应不同使用人群的需要。

（7）个性化、模块化。随着信息时代的到来，个性化的要求在不断提高。未来智能家居应能够根据不同使用者的家庭环境、设备数量和类型以及生活方式等做相应的配置和调整，如可根据消费者的需求和可接受费用，定制相应的系统解决方案等。

2）家庭网关的特点

（1）模块化、可独立式设备。系统分别按功能独立地设计模块，安装时可以选择部分功能模块，也可以分步骤安装，这种功能结构不仅适合于小区而且同样适合于别墅。

（2）设备兼容、分步实施。网关具有很好的可扩展性、配置灵活性和易操作性。用户可以面对现实，立足现在，先满足当前的基本需求，然后再根据需要进行扩展，随着经济条件的不断改善，购买新的模块产品并连接到该平台，分步实现高级智能家居功能。

（3）可兼顾大量存在的非智能家电。考虑到目前家庭里大量存在的非智能家电，这种兼容性所带来的好处是明显的。

（4）方便将来需要通过电视上网的用户。由于网络功能强大，因而用户将来可以通过电视实现上网，通过电视来监控家居状况。

（5）适合于智能家居的DIY。智能家居有一个重要的特点就是个性化定制。与选择家庭装修、家电设备、衣物和玩具一样，家庭网关模块的选配和安装也需要用户自己的参与，因此DIY将是未来智能家居发展的方向。

3）家庭网关的优势

以计算机网络平台为基础的家庭网关系统具有以下优点：

（1）提供优秀的兼容性和可扩展性。各种模块接口能协调管理照明、控制、娱乐、安全、电话等多种系统，用户可以按照住宅或经济实力来定制智能家居环境，轻松添加新的子模块。

（2）提供高级控制特性。系统允许用户通过简单的操作来定时控制设备、灵活地规划和更改控制流程、实现组合控制和条件控制等。

（3）操作界面友好，无需专门学习即可掌握。通过清晰明了的智能家居管理界面，用户可以方便地对电视机、DVD、功放、空调等多种设备集中进行单功能控制或组合控制，将多种家用电器设备的一系列动作包含在一个组合按钮中，完成多种家用电器的操作。

由于所有的控制均可自行定义，因此组合控制流程可以根据实际需要自由地进行调整和改变。即使出差在外，也一样能通过电脑实时、实景地监控家居的安全情况，解除后顾之忧。

2. 家庭网络概述

1) 家庭网络的概念

家庭网络不同于纯粹的"家庭局域网/家庭内部网络",常提到的"家庭局域网/家庭内部网络"是指连接家庭里的 PC、各种外设及与因特网互联的网络系统,只是家庭网络的一个组成部分。中国通信标准化协会(CCSA)"家庭网络总体研究课题组"研究报告认为,家庭网络概念是个变化的概念,它随着用户的需求、政策、技术、标准的发展而发展。目前不同行业(包括 IT/家电业、通信业、小区物业)对家庭网络的不同理解都是根据不同的用户需求而来的。家庭网络包含四个要素:用户需求、设备、网络、业务与应用,每个要素对不同用户、不同时期是不同的。家庭网络从广义上理解是指在家庭内部通过一定的传输介质(如电力线、双绞线、同轴电缆、无线电、红外等)将各种电气设备和电气子系统连接起来,采用统一的通信协议,对内实现资源共享,对外能通过网关与外部网(如 Ethernet, ISDN, ATM 等)互连进行信息交换。智能家庭网络作为家庭信息基础设施,将构筑以下三种网络,如图 6-8 所示。

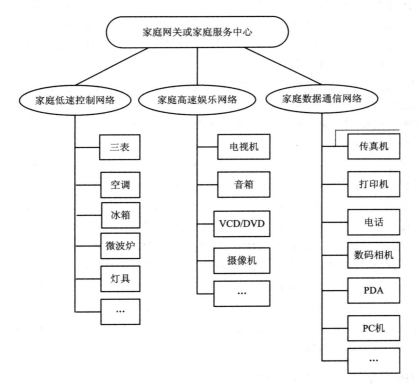

图 6-8　家庭网络系统

(1) 娱乐性家庭网络:用于连接各种娱乐性家用电器,如高清晰度电视机、DVD、家庭影院等。

(2) 数据通信家庭网络:用于传递数据信息,如电话、计算机等,包括电子函件的收发、WEB 浏览器、网上购物等。

（3）家庭低速控制网络：用于实现家用电器的远程监视和远程控制，及家庭安防控制等。

2）家庭网络的目标

家庭网络发展的最终目标是：它不仅仅是一个为了完成家庭内部各种设备资源共享、协同工作的网络，还能通过与外部网络（电信网/Internet/社区网）的连接，实现家庭内部设备与外部网络信息交流的目的，通过丰富多彩的业务和应用使用户享受到舒适、便利、安全的新的生活体验。

3）家庭网络的功能

家庭网络应该具备以下一些功能：

（1）信息共享功能。共享 Internet 访问，共享微机外设，共享文件和应用。

（2）家庭娱乐功能。对内实现多媒体设备之间的视频、音频信号传输，对外实现可视电话、视频会议和视频点播等视频音频信息交流。

（3）信息采集功能。收集住户家庭运行的各种参数，包括水表、电表、煤气表的计量数据以及居室温度、湿度等，实现自动抄表，提高住宅档次和物业管理水平。

（4）信息服务功能。住户可以了解自己家庭运作的各种参数，如房间温度和湿度、各种计量表读数以及被控家电的状态等，同时可以通过网络进行各种交通的简单查询。

（5）安全防范功能。通过住宅室内安装的各种报警探测器和应急按钮进行防盗、防火和防灾监控，能够及时处理各种警情。

（6）智能化控制功能。根据周围环境的变化对家用电器进行智能化控制，从而建立舒适健康的生活环境。

（7）其他增值功能，如家庭电子商务、申请社区服务等。

4）家庭网络的发展趋势

现今智能家庭网络向三大技术趋势发展：网络化、领先的无线移动和脱离 PC。而推进这个发展趋势的正是网络技术、无线通信技术以及嵌入式系统的广泛应用。网络化的嵌入式无线智能家居控制系统是未来智能家居的发展方向，它能够提供标准化接口和无线网络互连功能，而且可以通过嵌入式通信协议使得系统能够脱离传统 PC，从而智能家居行业也将跨入后"PC"时代。正如计算机摆脱了大型机进入 PC 才开始大发展，脱离了 PC 独立状态的智能家居才能有更大的发展。未来家庭的数字设备将会通过无线技术连接起来，从而实现家庭内每一个家用电器和设备都能上网和互操作的目标。通过无线技术构建独立的家庭局域网，让"无线"自在的舒适生活成为现实，并通过 Internet 或 GPRS 连接到外网，进而实现通过计算机、手机或 PDA 来远程监测和控制家庭中的各种设备，真正实现家庭设备的信息化、网络化和智能化。

6.2.3 智能家居系统平台的特点

智能家庭网络随着集成技术、通信技术、互操作能力和布线标准的实现而不断改进，它涉及对家庭网络内所有的智能器具、设备和系统的操作、管理，以及集成技术的应用，其技术特点表现如下。

1. 通过家庭网关及其系统软件建立智能家居平台系统

家庭网关是智能家庭局域网的核心部分，主要完成家庭内部网络各种不同通信协议之间的转换和信息共享，以及同外部通信网络之间的数据交换，同时，还负责家庭智能设备的管理和控制。

2. 统一的平台

利用计算机技术、微电子技术和通信技术，家庭智能终端将家庭智能化的所有功能集成起来，使智能家居建立在一个统一的平台之上。首先，实现家庭内部网络与外部网络之间的数据交互；其次，还要保证能够识别通过网络传输的指令是合法的指令，而不是"黑客"的非法入侵。因此，家庭智能终端既是家庭信息的交通枢纽，又是信息化家庭的保护神。

3. 通过外部扩展模块实现与家电的互联

为实现家用电器的集中控制和远程控制功能，家庭智能网关通过有线或无线的方式，按照特定的通信协议，借助外部扩展模块控制家电或照明设备。

4. 嵌入式系统的应用

以往的家庭智能终端绝大多数是由单片机控制的，随着新功能的增加和性能的提升，将处理能力大大增强的具有网络功能的嵌入式操作系统和单片机的控制软件程序作了相应的调整，使之有机地结合成完整的嵌入式系统。

6.3　智能家居的关键技术

6.3.1　家庭网络内部组网技术

家庭网络内部组网主要解决各种信息家电之间的数据传输，能把外部连接传入的数据传输到相应的家电上去，同时可以把内部数据传输到外部连接。当前在家庭网络中所采用的传输技术可以分为"有线"和"无线"两大类。有线技术主要包括双绞线或同轴电缆连接、电话线连接、电力线连接等；无线技术主要包括红外线连接、无线电连接、基于 RF 技术的连接和基于 PC 的 WiFi、蓝牙连接等。家庭网络相比起传统的办公网络来说，加入了很多家庭应用产品和系统，如家电设备、照明系统，因此相应技术标准也错综复杂，家庭网络的发展趋势是将智能家居中的其他系统融合进去，最终一统天下。

6.3.2　家庭网络中间件技术

家庭网络必须是一个动态的环境，新设备加入到家庭网络里，可以被其他在同一网络中的设备识别，同时它也可以发现其他设备，并能相互协调工作；同时，以后将会出现专门开发家庭网络应用程序的公司，它们必须保证同一应用程序可以在采用不同的嵌入式操作系统的信息家电上运行。解决这些问题并不简单，因为家庭网络环境中的资源构成非常复杂，不仅有采用不同操作系统和硬件体系的设备，还有存在网络中的可以被使用的软件成员，甚至人也可以成为网络资源的一部分，这样就对设计信息家电以及家庭网络成员的开发人员造成了很大的困难。如何使开发人员可以忽略各种不同设备的底层信息？如何在设计家庭网络分布式应用时使用通用接口？这就必须在家庭网络应用的开发中引入中间件技术。根据互联网数据中心（Internet Data Center，IDC）的表述：中间件是一种独立的系统软件或服务程序,分布式应用软件借助这种软件在不同的技术之间共享资源,中间件位于客户机服务器的操作系统之上,管理计算资源和网络通信。IDC 对中间件的定义表明,中间件是一类软件,而非一种软件;中间件不仅仅实现互连,还要实现应用之间的互操作;中间件是基于分布式处理的软件,最突出的特点是其网络通信功能。

可以这样来定义面向家庭网络应用的中间件技术,它运行在信息家电的操作系统之上,使用操作系统提供的功能,从各种信息家电产品的不同的硬件体系结构、操作系统和网络接入中抽象出一种逻辑上的通信能力,设计 APIS 接口为上层的家庭网络应用程序提供一系列服务,用于帮助建立和配置家庭网络中的分布式应用,也是家庭网络的重要组成成员之一。如果与 OSI 七层网络模型相对应,中间件技术一般对应的是包括会话层及以上的表示层和应用层。利用中间件技术,信息家电的开发人员可以自由地选择底层通信技术和操作系统,信息家电产品可以选择电力线、无线、IEEE1394 等网络技术实现通信。

1. M2M 中间件

M2M 中间件包括两部分:M2M 网关和数据收集/集成部件。网关是 M2M 系统中的"翻译员",它获取来自通信网络的数据,将数据传送给信息处理系统。网关的主要的功能是完成不同通信协议之间的转换。

M2M 系统的硬件是使机器获得远程通信和联网能力的部件。典型的 M2M 系统结构如图 6-9 所示。

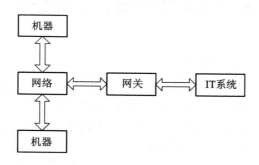

图 6-9　M2M 系统框架

现在的 M2M 硬件产品可分为以下五种。

1) 嵌入式硬件

将硬件嵌入到机器里面,使其具备网络通信能力,常见的产品是支持 GSM/GPRS 或 CDMA 无线移动通信网络的无线嵌入数据模块。嵌入式硬件的典型产品有 Nokia 的 12 GSM 嵌入式无线数据模块、Sony Ericsson 的 GR 48 和 GT 48、Motorola 的用于 GSM 的 G18/G20 和用于 CDMA 的 C18、Siemens 的用于 GSM 网络的 TC45、TC35i、MC35i 嵌入模块等。

2) 可组装硬件

在 M2M 的工业应用中,厂商拥有大量不具备 M2M 通信和连网能力的设备仪器,可组装硬件就是为满足这些机器的网络通信能力而设计的。包括从传感器收集数据的 I/O 设备(I/O Devices)等。M2M 硬件完成协议转换功能,将数据发送到通信网络的连接终端(Connectivity Terminals),有些 M2M 硬件还具备回控功能,其典型产品有 Nokia 的用于

GSM 连接终端的 30/31 等。

3）调制解调器（Modem）

上面提到嵌入式模块将数据传送到移动通信网络上时，起的就是调制解调器的作用。如果要将数据通过公用电话网络或者以太网送出，分别需要相应的 Modem，典型产品有 BT-Series CDMA、GSM 无线数据 Modem 等。

4）传感器

传感器可分成普通传感器和智能传感器两种。智能传感器（Smart Sensor）是指具有感知能力、计算能力和通信能力的微型传感器。由智能传感器组成的传感器网络（Sensor Network）是 M2M 技术的重要组成部分。一组具备通信能力的智能传感器以 Ad Hoc 方式构成无线网络，协作感知、采集和处理网络覆盖的地理区域中感知对象的信息，并发布给观察者，也可以通过 GSM 网络或卫星通信网络将信息传给远方的 IT 系统。智能传感器网络的典型产品如 Intel 的基于微型传感器网络的新型计算的发展规划——智能微尘（Smart Dust）等。

目前智能微尘面临的最具挑战性的技术难题之一是如何在低功耗下实现远距离传输，另一个技术难题在于如何将大量智能微尘自动组织成网络。

5）识别标识（Location Tags）

识别标识如同每台机器、每个商品的"身份证"，使机器之间可以相互识别和区分。识别标识常用的技术有条形码技术、射频识别卡 RFID 技术（Radio-Frequency Identification）等。标识技术已经被广泛用于商业库存和供应链管理。

2. 数据的采集和集成

数据采集/集成部件是为了将数据变成有价值的信息，它对原始数据进行不同的加工和处理，并将结果呈现给需要这些信息的观察者和决策者。其中的中间件包括数据分析和商业智能部件、异常情况报告和工作流程部件以及数据仓库和存储部件等。

采用中间件设计信息家电可以完成如下功能：首先，可以使信息家电具有在家庭网络中宣布自身存在的能力，信息家电可以自动发现网络中存在的设备；其次，信息家电可以相互描述自身所独具的功能，可以相互之间查询、理解所具有的功能；再次，家庭网络无需人工参与就可以自动完成网络设置，信息家电之间可以进行无缝互操作。中间件出现在家庭网络市场中的时间并不是很长，但是它的发展非常迅速，据估计，家庭网络的中间件市场将有几十亿美元的市场价值。为了获得市场，很多协会、团体开始向中间件市场推出了自己的产品，目前有 OSGI、UPnP、HAVI、VESA、Interactive TV Software Provider、DVB、OPENCABLE 等。

6.3.3　智能家居远程控制技术

智能家居控制系统从结构上来说可以严格地分为两部分：一是在家庭内部的控制系统，即内部控制系统；二是离家之后在异地环境下的控制系统，即远程控制系统。顾名思义，内部控制系统主要负责家庭内部的家用电器控制，它由特定的内部网络布线连接而成，与特定的环境有关。内部控制系统与各种相关的家用电器和安保装置通过家庭总线技术连接起来，方便家居的集中控制和监视，并保持这些家庭设施与住宅环境的和谐与协调，它的不足之处是它的应用范围太窄，即只能在家庭内部控制电器。

远程控制系统则扩展了智能家居控制系统的应用范围，真正让家居的控制走出了家门。通过各种不同的远程控制技术，人们可以随心所欲地控制家庭里面的设备，以及监视家里的情况。特别是随着现代家庭中家用电器设备的增多和通信线路的发展，利用现有的通信设备和线路对家用电器和仪表进行远程控制将成为未来家居发展的趋势，远程控制系统的出现使得人们可以通过手机或者互联网在任何时候、任意地点对家中的各种电器进行远程控制；也可以在下班途中，预先将家中的空调打开、热水器提前烧好热水。可以客观地说，正是因为有了远程控制系统，才真正地让智能家居变得方便、自由、舒适，成为真正意义上的"遥控"。

因此，现在有很多公司都在研发智能家居系统，在所有这些智能家居系统中，远程控制系统必定占有一定的份额。远程控制系统一直是吸引消费者眼球的一大闪光点，像国内有名的智能家居产商科力屋公司特别提供了智能家居远程控制在线体验，这就是吸引消费者的一种方式。所以，一般来说，远程控制系统是现代智能家居控制系统中必不可少的一部分。

在智能家居系统中，远程控制终端可以通过不同的网络方式连入家居的控制中心，并实施控制命令。如何有效地为不同终端提供统一的控制接口，保证控制操作的顺利进行，是远程控制系统首先要解决的问题。

1. 智能家居有线远程控制技术

有线远程控制技术，即对目标的控制是基于可见的各种线路传输。目前，有线网络控制一般分为两种：Internet 网络控制和有线电话网络控制。

1）Internet 网络控制

随着网络技术的发展以及个人计算机的普及，Internet 网络可谓是走入了家家户户，一般的居住小区或者家庭都已经提供了 Internet 网络接口。将 Internet 引入控制系统，突破了控制信息进行传递和交换时在时间和空间上的限制，Internet 传输速率相当高，可达到 10 Mb/s 或 100 Mb/s，能够传输各种家电控制、视频、图像等信息。通过 Internet 网络进行远程控制的模型如图 6 - 10 所示。

图 6 - 10 Internet 远程控制模型

由上图可知，基于 Internet 的智能家居远程控制系统涉及包括网络技术、计算机软件技术等多个技术领域相互渗透的研究技术领域。智能家居网络技术具体又分家庭内部网络控制技术、网络传输技术两个子领域。

家庭内部网络控制是相对远离家居出门在外的远程控制技术而言的，它的实现方式可以为以太网或者电力线组成的控制网络。以太网虽然现在极其流行，但是组建以太网必须额外铺线，这个工程相对比较大；而使用电力线组成的控制网络则免去了额外铺线，从成本上来说占有很大的优势，因此现在很多家居的内部控制系统都采用了基于电力线的内部控制网络。不管是哪一种内部网络，它所涉及的控制器都必须是符合某一标准的智能控制终端，这里也涉及了硬件电路的开发知识。为了与外部 Internet 网络连接到一起，内部网络还必须提供与外部 Internet 网络的控制接口。

网络传输技术主要在于网络的传输协议方面。现在 Internet 普及的是 TCP/IP 协议，TCP/IP 是一组计算机通信协议的集合，它的四层参考模型如图 6-11 所示。

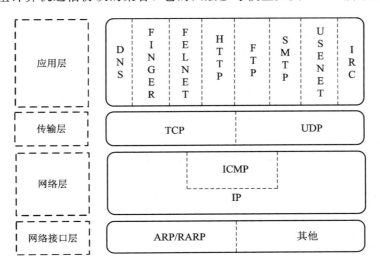

图 6-11　TCP/IP 四层参考模型

TCP/IP 协议能够满足大多数社区用户的需要，并可以灵活地适应不断变化的网络技术。计算机系统既包括同构的系统，也包括异构的系统。网络可由同构的网络系统组成，也可由异构的网络系统组成。TCP/IP 协议针对的是异构的网络系统，也就是说，它着眼于由异构网络构成的网络。一般来说，智能家居的传输命令都是在应用层传播，很少涉及底层，这主要是由计算机应用软件决定的。

计算机软件技术主要解决前台与家庭内部网络之间的通信控制问题，包括前台的 WEB/WAP 服务器组件、动态 WEB/WAP 网站的开发、通信协议的控制等，这些都需要一定的计算机软件知识。

通过 Internet 网络就可以实现智能家居和控制终端的物理上的分离，这也为远程控制提供了可能。随着计算机技术、网络技术的迅速发展，研究人员开始考虑能否在世界范围内，通过网络使被控对象的运动信息自由、正确地传送以满足控制要求。因为自由地延伸控制距离一直是远程控制研究的一个理想的研究目标，所以它的应用将会使远程控制技术发生质的变化。

2）有线电话网络控制

基于 Internet 的远程控制技术的组网成本较高而且复杂，技术难度大，对维护者的技术水平要求也较高，因此它适用于新建的中高档住宅。电话网络是一种技术成熟并且比较普及的通信网络。利用公用电话网对家电进行控制，不用重新铺设线路，就可以方便地改造旧宅。

利用电话网络的远程控制技术主要通过按键传送控制信息，通过语音提示返回相应的信息或进行操作的提示。家居控制器通过对按键信息的解释形成相应的控制信息，并传送给家里的各控制单元，从而实现远程控制。电话按键控制方式实现简单，控制灵活方便。

利用家里墙上预留的电话插座，电话网络控制可以避免重新布线的烦恼，但是家庭中不可能随处都安装有电话插座，购买新家电时还是会面临重新布线的烦恼。

现在，随着 Internet 业务在中国的高速发展，利用 Internet 接入家庭网络越来越流行，如何将电话线和 Internet 结合起来，成为很多通信运营商关心的问题。目前，计算机厂商与消费电子厂商成立了一个名为 HomePNA 的组织来解决这个问题。HomePNA（家庭电话线网络联盟）是一个非盈利性组织，它致力于协调采用统一标准、统一电话线网络的工业标准。HomePNA 为用户线接入多路复用器。多路复用器位于网络中宽带接入服务器和终端用户之间，通过现有的电话线为每个用户提供高达 32 Mb/s（HomePNA 2.0 版本）的高速数据传递，其优势是利用现有电话线路传输宽带数字信号，省去了重新布线的麻烦，既满足用户宽带上网的要求，又降低了上网费用，使得用户在上网的同时不会影响使用电话和收发传真。

HomePNA 技术能够与普通电话业务和 ADSL 业务共用一条电话线，各网络的波段占用情况如图 6-12 所示。声音传送的波段在 20 Hz 和 3.4 kHz 之间，而 XDSL 利用 25 kHz~1.1 MHz 这一波段，HomeNet 设备则利用 5.5 MHz~9.5 MHz 波段，因此当用户利用同一条电话线访问因特网的同时也可以使用电话或收发传真，根本不会相互影响。HomePNA 国际标准技术是 HomeNet 的解决方案之一。

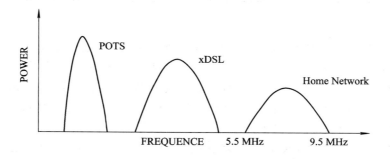

图 6-12　各网络的波段占用情况

虽然 HomePNA 是一项新技术，成本较低，但它的传输距离太短，长距离的传输仍然需要一些其他技术（如 ADSL、Cable modem 等）来帮助实现，不能不说这是一大遗憾。

2. 智能家居无线远程控制技术

一般来说，对家居的无线远程控制有以下几种方式。

1）GPRS 控制

GPRS 控制技术是通过手机 GPRS 无线网络实现无线远程控制的控制方式，该方式基于 GPRS 和 Java 技术，是目前控制距离最远的一种方式。只要是在有 GPRS 网络覆盖的环境下，就可以为用户提供基于 GPRS 手机终端的无线远程控制功能。

GPRS 是通用分组无线业务（General Packet Radio Service）的英文简称，它是现有 GSM 移动通信网络的扩展。随着 Internet 网络以及移动接入技术的发展，移动网络接入 Internet 网络已经成为一种需求，但是 GSM 为基于电路交换系统的网络，它阻碍了移动接入 Internet 网络的发展，因此，必须由基于分组交换系统的 GPRS 网络来扩展它。GPRS 可以简单地被描述为优化接入 Internet 网络的服务。目前我国已经基本实现了 GPRS 的网络覆盖，为采用该技术的控制方式提供了传输平台，各种基于 GPRS 网络的工程应用层出不穷，其应用范围也在不断地扩展。

Java 技术是一个开放、标准、通用的网络运算平台，由于具有强大的兼容性，它已经成为在互联网技术领域被广泛采用的一个成熟的技术平台。通过 Java 技术手机能够实现 UI 界面显示和众多增值功能，能够直接从服务器上使用大量应用程序，这些应用程序可以包括娱乐（如游戏、屏幕保护及养宠物等）、股票、导游地图等。目前很多手机都支持 GPRS 及 Java 技术，为这项远程控制技术奠定了技术基础。

2）WiFi 控制

WiFi 的全称为 Wireless Fidelity，是在无线局域网市场上符合 802.11 协议产品的商业名称。它工作在 2.4 GHz 的 ISM 频段，所支持的速度最高达 54 Mb/s，传输速度比蓝牙快得多，并为用户提供了无线的宽带互联网访问，能够在数百英尺范围内支持互联网接入的无线电信号。WiFi 主要在搭建有 WiFi 无线局域网的环境下应用，例如机场、车站、咖啡店、图书馆、写字楼、体育馆、指挥所等场所。只要在这些人员较密集的地方设置 AP（无线接入点），并通过高速线路将因特网接入上述场所，就可以实现上网功能。由于 AP 所发射出的电波可以达到距接入点半径数十米至 100 米的地方，用户只要将具有 802.11 b/g 无线局域网技术的笔记本电脑或 PDA 拿到该区域内，即可高速接入因特网。用户控制终端上也预先安装控制程序，然后通过 AP 接入局域网或互联网，与网络型主控机实现各种远程控制功能。

3）RF 射频控制

RF（Radio Frequency）指具有远距离传输能力的高频电磁波，它的基本原理是电磁理论。射频技术的优点是不局限于视线，识别距离比光学系统远，并可穿透物体或建筑物，可自由工作在各种恶劣环境下，可进行高度的数据集成。

采用 RF 无线控制技术的手持无线触摸屏可以在有效的控制范围内任意遥控、操作整个系统。触摸屏控制指令经由其内置的 RF 射频发射模块发射出去后，由无线接收机接收后通过 SmartNet 网络传入主控机解析，然后指示相应的接口或设备执行相应的动作以达到遥控控制的目的。另外，主控机的控制信号也可反向传输给触摸屏，并在屏上按照预定的形式显示出来。

RF 射频模块可以设置不同的频段，所以在同一环境中，可以同时存在多套触摸屏终端，并且互不干扰。这样，它就可以应用于更加复杂的应用环境和满足更加灵活的控制方式。RF 射频无线控制技术是对前两种技术方式的补充，主要应用于没有公用无线网络信号覆盖的场所，例如一些较偏远的山村环境。

3. 网络参考模型

智能家居的远程控制方法中，最常用最方便的就是基于 Internet 的网络化控制。为了更好地理解网络控制，对远程网络信息交换有一个直观的理解，我们有必要学习一下 OSI（Open System Interconnection，开放系统互连）七层网络模型和网络模型最顶层的 Web-Service 服务。

OSI 七层网络模型称为开放式系统互联参考模型，是一个逻辑上的定义，一个规范，它把网络从逻辑上分为了七层。每一层都有相关、相对应的物理设备，比如路由器、交换机等。OSI 七层模型是一种框架性的设计方法，建立七层模型的主要目的是为了解决异种网络互连时所遇到的兼容性问题，其最主要的功能就是帮助不同类型的主机实现数据传输。它的最大优点是将服务、接口和协议这三个概念明确地区分开来，通过七个层次化的结构模型使不同的系统不同的网络之间实现可靠的通信。各层之间具有很强的独立性，互连网络中各实体采用什么样的协议是没有限制的，只要向上提供相同的服务并且不改变相邻层的接口就可以了。

七层网络层次和数据传输参考图如图 6-13 所示。

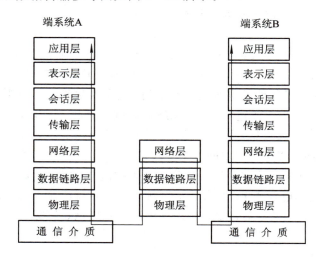

图 6-13　网络七层模型中数据的传输

网络七层的划分也是为了使网络的不同功能模块(不同层次)分担起不同的职责，从而带来如下好处：减轻问题的复杂程度，一旦网络发生故障，可迅速定位故障所处层次，便于查找和纠错；在各层分别定义标准接口，使具备相同对等层的不同网络设备能实现互操作，各层之间则相对独立，一种高层协议可放在多种低层协议上运行；能有效刺激网络技术革新，因为每次更新都可以在小范围内进行，不需对整个网络动大手术，便于研究和教学。

七层模型中每层的功能和职责描述如下：

(1) 第七层，应用层，是 OSI 中的最高层，为特定类型的网络应用提供了访问 OSI 环境的手段。应用层确定进程之间通信的性质，以满足用户的需要，不仅要提供应用进程所需要的信息交换和远程操作，而且还要作为应用进程的用户代理，来完成一些为进行信息交换所必需的功能。它包括文件传送访问和管理 FTAM、虚拟终端 VT、事务处理 TP、远程数据库访问 RDA、制造报文规范 MMS、目录服务 DS 等协议。

(2) 第六层，表示层，主要用于处理两个通信系统中交换信息的表示方式，为上层用户解决用户信息的语法问题。它包括数据格式交换、数据加密与解密、数据压缩与恢复等功能。

(3) 第五层，会话层，在两个节点之间建立端连接，为端系统的应用程序之间提供了对话控制机制。

(4) 第四层，传输层，实现常规数据递送，为会话层用户提供一个端到端的可靠、透明和优化的数据传输服务机制，包括全双工或半双工、流控制和错误恢复服务等功能；

（5）第三层，网络层，通过寻址来建立两个节点之间的连接，为源端的运输层送来的分组选择合适的路由和交换节点，正确无误地按照地址传送给目的端的运输层。它包括通过互连网络来路由和中继数据；

（6）第二层，数据链路层，它将数据分帧，并处理流控制，屏蔽物理层，为网络层提供一个数据链路的连接，在一条有可能出差错的物理连接上进行几乎无差错的数据传输。本层指定拓扑结构并提供硬件寻址；

（7）第一层，物理层，处于 OSI 参考模型的最底层，它的主要功能是利用物理传输介质为数据链路层提供物理连接，以便透明地传送比特流。

数据发送时，从第七层传到第一层，接收数据则相反。上三层总称应用层，用来控制软件方面。下四层总称数据流层，用来管理硬件。

4. Web Service 服务与远程控制

在实际的应用中，一般是不会直接采用七层模型中的 TCP/IP 层协议来远程控制数字家庭的，因为这其中涉及太多的细节需要处理。我们通常使用最高层的应用层协议来进行远程通信和控制。考虑到客户端终端的多样性，即它们可能使用了不同的操作系统、编程语言，需要找到一种跨平台的通信规范来实现异构系统和程序的控制信息交换。Web Service 由于具有良好的跨平台特性和广泛的企业支持，成为了远程访问控制的首选。

Web Services 是由企业发布的完成其特定商务需求的在线应用服务，其他公司或应用软件能够通过 Internet 来访问并使用这项在线服务，简单来说，就是系统对外的接口。它是一种构建应用程序的普遍模型，可以在任何支持网络通信的操作系统中实施运行；一种新的 web 应用程序分支，是自包含、自描述、模块化的应用，可以发布、定位、通过 web 调用。Web Service 是一个应用组件，它逻辑性的为其他应用程序提供数据与服务。各应用程序通过网络协议和规定的一些标准数据格式（如，HTTP、XML、Soap）来访问 Web Service，通过 Web Service 内部执行得到所需的结果。Web Service 可以执行从简单的请求到复杂商务处理的任何功能，一旦部署以后，其他 Web Service 应用程序可以发现并调用它部署的服务。

Web Service 有很多优势，其典型优点如下：

（1）跨防火墙通信。如果应用程序有成千上万的用户，而且分布在世界各地，那么客户端和服务器之间的通信将是一个棘手的问题。因为客户端和服务器之间通常会有防火墙或者代理服务器。传统的做法是选择用浏览器作为客户端，写下一大堆 ASP 页面，把应用程序的中间层暴露给最终用户。这样做的缺点是开发难度大，且程序很难维护。如果中间层组件换成 Web Service 的话，就可以从用户界面直接调用中间层组件，从而省掉建立 ASP 页面的那一步。要调用 Web Service，可以直接使用 Microsoft SOAP Toolkit 或 .NET 这样的 SOAP 客户端，也可以使用自己开发的 SOAP 客户端，然后把它和应用程序连接起来，不仅缩短了开发周期，还减少了代码复杂度，并能够增强应用程序的可维护性。

（2）应用程序集成。企业经常要把用不同语言编写的、在不同平台上运行的各种程序集成起来，而这种集成将花费很大的开发力量。

（3）B2B 集成。用 Web Service 集成应用程序，可以使公司内部的商务处理更加自动化。但当交易跨越供应商和客户、突破公司的界限时会怎么样呢？跨公司的商务交易集成通常叫做 B2B 集成。用 Web Service 来实现 B2B 集成的最大好处在于可以轻易实现互操作性，只要把商务逻辑"暴露"出来，成为 Web Service，就可以让任何指定的合作伙伴调用这些商务逻辑，而不管他们的系统在什么平台上运行，使用什么开发语言。

（4）软件和数据重用。软件重用是一个很大的主题，重用的形式很多，重用的程度也有大有小，其最基本的形式是源代码模块或者类一级的重用，另一种形式是二进制的组件重用。

Web Service 在允许重用代码的同时，可以重用代码背后的数据。使用 Web Service 再也不必像以前那样，要先从第三方购买、安装软件组件，再从应用程序中调用这些组件，而是直接调用远端的 Web Service 就可以了。

为了让读者有一个直观的印象，本书以天气预报的 Web Service 服务为例，介绍 WebService 的简单用法。

天气预报所在网址是

http：//www. webxml. com. cn/WebServices/WeatherWebService. asmx

这个服务是由中国气象局发布的。用户直接在浏览器中输入该网址，就能够看到天气服务的 html 界面，根据说明，点击相应的按钮，即可查到全国重要城市的天气状况。天气预报的服务网页如图 6 - 14 所示。

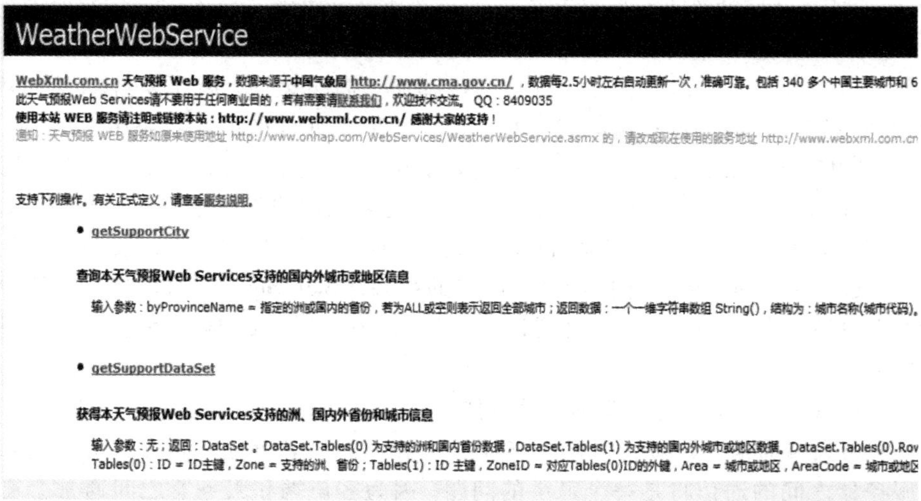

图 6 - 14　天气预报的服务网页

用户在浏览器中输入

http：//www. webxml. com. cn/WebServices/WeatherWebService. asmx？ wsdl

就可以看到服务自描述 wsdl 文件，如下所示，这个文件是计算机能够"看懂"的 XML 格式的信息，计算机能够自动识别并调用这个服务。其中描述文件的标签指出了能够提供的服务的名字，而标签指出了服务所需的参数和返回值等。

```
<wsdl：operation name="getWeatherbyCityName">
<s：element name="getWeatherbyCityName">
    <s：complexType>
        <s：sequence>
            <s：element minOccurs="0" maxOccurs="1"
```

```
        name="theCityName" type="s：string"/>
          </s：sequence>
        </s：complexType>
    </s：element>
```

我们可以通过 http 发出请求

```
POST /WebServices/WeatherWebService. asmx HTTP/1. 1
Host：www. webxml. com. cn
Content - Type：text/xml；charset=utf - 8
Content - Length：length
SOAPAction："http：//WebXml. com. cn/getWeatherbyCityName"


<? xml version="1. 0" encoding="utf - 8"? >
<soap：Envelope xmlns：xsi="http：//www. w3. org/2001/XMLSchema - instance"
xmlns：xsd="http：//www. w3. org/2001/XMLSchema"
xmlns：soap="http：//schemas. xmlsoap. org/soap/envelope/">
    <soap：Body>
      <getWeatherbyCityName xmlns="http：//WebXml. com. cn/">
        <theCityName>string</theCityName>
      </getWeatherbyCityName>
    </soap：Body>
  </soap：Envelope>
```

斜体部分的 length 和 string 需要替换为实际的消息体长度和城市名称。网页会回复一个消息，其中包含请求结果，片段如下：

```
<ArrayOfString>
<string>直辖市</string>
<string>北京</string>
<string>54511</string>
<string>54511. jpg</string>
<string>2012 - 5 - 20 1：01：05</string>
<string>16℃/29℃</string>
<string>5 月 20 日  多云</string>
<string>无持续风向微风</string>
<string>1. gif</string>
<string>1. gif</string>
<string>今日天气实况：气温：23℃；风向/风力：东风 3 级；湿度：55％；空气质量：较差；紫
外线强度：弱</string>
<string>18℃/30℃</string>
<string>5 月 21 日  晴转雷阵雨</string>
<string>无持续风向微风</string>
<string>0. gif</string>
<string>4. gif</string>
<string>15℃/28℃</string>
```

<string>5 月 22 日　雷阵雨转晴</string>
<string>无持续风向微风</string>
<string>4. gif</string>
<string>0. gif</string>
<string>
</ArrayOfString>

这样，一次 Web Service 请求与应答就完成了。

同样，我们可以在网关上建立相应的 Web 服务，用手机控制来实现基于 Web Service 的远程智能家居控制。

6.4　LookeyHome 智能家居平台

LookeyHome 智能家居平台，又叫异构网络同构化通信框架，是北京科技大学物联网系独立研制开发的一套智能家居编程框架，具有跨平台、互操作、设备自由度高等一系列引人注目的特性。

6.4.1　平台框架

LookeyHome 平台基于微软的 WCF 通信框架，开发出了针对智能家居环境的 Agent 中间件套件，并实现了集中管理的 Agent 网关。本平台从逻辑上一共分为五个层次，自下而上分别为设备层、物理层、代理层、服务层和表现层，如图 6-15 所示。

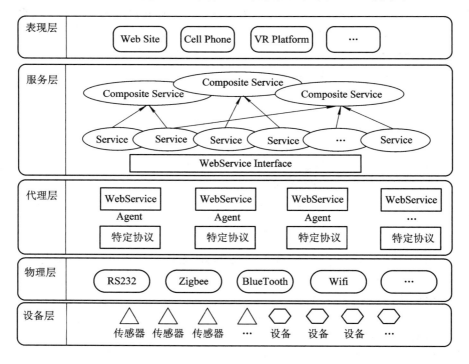

图 6-15　LookeyHome 平台的通信框架

LookeyHome 平台的实物图连接如图 6-16 所示。

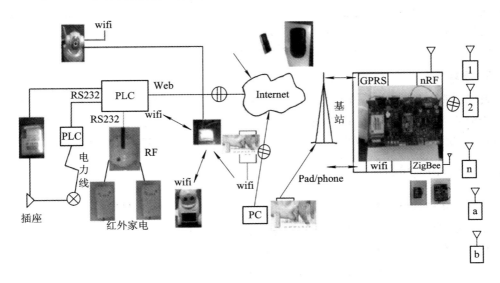

图 6-16 LookeyHome 平台的实物连接图

1. 设备层

设备层由智能空间中所有有能力和系统进行信息交互的设备所组成，是整个系统逻辑结构的最底层，系统的原始信息采集以及系统指令的最终动作都在这一层完成。

2. 物理层

物理层由设备层的设备和其之上层次进行通信的所有物理通信通道和附加在物理通信通道上的通信协议组成。智能空间中各种设备的多样性决定了物理层所包含的通信介质和协议异常丰富，基本包含了所有常见的通信介质和协议，比如 ZigBee、红外、RS232、Bluetooth、WiFi 等。也就是说，设备层和物理层构成了一个智能空间中的异构网络。

3. 代理层

代理层其实可以看做是一个物理通信通道和通信协议的转换中间件。任何一类设备所使用的物理通信通道在这个层次中被转换成具有承载 TCP/IP 协议能力的物理通道；任何一类设备所使用的通信协议在这个层次中被转换成 Web Service 协议。如此，一个复杂的异构网络就被转换成了相对简单的同构网络，而对设备的功能调用也都统一到 Web Service 接口上，这样就极大地简化了逻辑上层的实现难度，使智能服务成为可能。代理层的转换工作是由协议转换 Agent 来完成的，整个代理层也可以看成是由针对不同类型设备的协议转换 Agent 组成。在实际的应用中，需要依据每种类型设备分别开发一种协议转换 Agent。智能空间中所有的 Agent 组成了该空间的异构网络同构化中间件。总之，代理层将异构网络变成了同构网络，但由于每种 Agent 提供的服务可以是自定义的，因此其服务还是异构的。

4. 服务层

服务层将完全不相同的协议转换成了统一接口的 Web Service，每一个设备都存在一个与之对应的 Web Service，因此从服务层向下看去，没有设备的概念，只有一个一个的

Web Service。服务层集合了所有的单个服务，在特定的情形下服务层还可以将类似的、有关联的单个服务组成功能更强的组合服务(Composite Service)，便于集成调用。服务层的逻辑功能实际上由一个 Agent 网关来完成。总之，服务层将面向一组 Agent 的异构服务调用变成了面向一个 Agent 网关的同构服务调用。

5. 表现层

表现层是智能空间状态的呈现者和服务的调用者。表现层将抽象的服务调用过程状态通过和谐的人机交互界面呈现给最终用户，其本质上是一个 Web 服务的客户端，并且由于 Web 服务的跨平台性，可以部署在很多平台上，例如网站、移动终端、虚拟现实平台等。

6.4.2 Agent 中间件

1. Agent 中间件设计

在智能家居环境中，由于数字式设备的丰富性和设备信道的多元化，处于智能家居底层的设备间存在着大量异构的细节。为了屏蔽这些细节，将之转换成同构的 Web Service 而后将之发布，并对外提供该服务，Agent 中间件应运而生。

1）Agent 中间件的作用和特点

本书描述的异构网络中间件由所有独立的软件 Agent 组成。软件 Agent 是一类在特定环境下能感知环境，并能自治地运行以代表其设计者或使用者实现一系列目标的计算实体或程序。正是因为软件 Agent 具有自治性和独立性的特点，因此能够很好地满足本框架的强鲁棒性和松耦合性的需求。

2）Agent 中间件的分类

我们按照 Agent 的行为将所有构成本框架的 MAS 异构中间件的 Agent 分成五大类，分别为控制型 Agent、传感型 Agent、观察型 Agent、协调型 Agent 和决策型 Agent。

其中控制型 Agent 和传感型 Agent 称为基本 Agent，其余的称为高级 Agent。基本 Agent 的作用是消除特定类型设备的异构性(协议异构、通信方式异构、调用接口异构等)，对外提供使用 Web 服务调用设备功能或者读取设备信息的接口。基本 Agent 仅面向设备，不和其他 Agent 发生联系，结构较为简单。

3）Agent 服务的发布过程

Agent 在发布服务时，根据所提供服务可知性的不同，可以分成静态服务发布和动态服务发布两种发布机制。两种服务发布机制各有优缺点，呈现互补的关系，因此在设计实际 Agent 时应该根据实际选择一种合适的服务发布方式。

(1) 静态服务发布机制。如果需要提供的服务在相应的 Agent 编译前是已知的，那么宜采用静态的服务发布机制。例如需要针对某一特定的冰箱开发一个 Agent，而冰箱的功能在 Agent 编译完成前就已经确定。采用静态服务发布机制的好处在于：编程难度小，只需要按照普通的 Web Service 方式开发服务就能满足需求；调用简单，因为服务已知，所以客户端只需要静态的生成服务代理类就行，调用逻辑也可以直接在代码中体现；调试容易，由于所有的调用逻辑可以直接编程实现，可以利用 IDE 的代码检查功能在编写时和编译时找出语法错误，最大程度地减小运行时的错误，提高编码的效率。它的缺点是一个 Agent 只能针对一个已知设备或一个已知设备组，当设备数量多的时候会难于管理；同时无法适应设备动态上下线的情况。

（2）动态服务发布机制。动态服务发布机制是指 Agent 在运行时才能决定对外发布何种服务，而且对外发布的服务是可以随着时间变化而动态增减的。动态服务发布机制特别适合于那些已经具有设备发现、服务发现协议的设备，例如带有 GICP 协议的控制器等。图 6‑17 显示了动态服务发布及卸载机制的流程。当 Agent 检测到一个设备上线后，会使用设备本身的协议去获取该设备的设备信息和服务信息，并通过预置的编码格式自动生成提供该设备服务代码（类似 SvcUtil.exe 根据 WSDL 生成服务代理的原理），然后 Agent 会编译生成的代码，如果编译无误的话会在临时目录生成一个 DLL（Dynamic Link Library）文件，生成完成后，Agent 会使用反射（Reflection）机制加载这个 DLL 文件，提取服务接口并且根据这个接口添加服务，最后将这个服务发布出去。采用动态服务发布机制的好处在于：为动态上线设备的服务发布提供了可能；便于 Agent 的集中管理，对一类设备可以复用一个 Agent，由于 Agent 的数量少，因此管理起来也比单独为每个设备开发一个 Agent容易的多。它的缺点是编程技巧高，调试困难。

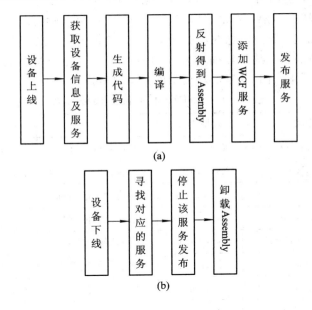

图 6‑17　动态服务发布及卸载机制流程

（a）动态服务发布过程；（b）动态服务卸载过程

4）Agent 网关

从功能上来说，Agent 已经能够很好地完成从异构网络到同构网络的转换工作，但同时也存在一些问题，例如多 Agent 之间的协作问题、行动同步问题、决策冲突问题、服务异构问题、安全性问题等。

为了解决以上问题，在代理层（Agent 层）上设计服务层（Agent 网关层）是十分必要的。Agent 网关服务接口（Agent Gateway Interface）定义了一套抽象程度很高的完整服务契约。Agent 网关服务接口通过将动态服务映射成静态方法的动态返回值的方式将异构的动态服务转换成同构的静态服务，解决了 MAS 系统的服务异构性和不确定性问题；同时，由于网关运行时只有网关服务的一个单一实例，所有对下层 Agent 的调用都通过该实例统一调度，因此不会产生 Agent 之间协调与同步异常的问题；最后，单一的网关服务实例仅需要局域网防火墙开放一个对外服务的端口，极大地减小了由于同时开放多个端口带来的网络入侵风险。

2. Agent 中间件描述语言

为了使智能家居中的设备能够互相明白彼此的功能和调用方法，也为了为高层智能服务提供数据支持，Agent 中间件还必须实现服务的详细描述。

新型的服务描述语言 HSIDL（Home Service Integration Description Language，家庭服务嵌入描述语言）正是为了实现服务的动态自我描述而提出的。正如名字说明的那样，HSIDL 是一种基于 XML 的、专门为家庭设备服务定制的而且需要嵌入到其他宿主语言中使用的描述语言。HSIDL 自上而下分别定义了三个层次的家庭服务描述架构，分别为服务信息描述、功能信息描述和参数信息描述。HSIDL 在这三个层次的描述架构中的适当位置加入了诸如环境效用分量强度、服务位置、自动控制选项等智能空间环境应用背景下的关键信息。HSIDL 的宿主语言可以是而且不仅限于 WSDL。由于本书采用的是基于 Web Service 的异构协议转换框架，因此 HSIDL 被嵌入到 WSDL 中使用。

（1）服务信息描述。服务信息描述位于 HSIDL 的最上层，主要用于描述设备的评注、生产商、名称等自身属性，其具体描述方式如表 6-1 所示。不同设备的设备类型取值不同，表 6-2 中给出了 19 种智能家居环境中的典型设备描述方法。

表 6-1　HSIDL 服务信息描述标签

名称	标签	数据类型	作用	嵌入 WSDL 时的位置
评注	<comment>	Xsd：String	对设备进行标注	portType. documentation
生产厂商	<manuFacturer>	Xsd：String	标识设备的生产厂商	portType. documentation
设备名称	<deviceName>	Xsd：String	描述设备的名称	portType. documentation
设备型号	<deviceModel>	Xsd：String	描述设备的型号	portType. documentation
序列号	<sequenceCode>	Xsd：String	标识设备的序列号	portType. documentation
生产日期	<productionDate>	Xsd：Date	描述设备的生产日期	portType. documentation
设备位置	<deviceLocation>	Xsd：Int	设备所放置的位置	portType. documentation
设备类型	<deviceType>	Xsd：int	设备分类，见表 6-2	portType. documentation

表 6-2　设备类型枚举明细

名称	枚举定义	值
电视	DeviceType. TV	100
空调	DeviceType. AirCondition	200
冰箱	DeviceType. IceBox	300
热水器	DeviceType. WaterHeater	400
电磁炉	DeviceType. InductionCooker	500
微波炉	DeviceType. MicrowaveCooker	600

续表

名称	枚举定义	值
电饭煲	DeviceType. ElectricCooker	700
燃气灶	DeviceType. GasCooker	800
灯	DeviceType. Light	900
抽油烟机	DeviceType. LampblackPresser	1000
门	DeviceType. Door	1100
窗帘	DeviceType. Curtain	1200
加湿器	DeviceType. Humidifier	1300
窗户	DeviceType. Window	1400
电脑	DeviceType. Computer	1500
音响	DeviceType. Sonic	1600
洗衣机	DeviceType. WashingMachine	1700
机器人	DeviceType. Robot	1800
未知设备	DeviceType. Unknown	9000

（2）功能信息描述。功能信息描述主要用于设备功能信息的设置，包括功能 ID、环境影响、自动控制等诸多方面，表 6-3 为典型的几种功能信息类型表述，表 6-4 则是针对环境效用这一功能类型给出的具体细节描述方法及取值。

表 6-3　HSIDL 功能信息描述标签

名称	标签	数据类型	作用	嵌入 WSDL 时的位置
评注	＜comment＞	Xsd：String	对功能进行标注	operation. documentation
ID	＜funcId＞	Xsd：String	功能的 ID	operation. documentation
环境影响	＜isEnvironmentEffective＞	Xsd：Boolean	执行这个功能是否对环境产生影响	operation. documentation
自动控制	＜allowAutoControl＞	Xsd：Boolean	是否允许自动控制	operation. documentation
环境效用强度集合	＜environmentEffection＞	Xsd：ComplexType	环境效用强度具体分量的容器	operation. documentation
环境效用强度	＜effection＞	Xsd：Int	标识环境效用强度	operation. documentation. environmentEffection

表 6 - 4 环境效用分量枚举明细

环境效用分量	枚举定义	值
温度	EnvironmentEffectionType. Temperature	0
湿度	EnvironmentEffectionType. Humidity	1
烟雾浓度	EnvironmentEffectionType. Smog	2
亮度	EnvironmentEffectionType. Brightness	3
声音	EnvironmentEffectionType. Voice	4
一氧化碳浓度	EnvironmentEffectionType. CarbonMonoxide	5

（3）参数信息描述。参数信息描述位于信息描述的底层，在了解的服务信息和功能信息的基础上，可根据每种功能所对应的各种不同类型定义参数种类、数据类型、取值范围等，如表 6 - 5 所示。表 6 - 6 和 6 - 7 分别给出了参数类型和参数数据类型的定义方法及相应取值，这里的参数与数据类型存在如表 6 - 8 所示的对应关系。

表 6 - 5 HSIDL 参数信息描述标签

名称	标签	数据类型	作用	嵌入 WSDL 时的位置
参数	\<param\>	Xsd：ComplexType	标注参数标签	operation. documentation
名称	\<name\>	Xsd：String	参数的名称	operation. documentation. paramAttribute
功能 ID	\<funcId\>	Xsd：Int	参数所在功能 Id	operation. documentation. paramAttribute
参数种类	\<paramType\>	Xsd：String	标注参数的种类，见表 6 - 6	operation. documentation. paramAttribute
数据类型	\<dataType\>	Xsd：String	参数数据类型，见表 6 - 7	
最大值	\<max\>	Xsd：Double	该参数的最大值	operation. documentation. paramAttribute
最小值	\<min\>	Xsd：Double	该参数的最小值	operation. documentation. paramAttribute
步长	\<step\>	Xsd：Double	递进步长	operation. documentation. paramAttribute
评注	\<comment\>	Xsd：String	对参数进行评注	operation. documentation. param
可选项集合	\<items\>	Xsd：ComplexType	参数可选项容器	operation. documentation. param
可选项	\<item\>	Xsd：String	参数可选项	operation. documentation. param

表 6 - 6　参数类型

参数类型	枚举定义	值
基本型	ParamType. Basic	0
增量型	ParamType. Increase	1
时间类型	ParamType. Time	2
单选型	ParamType. Single	3
多选型	ParamType. Multi	4
流类型	ParamType. Stream	5

表 6 - 7　参数数据类型

参数数据类型	标识	表示符号
8 位有符号整数	CLR. sbyte	sbyte
8 位无符号整数	CLR. byte	byte
16 位有符号整数	CLR. short	short
16 位无符号整数	CLR. ushort	ushort
32 位有符号整数	CLR. int	int
32 位无符号整数	CLR. uint	uint
单精度浮点数	CLR. float	float
双精度浮点数	CLR. double	double
布尔型	CLR. boolean	boolean
字符型	CLR. char	char
字符串型	CLR. string	string
时间类型	CLR. DateTime	DateTime
流类型	CLR. Stream	Stream

表 6 - 8　参数类型和数据类型对照表及其限定

参数类型	合法的参数数据类型	限　　定
基本型	所有参数数据类型	1. 数字，字符串数据类型都必须使用<max><min>属性进行限定，同时忽略<step> 2. 当数据类型为字符串时<max><min>分别表示字符串的最大最小长度 3. 忽略<items>标签
增量型	所有数字类型	1. 必须使用<max><min><step>属性进行限定 2. 忽略<items>标签
时间类型	时间类型	1. 时间类型的格式必须为 yyyy - MM - dd HH：mm：ss 2. 忽略<items>标签 3. 必须使用<max><min>属性进行限定，同时忽略<items>标签
单选型	无	1. 只和<items>标签中的选项有关，忽略其他标签
多选型	无	1. 只和<items>标签中的选项有关，忽略其他标签
流类型	流类型	1. 只能是 CLR 中的 Stream 类型，忽略所有标签

有了这些描述语言，绝大部分智能家居电子设备的功能都可以被动态描述，开发者可以遵循这些标准，并用任意一种程序开发语言实现它。

6.5　基于网络的智能家居控制

家庭自动化是数字家庭的一个重要功能，在数字家庭刚出现时，家庭自动化甚至就等同于数字家庭。直到今天，它仍是数字家庭的核心之一。随着物联网技术的发展，智能家居的普遍应用、网络家电/信息家电的成熟，家庭自动化的许多产品功能将融入到数字家庭中去，为数字家庭的环境感知和控制提供更为更富的内容，从而使单纯的家庭自动化产品在系统设计中越来越少，其核心地位也被子家庭网络/家庭信息系统所代替，作为家庭网络中的控制网络部分在智能家居中发挥作用。

在数字家庭空间中，为了给用户提供一个和谐的生活环境，有必要建立一个基于网络的稳态家庭自动调节系统，充分利用数字家庭空间天然的网络优势，实现家庭环境的自动调节。

本节将讨论基于网络的数字家庭自动控制理论。

6.5.1　网络控制论系统

讨论网络控制论系统之前，我们先对网络系统做一个了解。网络系统是一组有联系的网络和网络元素的集合，具有相对性、动态性、抽象性三个特点。一个典型的网络系统具有三层意义：

（1）网络系统是具有一定结构（即相互存在着某种稳定的联系）的网络元素的集合；

（2）网络系统是以整体的方式与环境相互作用的，并通过对环境的作用表现其功能；

（3）作为整体的网络系统在不同程度上具有稳定性、动态性和适应性等特征。

智能家居空间属于一个网络控制论系统，对系统行为起作用的是环境信息的变化事件，它所遵循的控制体系分为两种：一是物理定律（例如传感器—电器调节），二是复杂的行为规则（例如场景控制）。相应地，智能家居的控制原理也分为基本原理（反馈原理）和决策分析两部分。一个典型的智能家居控制论系统如图 6-18 所示。

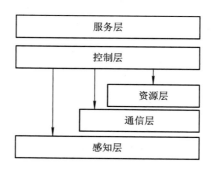

图 6-18　典型的智能家居控制论系统

根据该结构中各组成部分与被控资源的距离，对被控资源进行操作、管理和使用的功能分散在五个不同的层次，越向下层就越接近物理的被控资源，因此该层与特定资源的相关成分就比较多，控制模型也越接近经典控制模型；越向上层就越感觉不到被控资源的细节特征，也就是说上层是更加抽象的被控资源的表示，其控制模型就越接近智能控制模型。

　　智能家居的网络控制系统分为不同层次的系统，其具体模型也有很大的差异。但是，他们都基于一个相同的总体设计。这个总体网络控制系统模型如图 6-19 所示。

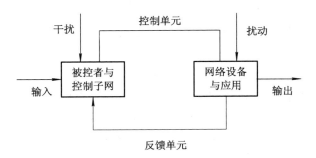

图 6-19　总体网络控制系统模型

　　网络输入是网络控制的起因和数据基础，这一部分主要是智能家居环境参数的变化，由被控子网所探知。变化的参数经过控制单元进行变换或者决策，翻译成控制命令，传递给网络设备与应用。网络设备启动后，输出特有的功能，并把功能对环境的影响反馈给被控对象。

6.5.2　基于反馈的家庭网络控制

　　家庭网络控制系统的反馈原理可以概括为：把施控系统的信息（家庭控制单元）作用于被控系统（家电设备等）后产生的后果（传感器信息）再输送回来，并对信息的再输出发生影响的过程。

　　反馈控制分为正反馈和负反馈，家庭控制系统中多采用负反馈控制。要实现反馈控制，必须具备三个条件：

　　（1）制定标准。制定出衡量实际控制效果的准则，此准则通常为预期控制量；

　　（2）计算偏差。计算表示实际结果与标准结果间偏差的信息，说明实际情况偏离标准多少；

　　（3）实施校正。偏差校正的目的是使最终的控制结果与标准吻合。

　　例如，在智能家居温度控制系统中，保持室温在一个恒定合理的范围是系统的控制目标。我们可以制定一个人体适宜的温度 T 和调节时间 t 作为标准，将温度传感器作为反馈单元，空调作为控制单元；网关根据制定的标准形成控制命令和温度调节强度，作为执行单元。各个单元之间靠传感网和局域网连接并交换信息。最终的温度控制系统如图 6-20 所示。

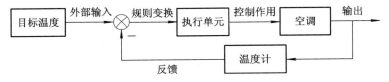

图 6-20　温度控制系统

反馈控制的控制原理图如图 6-21 所示。

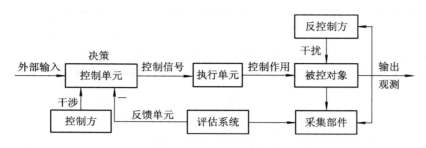

图 6-21　反馈控制原理图

通常，控制标准是根据对智能家居的实际情况的估计和对系统的控制期望主观决定的，反馈控制的目的就是在智能家居的技术、经济和条件可行的情况下，尽可能地使客观的控制结果达到主观的控制标准，因此它是一个不断采集、评估、决策、控制的过程。

在反馈控制中，常常使用反馈控制器的概念，它是控制方实行控制的决策器，由图 6-21 所示的评估系统和控制单元共同构成，其结构如图 6-22 所示。

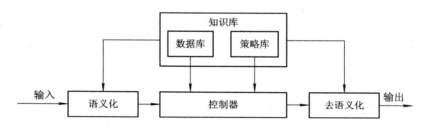

图 6-22　决策系统的结构图

6.5.3　基于智能决策的家庭网络控制

决策就是针对某一问题，确定反映决策者偏好的目标，根据实际情况，通过科学的方法从多个方案中选出一个最优（或满意）的方案的过程。决策分析一般有四个步骤：首先，形成决策问题，包括提出方案和确定目标；其次，判断自然状态及其概率；再次，拟定多个可行方案；最后，评价方案，并做出选择。其中，语义化过程将采集的环境参数附加了解释性信息，使得采集的信息能够被知识库所理解。去语义化正好相反，它把决策后的数据转化成被控单元能够执行的信息输出，为决策的执行提供命令来源。

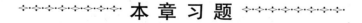

本 章 习 题

6-1　什么是数字家庭？数字家庭最早由谁提出？亚洲数字家庭和欧美数字家庭的区别是什么？

6-2　一个家庭通信系统被称为数字家庭，需要哪些条件？

6-3　数字家庭通信的体系结构是如何的？

6-4　数字家庭组网的关键技术有哪些？

6-5　简述网络七层模型的构成和功能。

6-6 网络服务发布的方法与特点是什么？

参 考 文 献

[1] 高绍强. 基于 Web Service 技术的生产安检系统设计和实现[D]. 北京工业大学, 2008.

[2] 王跃飞. 基于中间件的多 Agent 家庭网络系统研究与实践[D]. 合肥工业大学, 2004.

[3] 何讳. 基于中间件技术的家庭网络框架研究与实践[D]. 合肥工业大学, 2002.

[4] 刘晓彤. 嵌入式智能家居远程监控系统的设计与实现[D]. 北京交通大学, 2009.

[5] 马季. 智能家居远程监控系统的研究与实现[D]. 中国海洋大学, 2009.

[6] 贺杰. 面向数字家庭的虚拟人管理平台的研究[D]. 北京科技大学, 2010.

[7] 彭海银. 基于嵌入式系统的数字家庭集成网络控制器的研究[D]. 北京科技大学, 2010.

[8] 谭昆. 基于网络的智能家居远程控制[D]. 北京科技大学, 2010.

[9] 王志良, 李正熙, 解仑. 信息社会中的自动化新技术[M]. 北京: 机械工业出版社, 2004.

[10] 孙德辉, 史运涛, 李志军, 等. 网络化控制系统: 理论、技术及工程应用[M]. 北京: 国防工业出版社, 2008.

[11] 卢昱, 吴忠望, 王宇, 等. 网络控制论概论[M]. 北京: 国防工业出版社, 2005.

[12] 王志良. 物联网: 现在与未来[M]. 北京: 机械工业出版社, 2010.

[13] 杨溢. 智能空间服务中心关键技术研究[D]. 北京科技大学, 2011.

[14] 万百五, 韩崇昭, 蔡远利. 控制论: 概念、方法与应用[M]. 北京: 清华大学出版社, 2009.

附录1 参考程序

Chap 4_0

```
Model {
    Name                    "chap1_1"
    Version                 3.00
    SimParamPage            "Solver"
    SampleTimeColors        off
    InvariantConstants      off
    WideVectorLines         off
    ShowLineWidths          off
    ShowPortDataTypes       off
    StartTime               "0. 0"
    StopTime                "10"
    SolverMode              "Auto"
    Solver                  "ode45"
    RelTol                  "1e—3"
    AbsTol                  "auto"
    Refine                  "1"
    MaxStep                 "auto"
    InitialStep             "auto"
    FixedStep               "auto"
    MaxOrder                5
    OutputOption            "RefineOutputTimes"
    OutputTimes             "[]"
    LoadExternalInput       off
    ExternalInput           "[t,u]"
    SaveTime                on
    TimeSaveName            "tout"
    SaveState               off
    StateSaveName           "xout"
    SaveOutput              on
    OutputSaveName          "yout"
    LoadInitialState        off
    InitialState            "xInitial"
    SaveFinalState          off
    FinalStateName          "xFinal"
    SaveFormat              "Matrix"
```

LimitMaxRows	off
MaxRows	″1000″
Decimation	″1″
AlgebraicLoopMsg	″warning″
MinStepSizeMsg	″warning″
UnconnectedInputMsg	″warning″
UnconnectedOutputMsg	″warning″
UnconnectedLineMsg	″warning″
InheritedTsInSrcMsg	″warning″
IntegerOverflowMsg	″warning″
UnnecessaryDatatypeConvMsg	″none″
Int32ToFloatConvMsg	″warning″
SignalLabelMismatchMsg	″none″
ConsistencyChecking	″off″
ZeroCross	on
SimulationMode	″normal″
BlockDataTips	on
BlockParametersDataTip	on
BlockAttributesDataTip	off
BlockPortWidthsDataTip	off
BlockDescriptionStringDataTip	off
BlockMaskParametersDataTip	off
ToolBar	on
StatusBar	on
BrowserShowLibraryLinks	off
BrowserLookUnderMasks	off
OptimizeBlockIOStorage	on
BufferReuse	on
BooleanDataType	off
RTWSystemTargetFile	″grt. tlc″
RTWInlineParameters	off
RTWRetainRTWFile	off
RTWTemplateMakefile	″grt_default_tmf″
RTWMakeCommand	″make_rtw″
RTWGenerateCodeOnly	off
ExtModeMexFile	″ext_comm″
ExtModeBatchMode	off
ExtModeTrigType	″manual″
ExtModeTrigMode	″oneshot″
ExtModeTrigPort	″1″
ExtModeTrigElement	″any″
ExtModeTrigDuration	1000
ExtModeTrigHoldOff	0

ExtModeTrigDelay	0
ExtModeTrigDirection	"rising"
ExtModeTrigLevel	0
ExtModeArchiveMode	"off"
ExtModeAutoIncOneShot	off
ExtModeIncDirWhenArm	off
ExtModeAddSuffixToVar	off
ExtModeWriteAllDataToWs	off
ExtModeArmWhenConnect	off
Created	"Sun Sep 03 10：58：19 2000"
UpdateHistory	"UpdateHistoryNever"
ModifiedByFormat	"%＜Auto＞"
ModifiedDateFormat	"%＜Auto＞"
LastModifiedDate	"Fri Oct 04 09：37：01 2002"
ModelVersionFormat	"1.%＜AutoIncrement：32＞"
ConfigurationManager	"none"
BlockDefaults {	
Orientation	"right"
ForegroundColor	"black"
BackgroundColor	"white"
DropShadow	off
NamePlacement	"normal"
FontName	"Helvetica"
FontSize	10
FontWeight	"normal"
FontAngle	"normal"
ShowName	on
}	
AnnotationDefaults {	
HorizontalAlignment	"center"
VerticalAlignment	"middle"
ForegroundColor	"black"
BackgroundColor	"white"
DropShadow	off
FontName	"Helvetica"
FontSize	10
FontWeight	"normal"
FontAngle	"normal"
}	
LineDefaults {	
FontName	"Helvetica"
FontSize	9
FontWeight	"normal"

```
            FontAngle                          "normal"
    }
    System {
        Name                                   "chap1_1"
        Location                               [12, 74, 808, 555]
        Open                                   on
        ModelBrowserVisibility                 off
        ModelBrowserWidth                      200
        ScreenColor                            "automatic"
        PaperOrientation                       "landscape"
        PaperPositionMode                      "auto"
        PaperType                              "usletter"
        PaperUnits                             "inches"
        ZoomFactor                             "100"
        AutoZoom                               on
        ReportName                             "simulink—default. rpt"
        Block {
            BlockType                          Mux
            Name                               "Mux"
            Ports                              [2, 1, 0, 0, 0]
            Position                           [540, 157, 575, 193]
            Inputs                             "2"
            DisplayOption                      "none"
        }
        Block {
            BlockType                          SubSystem
            Name                               "PID \nController"
            Ports                              [1, 1, 0, 0, 0]
            Position                           [340, 154, 380, 186]
            ShowPortLabels                     off
            MaskType                           "PID Controller"
            MaskDescription          "Enter expressions for proportional,integral,a"
"nd derivative terms. \nP+I/s+Ds"
            MaskHelp         "This block implements a PID controller where pa"
"rameters are entered for the Proportional, Integral and Derivative terms. Unm"
"ask this block to see how it works. The derivative term is implemented using "
"a true derivative block."
            MaskPromptString                   "Proportional：|Integral|Derivative："
            MaskStyleString                    "edit, edit, edit"
            MaskTunableValueString             "on, on, on"
            MaskCallbackString                 "||"
            MaskEnableString                   "on, on, on"
            MaskVisibilityString               "on, on, on"
```

MaskInitialization	$"P=@1; I=@2; D=@3;"$
MaskDisplay	$"disp('PID')"$
MaskIconFrame	on
MaskIconOpaque	on
MaskIconRotate	$"none"$
MaskIconUnits	$"autoscale"$
MaskValueString	$"60|1|3"$
System {	
Name	$"PID \backslash nController"$
Location	$[14, 74, 376, 318]$
Open	off
ModelBrowserVisibility	off
ModelBrowserWidth	200
ScreenColor	$"white"$
PaperOrientation	$"landscape"$
PaperPositionMode	$"auto"$
PaperType	$"usletter"$
PaperUnits	$"inches"$
ZoomFactor	$"100"$
AutoZoom	on
Block {	
BlockType	Inport
Name	$"In\_1"$
Position	$[25, 65, 45, 85]$
Port	$"1"$
PortWidth	$"-1"$
SampleTime	$"-1"$
DataType	$"auto"$
SignalType	$"auto"$
Interpolate	on
}	
Block {	
BlockType	Gain
Name	$"D"$
Position	$[95, 129, 115, 151]$
Gain	$"D"$
SaturateOnIntegerOverflow	on
}	
Block {	
BlockType	Derivative
Name	$"Derivative"$
Position	$[150, 128, 190, 152]$
}	

```
Block {
    BlockType                        TransferFcn
    Name                             "Integral"
    Position                         [110, 57, 145, 93]
    Numerator                        "[I]"
    Denominator                      "[1 0]"
}
Block {
    BlockType                        Gain
    Name                             "Proportional"
    Position                         [120, 13, 140, 37]
    Gain                             "P"
    SaturateOnIntegerOverflow        on
}
Block {
    BlockType                        Sum
    Name                             "Sum"
    Ports                            [3, 1, 0, 0, 0]
    Position                         [245, 57, 265, 93]
    IconShape                        "rectangular"
    Inputs                           "+++"
    SaturateOnIntegerOverflow on
}
Block {
    BlockType                        Outport
    Name                             "Out_1"
    Position                         [290, 65, 310, 85]
    Port                             "1"
    OutputWhenDisabled               "held"
    InitialOutput                    "0"
}
Line {
    SrcBlock                         "D"
    SrcPort                          1
    DstBlock                         "Derivative"
    DstPort                          1
}
Line {
    SrcBlock                         "Sum"
    SrcPort                          1
    DstBlock                         "Out_1"
    DstPort                          1
}
```

```
    Line {
        SrcBlock              "In_1"
        SrcPort               1
        Points                [15, 0]
        Branch {
            Points                [0, 65]
            DstBlock              "D"
            DstPort               1
        }
        Branch {
            Points                [15, 0]
            Branch {
                Points                [0, -50]
                DstBlock              "Proportional"
                DstPort               1
            }
            Branch {
                DstBlock              "Integral"
                DstPort               1
            }
        }
    }
    Line {
        SrcBlock              "Derivative"
        SrcPort               1
        Points                [20, 0; 0, -55]
        DstBlock              "Sum"
        DstPort               3
    }
    Line {
        SrcBlock              "Integral"
        SrcPort               1
        DstBlock              "Sum"
        DstPort               2
    }
    Line {
        SrcBlock              "Proportional"
        SrcPort               1
        Points                [65, 0; 0, 40]
        DstBlock              "Sum"
        DstPort               1
    }
    }
```

```
    }
    Block {
        BlockType                    Scope
        Name                         "Scope"
        Ports                        [1, 0, 0, 0, 0]
        Position                     [595, 159, 625, 191]
        Floating                     off
        Location                     [229, 247, 674, 486]
        Open                         on
        NumInputPorts                "1"
        TickLabels                   "OneTimeTick"
        ZoomMode                     "xonly"
        List {
    ListType                         AxesTitles
    axes1                            "%<SignalLabel>"
        }
        Grid                         "on"
        TimeRange                    "10"
        YMin                         "−1"
        YMax                         "1"
        SaveToWorkspace              off
        SaveName                     "ScopeData"
        DataFormat                   "StructureWithTime"
        LimitMaxRows                 on
        MaxRows                      "5000"
        Decimation                   "1"
        SampleInput                  off
        SampleTime                   "0"
    }
    Block {
        BlockType                    SignalGenerator
        Name                         "Signal\nGenerator"
        Position                     [210,   145,   240,   175]
        WaveForm                     "sine"
        Amplitude                    "1"
        Frequency                    "0. 2"
        Units                        "Hertz"
    }
    Block {
        BlockType                    Sum
        Name                         "Sum"
        Ports                        [2, 1, 0, 0, 0]
        Position                     [275, 152, 305, 183]
```

```
        IconShape                      "rectangular"
        Inputs                         "+-"
        SaturateOnIntegerOverflow      on
    }
    Block {
        BlockType                      TransferFcn
        Name                           "Transfer Fcn"
        Position                       [410, 152, 485, 188]
        Numerator                      "[133]"
        Denominator                    "[1 25 0]"
    }
    Line {
        SrcBlock                       "Mux"
        SrcPort                        1
        DstBlock                       "Scope"
        DstPort                        1
    }
    Line {
        SrcBlock                       "Signal\nGenerator"
        SrcPort                        1
        Points                         [15, 0]
        Branch {
    DstBlock                           "Sum"
    DstPort                            1
        }
        Branch {
    Points                             [0, -45; 245, 0; 0, 50]
    DstBlock                           "Mux"
    DstPort                            1
        }
    }
    Line {
        SrcBlock                       "Sum"
        SrcPort                        1
        DstBlock                       "PID \nController"
        DstPort                        1
    }
    Line {
        SrcBlock                       "Transfer Fcn"
        SrcPort                        1
        Points                         [15, 0; 0, 15]
        Branch {
    DstBlock                           "Mux"
```

```
        DstPort                        2
          }
        Branch {
    Points                             [0, 55; -245, 0]
    DstBlock                           "Sum"
    DstPort                            2
          }
        }
    Line {
        SrcBlock                       "PID \nController"
        SrcPort                        1
        DstBlock                       "Transfer Fcn"
        DstPort                        1
        }
      }
    }
```

Chap 4_1

```
%GA(Generic Algorithm) Program is to optimize PID Parameters
clear all;
close all;
global rin yout timef

Size=30;
CodeL=3;

MinX(1)=zeros(1);
MaxX(1)=20 * ones(1);
MinX(2)=zeros(1);
MaxX(2)=1.0 * ones(1);
MinX(3)=zeros(1);
MaxX(3)=1.0 * ones(1);

Kpid(:, 1)=MinX(1)+(MaxX(1)-MinX(1)) * rand(Size, 1);
Kpid(:, 2)=MinX(2)+(MaxX(2)-MinX(2)) * rand(Size, 1);
Kpid(:, 3)=MinX(3)+(MaxX(3)-MinX(3)) * rand(Size, 1);

G=100;
BsJ=0;

% * * * * * * * * * * * * * * Start Running * * * * * * * * * * * * * * * *
for kg=1: 1: G
    time(kg)=kg;
```

```
% * * * * * * Step 1 : Evaluate BestJ * * * * * *
for i=1: 1: Size
Kpidi=Kpid(i, :);

[Kpidi, BsJ]=chap5_2f(Kpidi, BsJ);

BsJi(i)=BsJ;
end

[OderJi, IndexJi]=sort(BsJi);
BestJ(kg)=OderJi(1);
BJ=BestJ(kg);
Ji=BsJi+1e-10;        %Avoiding deviding zero

    fi=1. /Ji;
%   Cm=max(Ji);
%   fi=Cm-Ji;

    [Oderfi, Indexfi]=sort(fi);      %Arranging fi small to bigger
    Bestfi=Oderfi(Size);            %Let Bestfi=max(fi)
    BestS=Kpid(Indexfi(Size), :);   %Let BestS=E(m),m is the Indexfi belong to max(fi)

    kg
    BJ
    BestS
% * * * * * * Step 2 : Select and Reproduct Operation * * * * *
    fi_sum=sum(fi);
    fi_Size=(Oderfi/fi_sum) * Size;

    fi_S=floor(fi_Size);                    % Selecting Bigger fi value
    r=Size-sum(fi_S);

    Rest=fi_Size-fi_S;
    [RestValue, Index]=sort(Rest);

    for i=Size: -1: Size-r+1
      fi_S(Index(i))=fi_S(Index(i))+1;      % Adding rest to equal Size
    end

    k=1;
    for i=Size: -1: 1          % Select the Sizeth and Reproduce firstly
      for j=1: 1: fi_S(i)
        TempE(k, :)=Kpid(Indexfi(i), :);          % Select and Reproduce
```

```
        k=k+1;                              % k is used to reproduce
    end
  end


% * * * * * * * * * * * Step 3 ： Crossover Operation * * * * * * * * * * * *
    Pc=0.90;
    for i=1：2：(Size−1)
        temp=rand;
      if Pc>temp                           %Crossover Condition
        alfa=rand;
        TempE(i,：)=alfa * Kpid(i+1,：)+(1−alfa) * Kpid(i,：);
        TempE(i+1,：)=alfa * Kpid(i,：)+(1−alfa) * Kpid(i+1,：);
      end
    end
    TempE(Size,：)=BestS;
    Kpid=TempE;


% * * * * * * * * * * * Step 4：Mutation Operation * * * * * * * * * * * * * *
Pm=0.10−[1：1：Size] * (0.01)/Size;         %Bigger fi, smaller Pm
Pm_rand=rand(Size，CodeL);
Mean=(MaxX + MinX)/2;
Dif=(MaxX−MinX);

    for i=1：1：Size
      for j=1：1：CodeL
        if Pm(i)>Pm_rand(i,j)               %Mutation Condition
            TempE(i,j)=Mean(j)+Dif(j) * (rand−0.5);
        end
      end
    end
%Guarantee TempE(Size,：) belong to the best individual
    TempE(Size,：)=BestS;
    Kpid=TempE;
end
Bestfi
BestS
Best_J=BestJ(G)
figure(1);
plot(time, BestJ);
xlabel('Times');ylabel('Best J');
figure(2);
plot(timef, rin, 'r', timef, yout, 'b');
xlabel('Time(s)');ylabel('rin, yout');
```

Chap 4_2

```
function [Kpidi, BsJ]=pid_gaf(Kpidi, BsJ)
global rin yout timef

ts=0.001;
sys=tf(400, [1, 50, 0]);
dsys=c2d(sys, ts, 'z');
[num, den]=tfdata(dsys, 'v');

rin=1.0;
u_1=0.0;u_2=0.0;
y_1=0.0;y_2=0.0;
x=[0, 0, 0]';
B=0;
error_1=0;
tu=1;
s=0;
P=100;

for k=1: 1: P
    timef(k)=k * ts;
    r(k)=rin;

    u(k)=Kpidi(1) * x(1)+Kpidi(2) * x(2)+Kpidi(3) * x(3);

    if u(k)>=10
        u(k)=10;
    end
    if u(k)<=-10
        u(k)=-10;
    end

    yout(k)=-den(2) * y_1-den(3) * y_2+num(2) * u_1+num(3) * u_2;
    error(k)=r(k)-yout(k);
%------------ Return of PID parameters ------------
    u_2=u_1;u_1=u(k);
    y_2=y_1;y_1=yout(k);

    x(1)=error(k);                    % Calculating P
    x(2)=(error(k)-error_1)/ts;       % Calculating D
    x(3)=x(3)+error(k) * ts;          % Calculating I
```

```
        error_2＝error_1;
        error_1＝error(k);
if s＝＝0
    if yout(k)＞0.95＆yout(k)＜1.05
        tu＝timef(k);
        s＝1;
    end
end
end


for i＝1:1:P
    Ji(i)＝0.999 * abs(error(i))＋0.01 * u(i)^2 * 0.1;
    B＝B＋Ji(i);
    if i＞1
    erry(i)＝yout(i)－yout(i－1);
    if erry(i)＜0
        B＝B＋100 * abs(erry(i));
    end
    end
end
BsJ＝B＋0.2 * tu * 10;
```

Chap 4_3

```
Model {
    Name                    "CHAP1_3"
    Version                 3.00
    SimParamPage            "Solver"
    SampleTimeColors        off
    InvariantConstants      off
    WideVectorLines         off
    ShowLineWidths          off
    ShowPortDataTypes       off
    StartTime               "0.0"
    StopTime                "1.0"
    SolverMode              "Auto"
    Solver                  "ode4"
    RelTol                  "1e－3"
    AbsTol                  "auto"
    Refine                  "1"
    MaxStep                 "auto"
    InitialStep             "auto"
    FixedStep               "auto"
    MaxOrder                5
```

OutputOption	"RefineOutputTimes"
OutputTimes	"[]"
LoadExternalInput	off
ExternalInput	"[t, u]"
SaveTime	off
TimeSaveName	"tout"
SaveState	off
StateSaveName	"xout"
SaveOutput	off
OutputSaveName	"yout"
LoadInitialState	off
InitialState	"xInitial"
SaveFinalState	off
FinalStateName	"xFinal"
SaveFormat	"Matrix"
LimitMaxRows	off
MaxRows	"1000"
Decimation	"100"
AlgebraicLoopMsg	"warning"
MinStepSizeMsg	"warning"
UnconnectedInputMsg	"warning"
UnconnectedOutputMsg	"warning"
UnconnectedLineMsg	"warning"
InheritedTsInSrcMsg	"warning"
IntegerOverflowMsg	"warning"
UnnecessaryDatatypeConvMsg	"none"
Int32ToFloatConvMsg	"warning"
SignalLabelMismatchMsg	"none"
ConsistencyChecking	"off"
ZeroCross	on
SimulationMode	"normal"
BlockDataTips	on
BlockParametersDataTip	on
BlockAttributesDataTip	off
BlockPortWidthsDataTip	off
BlockDescriptionStringDataTip	off
BlockMaskParametersDataTip	off
ToolBar	on
StatusBar	on
BrowserShowLibraryLinks	off
BrowserLookUnderMasks	off
OptimizeBlockIOStorage	on
BufferReuse	on

```
BooleanDataType              off
RTWSystemTargetFile          "grt. tlc"
RTWInlineParameters          off
RTWRetainRTWFile             off
RTWTemplateMakefile          "grt_default_tmf"
RTWMakeCommand               "make_rtw"
RTWGenerateCodeOnly          off
ExtModeMexFile               "ext_comm"
ExtModeBatchMode             off
ExtModeTrigType              "manual"
ExtModeTrigMode              "oneshot"
ExtModeTrigPort              "1"
ExtModeTrigElement           "any"
ExtModeTrigDuration          1000
ExtModeTrigHoldOff           0
ExtModeTrigDelay             0
ExtModeTrigDirection         "rising"
ExtModeTrigLevel             0
ExtModeArchiveMode           "off"
ExtModeAutoIncOneShot        off
ExtModeIncDirWhenArm         off
ExtModeAddSuffixToVar        off
ExtModeWriteAllDataToWs      off
ExtModeArmWhenConnect        off
Created                      "Sat Jun 17 11：08：48 2000"
UpdateHistory                "UpdateHistoryNever"
ModifiedByFormat             "%<Auto>"
ModifiedDateFormat           "%<Auto>"
LastModifiedDate             "Wed Oct 09 21：30：48 2002"
ModelVersionFormat           "1. %<AutoIncrement：319>"
ConfigurationManager         "none"
BlockDefaults {
    Orientation              "right"
    ForegroundColor          "black"
    BackgroundColor          "white"
    DropShadow               off
    NamePlacement            "normal"
    FontName                 "Helvetica"
    FontSize                 10
    FontWeight               "normal"
    FontAngle                "normal"
    ShowName                 on
}
```

```
AnnotationDefaults {
    HorizontalAlignment              "center"
    VerticalAlignment                "middle"
    ForegroundColor                  "black"
    BackgroundColor                  "white"
    DropShadow                       off
    FontName                         "Helvetica"
    FontSize                         10
    FontWeight                       "normal"
    FontAngle                        "normal"
}
LineDefaults {
    FontName                         "Helvetica"
    FontSize                         9
    FontWeight                       "normal"
    FontAngle                        "normal"
}
System {
    Name                             "CHAP1_3"
    Location                         [-59, 68, 581, 443]
    Open                             on
    ModelBrowserVisibility           off
    ModelBrowserWidth                200
    ScreenColor                      "automatic"
    PaperOrientation                 "landscape"
    PaperPositionMode                "auto"
    PaperType                        "usletter"
    PaperUnits                       "inches"
    ZoomFactor                       "100"
    AutoZoom                         on
    ReportName                       "simulink-default. rpt"
    Block {
        BlockType                    MATLABFcn
        Name                         " \n"
        Position                     [265, 192, 320, 268]
        MATLABFcn                    "chap1_3f(u(1), u(2))"
        OutputWidth                  "-1"
        OutputSignalType             "auto"
    }
    Block {
        BlockType                    Clock
        Name                         "Clock"
        Position                     [145, 150, 165, 170]
```

```
        DisplayTime              off
        Decimation               "10"
    }
    Block {
        BlockType                Mux
        Name                     "Mux"
        Ports                    [2, 1, 0, 0, 0]
        Position                 [595, 194, 625, 241]
        ShowName                 off
        Inputs                   "2"
        DisplayOption            "none"
    }
    Block {
        BlockType                Mux
        Name                     "Mux1"
        Ports                    [2, 1, 0, 0, 0]
        Position                 [210, 175, 240, 215]
        ShowName                 off
        Inputs                   "2"
        DisplayOption            "none"
    }
    Block {
        BlockType                Scope
        Name                     "Scope1"
        Ports                    [1, 0, 0, 0, 0]
        Position                 [655, 205, 685, 235]
        NamePlacement            "alternate"
        Floating                 off
        Location                 [131, 76, 633, 474]
        Open                     on
        NumInputPorts            "1"
        TickLabels               "OneTimeTick"
        ZoomMode                 "on"
        List {
    ListType AxesTitles
    axes1                        "%<SignalLabel>"
        }
        Grid                     "on"
        TimeRange                "0.2"
        YMin                     "-0.051"
        YMax                     "-0.041"
        SaveToWorkspace          off
        SaveName                 "ScopeData"
```

```
    DataFormat                      "StructureWithTime"
    LimitMaxRows                    on
    MaxRows                         "50000"
    Decimation                      "0.001"
    SampleInput                     on
    SampleTime                      "0.001"
  }
  Block {
    BlockType                       SignalGenerator
    Name                            "Signal\nGenerator"
    Position                        [40, 210, 70, 240]
    WaveForm                        "sine"
    Amplitude                       "0.05"
    Frequency                       "1"
    Units                           "Hertz"
  }
  Block {
    BlockType                       Sum
    Name                            "Sum"
    Ports                           [2, 1, 0, 0, 0]
    Position                        [145, 206, 175, 244]
    ShowName                        off
    IconShape                       "rectangular"
    Inputs                          "|+-"
    SaturateOnIntegerOverflow       on
  }
  Block {
    BlockType                       TransferFcn
    Name                            "Transfer Fcn"
    Position                        [420, 211, 525, 249]
    Numerator                       "[523500]"
    Denominator                     "[1 87.35 10470 0]"
  }
  Block {
    BlockType                       ZeroOrderHold
    Name                            "Zero-Order\nHold"
    Position                        [350, 211, 385, 249]
    SampleTime                      "0.001"
  }
  Line {
    SrcBlock                        "Mux"
    SrcPort                         1
    DstBlock                        "Scope1"
```

```
            DstPort                     1
    }
    Line {
        SrcBlock                    "Transfer Fcn"
        SrcPort                     1
        Points                      [15, 0]
        Branch {
        Labels                      [2, 0]
        Points                      [0, 80; −435, 0; 0, −75]
        DstBlock                    "Sum"
        DstPort                     2
            }
        Branch {
        DstBlock                    "Mux"
        DstPort                     2
            }
    }
    Line {
        SrcBlock                    "Signal\nGenerator"
        SrcPort                     1
        Points                      [35, 0]
        Branch {
        DstBlock                    "Sum"
        DstPort                     1
            }
        Branch {
        Points                      [0, −100; 375, 0; 0, 80]
        DstBlock                    "Mux"
        DstPort                     1
            }
    }
    Line {
        SrcBlock                    "Clock"
        SrcPort                     1
        Points                      [15, 0; 0, 25]
        DstBlock                    "Mux1"
        DstPort                     1
    }
    Line {
        SrcBlock                    "Sum"
        SrcPort                     1
        Points                      [5, 0; 0, −20]
        DstBlock                    "Mux1"
```

```
        DstPort                        2
    }
    Line {
        SrcBlock                   "Mux1"
        SrcPort                        1
        Points                     [5, 0]
        DstBlock                   "    \n"
        DstPort                        1
    }
    Line {
        SrcBlock                   "Zero—Order\nHold"
        SrcPort                        1
        DstBlock                   "Transfer Fcn"
        DstPort                        1
    }
    Line {
        SrcBlock                   "    \n"
        SrcPort                        1
        DstBlock                   "Zero—Order\nHold"
        DstPort                        1
    }
    Annotation {
        Position                   [152, 258]
        Text                       "Sum"
    }
    }
}
```

Chap 4_4

```
function [u]=pidsimf(u1, u2)
persistent pidmat errori error_1

if u1==0
    errori=0
    error_1=0
end

ts=0.001;
kp=1.5;
ki=2.0;
kd=0.05;

error=u2;
```

```
errord=(error−error_1)/ts;
errori=errori+error * ts;

u=kp * error+kd * errord+ki * errori;
error_1=error;
```

Chap 4_5

```
%PID Controller
clear all;
close all;

ts=0.001;
sys=tf(5.235e005,[1,87.35,1.047e004,0]);
dsys=c2d(sys,ts,'z');
[num,den]=tfdata(dsys,'v');

u_1=0.0;u_2=0.0;u_3=0.0;
y_1=0.0;y_2=0.0;y_3=0.0;
x=[0,0,0]';
error_1=0;
for k=1:1:500
time(k)=k * ts;

S=2;
if S==1
        kp=0.50;ki=0.001;kd=0.001;
        rin(k)=1;                           %Step Signal
elseif S==2
        kp=0.50;ki=0.001;kd=0.001;
        rin(k)=sign(sin(2 * 2 * pi * k * ts));%Square Wave Signal
elseif S==3
        kp=1.5;ki=1.0;kd=0.01;              %Sine Signal
        rin(k)=0.5 * sin(2 * 2 * pi * k * ts);
end

u(k)=kp * x(1)+kd * x(2)+ki * x(3);       %PID Controller
%Restricting the output of controller
if u(k)>=10
        u(k)=10;
end
if u(k)<=−10
        u(k)=−10;
end
```

```
%Linear model
yout(k)=−den(2)*y_1−den(3)*y_2−den(4)*y_3+num(2)*u_1+num(3)*u_2+num(4)*u_3;

error(k)=rin(k)−yout(k);

%Return of parameters
u_3=u_2;u_2=u_1;u_1=u(k);
y_3=y_2;y_2=y_1;y_1=yout(k);

x(1)=error(k);                          %Calculating P
x(2)=(error(k)−error_1)/ts;             %Calculating D
x(3)=x(3)+error(k)*ts;                  %Calculating I

error_1=error(k);
end
figure(1);
plot(time, rin, 'b', time, yout, 'r');
xlabel('time(s)'), ylabel('rin, yout');
```

Chap 4_6

```
%Increment PID Controller
clear all;
close all;

ts=0.001;
sys=tf(400, [1, 50, 0]);
dsys=c2d(sys, ts, 'z');
[num, den]=tfdata(dsys, 'v');

u_1=0.0;u_2=0.0;u_3=0.0;
y_1=0;y_2=0;y_3=0;

x=[0, 0, 0]';

error_1=0;
error_2=0;
for k=1:1:1000
    time(k)=k*ts;

    rin(k)=1.0;
    kp=8;
    ki=0.10;
```

```
        kd=10;

        du(k)=kp * x(1)+kd * x(2)+ki * x(3);
        u(k)=u_1+du(k);

        if u(k)>=10
            u(k)=10;
        end
        if u(k)<=-10
            u(k)=-10;
        end
        yout(k)=-den(2) * y_1-den(3) * y_2+num(2) * u_1+num(3) * u_2;

        error=rin(k)-yout(k);
        u_3=u_2;u_2=u_1;u_1=u(k);
        y_3=y_2;y_2=y_1;y_1=yout(k);

        x(1)=error-error_1;                %Calculating P
        x(2)=error-2 * error_1+error_2;    %Calculating D
        x(3)=error;                        %Calculating I

        error_2=error_1;
        error_1=error;
end
plot(time, rin, 'b', time, yout, 'r');
xlabel('time(s)');ylabel('rin, yout');
```

Chap 4_7

```
%Integration Separation PID Controller
clear all;
close all;

ts=20;
%Delay plant
sys=tf([1], [60, 1], 'inputdelay', 80);
dsys=c2d(sys, ts, 'zoh');
[num, den]=tfdata(dsys, 'v');

u_1=0;u_2=0;u_3=0;u_4=0;u_5=0;
y_1=0;y_2=0;y_3=0;
error_1=0;error_2=0;
ei=0;
for k=1: 1: 200
```

```
time(k)=k * ts;

%Delay plant
yout(k)=−den(2) * y_1+num(2) * u_5;

%I separation
rin(k)=40;
error(k)=rin(k)−yout(k);
ei=ei+error(k) * ts;

M=1;
if M==1                                  %Using integration separation
    if abs(error(k))>=30&abs(error(k))<=40
        beta=0. 3;
    elseif abs(error(k))>=20&abs(error(k))<=30
        beta=0. 6;
    elseif abs(error(k))>=10&abs(error(k))<=20
        beta=0. 9;
    else
        beta=1. 0;
    end
elseif M==2
        beta=1. 0;                       %Not using integration separation
end

kp=0. 80;
ki=0. 005;
kd=3. 0;
u(k)=kp * error(k)+kd * (error(k)−error_1)/ts+beta * ki * ei;

if u(k)>=110                            % Restricting the output of controller
    u(k)=110;
end
if u(k)<=−110
    u(k)=−110;
end

u_5=u_4;u_4=u_3;u_3=u_2;u_2=u_1;u_1=u(k);
y_3=y_2;y_2=y_1;y_1=yout(k);

error_2=error_1;
error_1=error(k);
end
```

```
figure(1);
plot(time, rin, 'b', time, yout, 'r');
xlabel('time(s)');ylabel('rin, yout');
figure(2);
plot(time, u, 'r');
xlabel('time(s)');ylabel('u');
```

Chap 4_8

```
%PID Controler with Partial differential
clear all;
close all;

ts=20;
sys=tf([1], [60, 1], 'inputdelay', 80);
dsys=c2d(sys, ts, 'zoh');
[num, den]=tfdata(dsys, 'v');

u_1=0;u_2=0;u_3=0;u_4=0;u_5=0;
ud_1=0;
y_1=0;y_2=0;y_3=0;
error_1=0;
ei=0;

for k=1: 1: 100
time(k)=k * ts;

rin(k)=1. 0;

%Linear model
yout(k)=−den(2) * y_1+num(2) * u_5;

D(k)=0. 01 * rands(1);
yout(k)=yout(k)+D(k);

error(k)=rin(k)−yout(k);

%PID Controller with partly differential
ei=ei+error(k) * ts;
kc=0. 30;
ki=0. 0055;
TD=140;

kd=kc * TD/ts;
```

```
Tf=180;
Q=tf([1], [Tf, 1]);                          %Low Freq Signal Filter

M=1;
if M==1                                      %Using PID with Partial differential
    alfa=Tf/(ts+Tf);
    ud(k)=kd * (1-alfa) * (error(k)-error_1)+alfa * ud_1;
    u(k)=kc * error(k)+ud(k)+ki * ei;
    ud_1=ud(k);
elseif M==2   %Using Simple PID
    u(k)=kc * error(k)+kd * (error(k)-error_1)+ki * ei;
end

%Restricting the output of controller
if u(k)>=10
    u(k)=10;
end
if u(k)<=-10
    u(k)=-10;
end

u_5=u_4;u_4=u_3;u_3=u_2;u_2=u_1;u_1=u(k);
y_3=y_2;y_2=y_1;y_1=yout(k);
error_1=error(k);
end
figure(1);
plot(time, rin, 'b', time, yout, 'r');
xlabel('time(s)');ylabel('rin, yout');
figure(2);
plot(time, u, 'r');
xlabel('time(s)');ylabel('u');
figure(3);
plot(time, rin-yout, 'r');
xlabel('time(s)');ylabel('error');
figure(4);
bode(Q, 'r');
dcgain(Q);
```

Chap 4_9

```
%PID Controler with differential in advance
clear all;
close all;
```

```
ts=20;
sys=tf([1], [60, 1], 'inputdelay', 80);
dsys=c2d(sys, ts, 'zoh');
[num, den]=tfdata(dsys, 'v');

u_1=0;u_2=0;u_3=0;u_4=0;u_5=0;
ud_1=0;
y_1=0;y_2=0;y_3=0;
error_1=0;error_2=0;
ei=0;
for k=1:1:400
time(k)=k * ts;

%Linear model
yout(k)=-den(2) * y_1+num(2) * u_5;

kp=0.36;kd=14;ki=0.0021;

rin(k)=1.0 * sign(sin(0.00025 * 2 * pi * k * ts));
rin(k)=rin(k)+0.05 * sin(0.03 * pi * k * ts);

error(k)=rin(k)-yout(k);
ei=ei+error(k) * ts;

gama=0.50;
Td=kd/kp;
Ti=0.5;

c1=gama * Td/(gama * Td+ts);
c2=(Td+ts)/(gama * Td+ts);
c3=Td/(gama * Td+ts);

M=1;
if M==1          %PID Control with differential in advance
    ud(k)=c1 * ud_1+c2 * yout(k)-c3 * y_1;
    u(k)=kp * error(k)+ud(k)+ki * ei;
elseif M==2        %Simple PID Control
    u(k)=kp * error(k)+kd * (error(k)-error_1)/ts+ki * ei;
end

if u(k)>=110
    u(k)=110;
end
```

```
if u(k)<=-110
    u(k)=-110;
end
%Update parameters
u_5=u_4;u_4=u_3;u_3=u_2;u_2=u_1;u_1=u(k);
y_3=y_2;y_2=y_1;y_1=yout(k);

error_2=error_1;
error_1=error(k);
end
figure(1);
plot(time, rin, 'r', time, yout, 'b');
xlabel('time(s)');ylabel('rin, yout');
figure(2);
plot(time, u, 'r');
xlabel('time(s)');ylabel('u');
```

附录 2　课后习题参考答案

第 1 章　绪　　论

1-1　物联网是指通过信息传感设备，按照约定的协议，把任何物品与互联网连接起来，进行信息交换和通信，以实现智能化识别、定位、跟踪、监控和管理的一种网络。它是在互联网基础上延伸和扩展的网络。（或物联网是将现有的互联的计算机网络扩展到互联的物品网络。或物联网主要解决物品到物品（Thing to Thing，T2T）、人到物品（Human to Thing，H2T）和人到人（Human to Human，H2H）之间的互连。）

1-2　物联网的三个特征为：（1）全面感知。利用射频识别、二维码、传感器等感知、捕获、测量技术随时随地对物体进行信息采集和获取；（2）可靠传送。通过将物体接入信息网络，依托各种通信网络，随时随地进行可靠的信息交互和共享；（3）智能处理。利用各种智能计算技术，对海量的感知数据和信息进行分析并处理，实现智能化的决策和控制。

1-3　物联网作为一种形式多样的聚合性复杂系统，涉及信息技术自上而下的每一个层面，其体系结构分为感知控制层、网络传输层、应用服务层三个层面。

1-4　物联网的核心技术主要是普适网络、下一代网络和普适计算。这三项核心技术的简单定义如下：普适网络，无处不在的、普遍存在的网络；下一代网络，可以在任何时间、任何地点，互连任何物品，提供多种形式信息访问和信息管理的网络；普适计算，无处不在的、普遍存在的计算。

1-5　物联网在建立物物联系网络的过程中消耗能量，感知物流与信息流的同时也将感知能流。物联网在现实物联的过程中以低消耗的能量来取代生产中较高的能量散失部分，从而实现产业能源消耗的趋零化。物联网在一定意义上讲就是让没有生命的物的信息流动起来，为生命与生机永恒的在这个星球上流动提供一种手段。

1-6　经典控制理论与现代控制理论的比较如下表所示。

分类	经典控制理论	现代控制理论
理论基础	依万斯的根轨迹和奈奎斯特稳定判据	李雅普诺夫稳定性理论、贝尔曼动态规划法、庞特里亚金的极小值原理以及卡尔曼滤波器
研究对象	线性定常单输入单输出系统	多输入多输出、多变量时变非线性的复杂系统
采用方法	以频率域中传递函数为基础的外部描述方法	以时域中（状态变量）描述系统内部特征的状态空间方法为基础的内部描述方法
数学描述	高阶微分方程、传递函数、频率特性；方块图、信号流图、频率特性曲线	状态方程和输出方程、传递函数阵、频率特性；状态图、信号流图、频率特性曲线
研究方法	时域法、根轨迹法、频率法	状态空间法（时域法）、频率法。多采用计算机软硬件教学辅助设计，如 MATLAB 等

1-7　略

第2章　现场总线技术

2-1　控制系统的发展：模拟仪表控制系统；集中式数字控制系统；集散控制系统；现场总线控制系统。

2-2　现场总线的本质原理和技术特征体现在以下方面：

（1）现场通信网络，实现过程和加工制造现场仪表或设备的现场数字化通信；

（2）现场设备互联，仅仅用一对传输线（如双绞线、同轴电缆、光纤和电源线等）将传感器、变送器和执行器等现场仪表与设备互联起来；

（3）互操作性，现场仪表或设备的品种繁多，不可能从一家制造公司购齐，在遵守同一通信协议的前提下，现场总线允许选用各制造商性能价格比最高的产品集成在一起，实现对不同品牌的仪表或设备互相连接、统一组态；

（4）功能分散，将DCS的三级结构改革为FCS的两级结构，废弃了DCS的输入/输出单元和控制站，将控制功能分散到现场仪表，从而构成虚拟控制站，因此现场仪表是智能型多功能仪表；

（5）通信线供电，对于本质安全要求的低功耗现场仪表，允许直接从通信线上获取能源；

（6）开放式互联，现场总线作为开放式互联网络，既可与同层网络互联，也可以通过网络互联设备与不同层次的控制级网络和信息级网络互联，共享资源，统一调度。

2-3　最底层是Infranet控制网（即FCS，现场总线控制网络），各控制器节点下放分散到现场，构成一种彻底的分布式控制体系结构，网络的拓扑结构可任意选择，可为总线型、星型、环型等，通信介质不受限制，可用双绞线、电力线、光纤、无线、红外线等多种形式。由FCS形成的Infranet控制网很容易与Intranet企业内部局域网和Internet全球信息网互联，构成一个完整的企业网络三级体系结构。

2-4　与一般的通信总线相比，CAN总线的数据通信具有突出的可靠性、实时性和灵活性，其特点可概括如下：

（1）CAN为多主方式工作，网络上任一节点均可在任意时刻主动地向网络上的其他节点发送信息，而不分主从，通信方式灵活，且无需站地址等节点信息，利用这一特点可方便地构成多机备份系统；

（2）CAN网络上的节点信息分成不同的优先级，可满足不同的实时要求，高优先级的数据最多可在134 μs内得到传输；

（3）CAN采用非破坏性总线仲裁技术，当多个节点同时向总线发送信息时，优先级较低的节点会主动地退出发送，而最高优先级的节点可不受影响地继续传输数据，从而大大节省了总线冲突仲裁时间，尤其是在网络负载很重的情况下也不会出现网络瘫痪的情况（以太网则可能）；

（4）CAN只需通过报文滤波即可实现点对点、一点对多点及全局广播等几种方式传送接收数据，无需专门的"调度"；

（5）CAN的直接通信距离最远可达10 km（此时的通信速率在5 Kb/s以下），通信速

率最高可达 1 Mb/s(此时通信距离最长为 40 m);

(6) CAN 上的节点数主要取决于总线驱动电路,目前可达 110 个,报文标识符可达 2032 种(CAN 2.0A),而扩展标准(CAN2.0B)的报文标识符几乎不受限制;

(7) 采用短帧结构,传输时间短,受干扰概率低,具有极好的检错效果;

(8) CAN 的每帧信息都有 CRC 校验及其他检错措施,保证了数据出错率极低;

(9) CAN 的通信介质可为双绞线、同轴电线或光纤,选择灵活;

(10) CAN 节点在错误严重的情况下具有自动关闭输出功能,以使总线上其他节点的操作不受影响。

2-5　报文传送有四种不同类型的帧表示和控制:数据帧携带数据由发送器至接收器;远程帧通过总线单元发送,以请求发送具有相同标识符的数据帧;出错帧由检测出总线错误的任何单元发送;超载帧用于提供当前的和后续的数据帧的附加延迟。

2-6　CAN 通信控制器的硬件结构框图如下图所示。

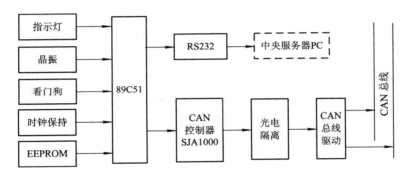

第 3 章　控 制 理 论 与 方 法

3-1
$$G = \frac{G_1 \Delta_1}{\Delta} = \frac{\dfrac{1}{R_1 C_1 R_2 C_2 s^2}}{1 + \dfrac{1}{R_1 C_1 s} + \dfrac{1}{R_2 C_2 s} + \dfrac{1}{R_2 C_1 s} + \dfrac{1}{R_1 C_1 R_2 C_2 s^2}}$$
$$= \frac{1}{R_1 R_2 C_1 C_2 s^2 + (R_1 C_1 + R_2 C_2 + R_1 C_2) s + 1}$$

3-2
$$G(s) = -\frac{Z_f(s)}{Z_i(s)} = \frac{R_2 + \dfrac{1}{CS}}{R_1} = \frac{R_2 CS + 1}{R_1 CS}$$

3-3
$$x(t) = \frac{2\sqrt{3}}{\sqrt{5}} e^{1.5t} \sin\left(\frac{\sqrt{15}}{2} t\right)$$

3-4

$$R(s) \longrightarrow \boxed{\dfrac{G + H_1}{1 + GH_2}} \longrightarrow C(s)$$

3 - 5

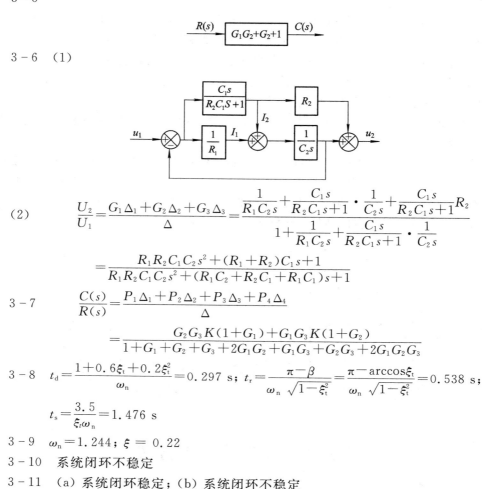

$$\xrightarrow{R(s)} \boxed{G_1 G_2 + G_2 + 1} \xrightarrow{C(s)}$$

3 - 6 (1)

(2)
$$\frac{U_2}{U_1} = \frac{G_1 \Delta_1 + G_2 \Delta_2 + G_3 \Delta_3}{\Delta} = \frac{\dfrac{1}{R_1 C_2 s} + \dfrac{C_1 s}{R_2 C_1 s + 1} \cdot \dfrac{1}{C_2 s} + \dfrac{C_1 s}{R_2 C_1 s + 1} R_2}{1 + \dfrac{1}{R_1 C_2 s} + \dfrac{C_1 s}{R_2 C_1 s + 1} \cdot \dfrac{1}{C_2 s}}$$

$$= \frac{R_1 R_2 C_1 C_2 s^2 + (R_1 + R_2) C_1 s + 1}{R_1 R_2 C_1 C_2 s^2 + (R_1 C_2 + R_2 C_1 + R_1 C_1) s + 1}$$

3 - 7
$$\frac{C(s)}{R(s)} = \frac{P_1 \Delta_1 + P_2 \Delta_2 + P_3 \Delta_3 + P_4 \Delta_4}{\Delta}$$

$$= \frac{G_2 G_3 K (1 + G_1) + G_1 G_3 K (1 + G_2)}{1 + G_1 + G_2 + G_3 + 2 G_1 G_2 + G_1 G_3 + G_2 G_3 + 2 G_1 G_2 G_3}$$

3 - 8 $t_d = \dfrac{1 + 0.6 \xi_t + 0.2 \xi_t^2}{\omega_n} = 0.297 \ \mathrm{s}$; $t_r = \dfrac{\pi - \beta}{\omega_n \sqrt{1 - \xi_t^2}} = \dfrac{\pi - \arccos \xi_t}{\omega_n \sqrt{1 - \xi_t^2}} = 0.538 \ \mathrm{s}$;

$$t_s = \frac{3.5}{\xi_t \omega_n} = 1.476 \ \mathrm{s}$$

3 - 9 $\omega_n = 1.244$; $\xi = 0.22$

3 - 10 系统闭环不稳定

3 - 11 (a) 系统闭环稳定；(b) 系统闭环不稳定

第4章 PID 控制的实现技术

4 - 1

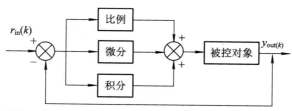

4 - 2 (1) 比例环节。成比例地反映控制系统的偏差信号，偏差一旦产生，控制器立即产生控制作用，以减少偏差；(2) 积分环节。主要用于消除稳态误差，提高系统的无差度，积分作用的强弱取决于积分时间常数 T_I，T_I 越大，积分作用越弱，反之则越强；(3) 微分环节。反映偏差信号的变化趋势（变化速率），并能在偏差信号变得太大之前，在

系统中引入一个有效的早期修正信号，从而加快系统的动作速度，减少调节时间。

第 5 章　网络控制系统及其仿真

5-1　网络控制系统(Networked Control System，NCS)又被称为基于网络的控制系统、网络化控制系统，是一种完全网络化、分布化的控制系统，是通过网络构成闭环的反馈控制系统。具体来说，网络控制系统以网络作为传输介质，实现传感器、控制器和执行器等系统各部件之间的信息交换，从而实现资源共享、远程监测与控制。

5-2　网络控制系统一般由三部分组成：控制器、被控对象以及通信网络。被控对象一般为连续系统，而控制器一般采用离散系统。被控对象的输出通过传感器采样的方式离散化，并通过通信网络发送到控制器的输入端。

5-3　网络控制系统中存在的问题主要有通信协议、采样周期、网络时延、丢包、网络调度、节点的驱动方式、时钟同步等。

5-4　实时内核模块，可被用作网络控制系统的网络节点，如传感器、控制器、执行器和干扰节点等；有线网络模块，可被用作 NCS 的通信网络，提供了多种网络参数和网络模式，如媒体访问控制协议(MAC)、节点数、传输速率、丢包率等；无线网络模块，可被用作为 WiNCS 的通信网络，定义网络参数，如 MAC、传输速率、重传次数等；电池模块，为内核模块提供电源功率；发送消息模块和接收消息模块，可以不使用 Kernel 模块独立地向网络发送消息与接收来自网络的消息。

5-5　(1)将 TrueTime 1.5 压缩包解压到 MATLAB 目录下。(2)设置环境变量。(3)进入 MATLAB，设置路径，指向 TrueTime。(4)将 toolbox\local 文件下的 startsav. m 文件中的内容进行修改，并将文件保存为 startup. m。(5)启动 Matlab 后，第一次运行需为 TrueTime 命令编译 TrueTime 模块和 MEX-function。

5-6　无线网络控制系统的组成结构如下图所示。

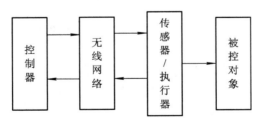

无线网络控制系统中依然存在时延、丢包、多包、乱序等问题，这些问题的出现在一定程度上都会降低系统的性能，使系统的稳定范围变小，严重时甚至会使系统失稳。

5-7　NS2 可用于仿真各种不同的通信网络，已经实现的仿真模块有：网络传输协议，如 TCP 和 UDP；业务源流量产生器，如 FTP、Telnet、Web CBR 和 VBR；路由队列管理机制，如 Droptai、RED 和 CBQ；路由算法，如 Dijkstra、无线网络的 WLAN 与 Ad hoc 路由、移动 IP 和卫星通信网络等。NS2 也为进行局域网的仿真而实现了多播以及一些 MAC 子层协议。

第6章　智能家居

6-1　数字家庭以住宅为平台，利用综合布线技术、网络通信技术、自动控制技术、音视频技术、计算机和嵌入式系统，将家庭中的各种设备(如照明系统、环境控制、安防系统、网络家电等)通过家庭网络连接到一起，建立高效的住宅设施与家庭日程事务的管理系统，提升家居的安全性、便利性、舒适性、艺术性，并实现环保节能的居住环境。数字家庭起源于1984年，美国联合技术建筑系统公司建成了世界上首栋智能家居。由于亚洲与欧美人民的居住方式与上网方式的不同，两地域的智能家居有以下区别：亚洲人口密集，住房形式多为楼房，网络接入方式多为光纤、以太网，因此生产厂商多将智能家居以智能小区的形式看待；欧美居民比较分散，居住形式多为别墅，网络接入方式多为 ADSL、Cable Modem，因此欧美的智能家居独立安装、自成体系。

6-2　实现智能家居必须满足三个条件：具有家庭网络总线系统；能够通过家庭网络系统提供各种服务功能；能与住宅外部相连接。

6-3　数字家庭通信的结构可分为两大部分：一是在家庭内部的控制系统，即内部控制系统；二是离家之后在异地环境下的控制系统，即远程控制系统。内部组网有三大感知控制层：网络传输层和服务计算层。外部组网主要利用 TCP/IP 及其之上的 HTTP、WEB Service 等协议实现对数字家庭的远程控制。

6-4　数字家庭组网的关键技术包含内部组网和外部组网两部分。内部组网技术按信道可分为有线和无线，其中有线包括以太网、RS485、CAN 总线、电力线载波等，无线包括 Wifi、RF、红外、蓝牙、ZigBee 等；按功能模型可分为中间件和网关，其中中间件是使机器获得远程通信和联网能力的部件，网关是多网络、多协议的接入和转换平台。

外部组网技术分为有线控制技术和无线控制技术，其中有线控制技术包括 Internet 网络控制、有线电话网控制等，无线控制技术包括 GPRS 技术、WiFi 控制等。

6-5　OSI(Open System Interconnection，开放系统互连)七层网络模型称为开放式系统互联参考模型，是一个逻辑上的定义，一个规范。它把网络从逻辑上分为了七层，每一层都有相关、相对应的物理设备。

(1) 物理层：主要定义了物理设备标准，如网线的接口类型、光纤的接口类型、各种传输介质的传输速率等。它的主要作用是传输比特流(就是由1、0转化为电流强弱来进行传输，到达目的地后在转化为1、0，也就是我们常说的数模转换与模数转换)。这一层的数据叫做比特。

(2) 数据链路层：为网络层提供数据传送服务，该层具备链路连接的建立、拆除、分离，帧定界和帧同步，帧收发顺序的控制，差错检测和恢复等功能。

(3) 网络层：在位于不同地理位置的网络中的两个主机系统之间提供连接和路径选择。Internet 的发展使得从世界各站点访问信息的用户数量大大增加，而网络层正是管理这种连接的层。

(4) 传输层：定义了一些传输数据的协议和端口号(WWW 端口 80 等)，如 TCP(传输控制协议，传输效率低，可靠性强，用于传输可靠性要求高，数据量大的数据)、UDP(用户数据报协议，与 TCP 特性恰恰相反，用于传输可靠性要求不高，数据量小的数据，如 QQ

聊天数据就是通过这种方式传输的）。它主要将从下层接收的数据进行分段和传输，到达目的地址后再进行重组。常常把这一层数据叫做段。

（5）会话层：通过传输层（端口号，传输端口与接收端口）建立数据传输的通路。它主要在系统之间发起会话或者接受会话请求（设备之间需要互相认识，可以是 IP，也可以是 MAC，或者是主机名）。

（6）表示层：可确保一个系统的应用层所发送的信息可以被另一个系统的应用层读取。例如，PC 程序与另一台计算机进行通信，其中一台计算机使用扩展二—十进制交换码（EBCDIC），而另一台则使用美国信息交换标准码（ASCII）来表示相同字符。如有必要，表示层会通过使用一种通用格式来实现多种数据格式之间的转换。

（7）应用层：是最靠近用户的 OSI 层。这一层为用户的应用程序（例如电子邮件、文件传输和终端仿真）提供网络服务。

6-6　数字家庭网络服务发布可以使用 Web Service 服务模型。Web Services 是由企业发布的完成其特定商务需求的在线应用服务，其他公司或应用软件能够通过 Internet 来访问并使用这项在线服务。它是一种构建应用程序的普遍模型，可以在任何支持网络通信的操作系统中实施运行。它是一种新的 Web Service 应用程序分支，是自包含、自描述、模块化的应用，可以发布、定位、通过 web 调用。Web Service 的主要特点是跨平台的可互操作性。Web Service 完全基于 XML（可扩展标记语言）、XSD（XMLSchema）等独立于平台、独立于软件供应商的标准，是创建可互操作的、分布式应用程序的新平台。